本书为国家社会科学基金青年项目
"原中央苏区红色资源的数智化保护和利用研究"(24CDJ017)的阶段性成果

哲学与社会发展文丛

吴雨星 著

革命老区乡村振兴研究

以闽西革命老区为例

Research on Rural Revitalization in
Revolutionary Old Areas
A Case Study of the Revolutionary
Old Areas in Western Fujian

社会科学文献出版社
SOCIAL SCIENCES ACADEMIC PRESS (CHINA)

总　序

在美丽的榕城白马河畔，有一个由中青年哲学学者组成的学术团队，他们以理性的激情，把哲学反思的视野投向当代社会发展，试图以"哲学与社会发展文丛"为题陆续推出他们的研究成果。在与他们作深入交谈中，我深深地被他们的哲学学养和睿识以及他们对哲学与时代的那份眷注、担当的情怀所打动，欣然应邀为该文丛作序。

改革开放三十多年造就了中国社会实践的辉煌，也极大地推动了哲学研究的发展。从历史反思到实践观念，从体系创新到问题意识，从经典诠释到话语建构，哲学在把握时代的同时也被时代所涵养化育，呈现多样化的研究面相。中国社会在由传统社会向现代社会的变革转型过程中，哲学发展面临着机遇和挑战。哲学不应该以思辨的精神贵族自期自许，而应该回归生活世界。诚如维特根斯坦所言的"贴在地面行走，而不在云端跳舞"，哲学应当"接地气"——在时代变革与发展的实践中获得鲜活厚实的"地气"。社会发展是我们这个时代的一个主题，哲学必须也能够以其理性的力量在反思、把握社会发展的规律、特点、趋势中获得自身发展的生机活力，拓展出新的问题域。

当代中国社会正面临着一个全面而又深刻的变革、转型和发展的历史进程，改革与发展给中国社会带来巨大进步的同时，也日益显现、暴露出发展中存在的问题和矛盾。发展的现代性问题在当代中国并非一个遥远的"他者"，而是有了其出场的语境。诸如：社会阶层的分化，利益结构的重组，经济社会结构的转型，公平正义问题，社会失范问题，发展可持续性问题，以及资源、环境、生态问题等，社会发展以问题集呈现在世人面前。问题表明发展对理论需求的迫切性。当代社会发展的整体性、复杂性、长期性、风险性需要克服单线性的进化论发展观，对社会发展的把握也不能停留在具体的经验实证的认识层面上，全新的社会发展需要全新的发展理念来烛引，对发展的具体的经验的把握必须上升到哲学的总体性的层面上来。因为，在对社会发展的不同学科、不同视角、不同维度、不同层次的研究中，哲学的视角具有总体性、根本性、基础性、前提性、方向性的特点，它是以理性的反思和后思的方式对社会发展的前提、根据、本质、价值、动力、过程、规律、趋势、模式和方法等作出整体性的观照。这种反思使我们能够超越和突破对社会发展的经验的、狭隘的眼界，在总体性、规律性、价值性和方向性意义上获得对当代社会发展的理性的自觉性和预见性。在这个意义上，唯有哲学，才能够对当代社会发展既在后思的意义上充当黄昏后才起飞的"密纳发的猫头鹰"，又在前引的意义上充当报晓的"高卢雄鸡"。

福建省委党校、福建行政学院哲学部的中青年哲学学者正是在上述的意义上试图以哲学的多视角的反思性方式介入对当代社会发展问题的研究，在社会发展的元理论研究与问题研究、反思性研究与规范性研究、社会发展的一般规律与特殊规律、本质与价值、方法与模式、历史与逻辑、比较与反思以及社会发展的世界经验与中国经验等方面拓辟哲学观照当代社会发展的问题域。他们有着共同的学术愿景：立足于当代中国社会发展的实践，在理论与实践、思想与学术之间形成互动的张力，对时代实践的要求作出哲学的回应，从中寻找哲学自身的生长点，造就一个哲学研究的学术团队，形成自己的研究方向和特点。

在一个急功近利、浮躁虚华的年代，他们以一种哲学的淡定和从容来反思时代，充当哲学"麦田的守望者"。我祝愿他们，并相信通过他们的努力有更多的哲学学术成果问世。就像白马河畔那根深叶茂的榕树一样，有他们哲学思考的一片榕荫绿地。

李景源
2014.5.6

序

《革命老区乡村振兴研究——以闽西革命老区为例》一书，是吴雨星博士基于她的博士学位论文修改、完善的成书之作。作为吴雨星的博导，我为她的第一本专著作序甚感欣喜。

2019年9月，二孩妈妈吴雨星在硕士毕业工作6年之后的而立之年，怀揣坚守不辍的理想，考入福建师范大学马克思主义学院马克思主义基本原理专业，成为我的博士生，就此结下师生缘分。入学伊始，雨星已表现出对革命老区发展议题的高度关注和学术热忱。她说，她是"五老"的后代，是一个土生土长的老区农村娃，是十里八乡第一个女博士，从小吃过很多苦，经历过山区孩子因为贫困几近辍学的艰难。她说，改革开放以来，虽然乡村的面貌发生了翻天覆地的变化，但是区域之间、城乡之间特别是革命老区仍然存在发展差距。时值国家部署乡村振兴战略，她希望通过博士生阶段的学习，掌握更多的知识，用所学勤力奉献、帮扶弱势群体，服务老区发展和乡村全面振兴。

雨星如是"想"亦如是"做"。在学期间她亲往多个省份的老区苏区乡村实地调研，获取第一手资料。博士生一年级下学期，她主笔撰写的咨政报告获时任福建省主要领导人肯定性批示。当然，她也自觉运用马克思主义唯物史观的研究方法对老区发展、乡村振兴问题做"哲理"性思考，比如在扶贫攻坚圆满收官后如何巩固成果深入推进老区跨越式发展、如何辩证看待城乡均衡发展的问题等等。她的博士学位论文的选题正是在此基础上诞生的。3年中，从开题到提交毕业答辩，她在这期间经历了很多的艰辛，仅开题大纲我就亲自调整了16稿。一分耕耘一分收获，吴雨星的博士学位论文《革命老区乡村振兴研究——以闽西革命老区为例》有幸作为"哲学与社会发展文丛"中的一本，获得福建省委党校马克思主义理论省级重点学科的专项资金资助出版，自当庆贺，更应该感谢福建省委党校的鼎力支持。

  在乡村全面振兴中，推进老区乡村振兴不仅具有强烈的政治意义，还具有对欠发达地区乡村振兴的示范引领作用。《革命老区乡村振兴研究——以闽西革命老区为例》一书，将"理论"与"实践"相结合，坚持宏观、中观、微观的研究视角，系统梳理了新中国老区乡村发展的历史进程，拓宽了老区乡村振兴的研究视野。首先，以马克思主义乡村发展思想作为理论遵循，以坚持推进老区乡村生产力发展为基础，以调动老区乡村群众的积极能动性为关键，以健全党领导下老区乡村振兴为制度保障。其次，坚持以老区人民为中心的根本立场，从"老区人民"的视角，思考老区的乡村振兴发展之路。最后，坚持唯物辩证法的方法论运用，强调辩证处理好老区乡村振兴中宏观、中观、微观的关系。宏观上，要辩证处理好政府与市场、外源动力与内生动力的关系；中观上，要辩证处理好共性与个性、发展优势与发展劣势的关系；微观上，要辩证处理好红色资源文化与经济效益、绿色资源生态保护与经济振兴的关系。雨星认为，保护和利用好老区乡村红色资源，将绿水青山转化为金山银山，才能有效激发老区人民推进全面振兴的积极性。

  我时常勉励学生们要做"顶天立地"的学问，既要有扎实的专业基础和批判性思维，也要有胸怀国家的学术视野和担当。在本书出版之际，雨星申报的"原中央苏区红色资源的数智化保护和利用研究"项目喜获2024年国家社科基金青年项目立项，这是她老区专题研究的新拓展和新进阶。作为导师，看到她的博士学位论文在她毕业不到两年的时间里得以出版，深感欣慰与自豪。她的进步和取得的成绩印证了习近平总书记告诫青年学子"把学问做在祖国大地上"的必要性。希望雨星能够始终保持这份脚踏实地钻研学术的初心和精神，在学术道路上砥砺前行，结出更加绚丽的花朵！

  是为序。

吴宏洛
2024 年 12 月 15 日于福州东江欣居

目录
Contents

绪　论 ·· 1

第一章　革命老区乡村振兴的理论基础 ·· 26
第一节　马克思主义经典作家乡村发展思想 ································· 26
第二节　马克思主义乡村发展思想在中国的发展 ··························· 37

第二章　新中国革命老区乡村发展的历史进程 ··································· 59
第一节　土地改革及农业社会主义改造推进革命老区乡村发展
　　　　起步阶段 ·· 59
第二节　创立双层经营体制推动革命老区乡村加快发展阶段 ········· 63
第三节　专项特惠助力革命老区乡村深化发展阶段 ····················· 69
第四节　体系化助推革命老区乡村精准脱贫与振兴发展阶段 ········· 74
第五节　革命老区巩固拓展脱贫攻坚成果衔接推进乡村
　　　　振兴阶段 ·· 83

第三章　革命老区乡村振兴的闽西实践 ·· 91
第一节　革命老区乡村振兴的闽西样本整体考察 ························· 91
第二节　闽西革命老区乡村振兴取得的成效 ······························ 105
第三节　闽西革命老区乡村振兴存在的问题 ······························ 120

第四章　闽西革命老区乡村振兴存在问题的原因分析 ······················ 135
第一节　革命老区乡村生产力高质量发展存在障碍 ····················· 135
第二节　革命老区乡村群众的主体作用发挥不足 ······················ 150
第三节　革命老区城乡融合发展不足 ······································ 158

第四节　革命老区乡村振兴模式有待优化 …………………… 170
  第五节　革命老区乡村振兴制度尚需完善 …………………… 173

第五章　推进革命老区乡村振兴的实施路径 …………………… 180
  第一节　推动革命老区乡村生产力高质量发展 ……………… 181
  第二节　充分发挥革命老区乡村群众的主体作用 …………… 196
  第三节　促进城乡融合发展推动革命老区乡村振兴 ………… 201
  第四节　运用辩证思维分类推进革命老区乡村振兴 ………… 212
  第五节　加强革命老区乡村振兴的制度保障 ………………… 222

结　语 …………………………………………………………………… 229

附录 1　访谈提纲 ……………………………………………………… 232

附录 2　重点访谈对象基本情况 ……………………………………… 238

参考文献 ………………………………………………………………… 239

后　记 …………………………………………………………………… 273

绪 论

一 研究背景与意义

实施乡村振兴战略是新时代"三农"工作的总抓手。在中国共产党建党百年之际,研究推进革命老区(以下简称"老区")乡村振兴具有重大历史意义。老区乡村发展整体上仍相对落后,且多位于多省交界、边远山区处,促进老区乡村振兴有利于巩固拓展脱贫攻坚成果,畅通国内大循环,建设全国统一大市场,推进经济社会平稳健康发展。在新时代新征程上,老区乡村振兴对推动共同富裕还具有显著的政治示范意涵。

(一)研究背景

党的十九大提出实施乡村振兴战略,这是解决我国城乡发展不平衡不充分问题的迫切要求,是全面建设社会主义现代化国家的重大历史任务。在实现第一个百年奋斗目标之后,全面推进乡村振兴是推动实现共同富裕的必然要求。在世界百年未有之大变局背景下,世界经济复苏基础脆弱,加之俄乌冲突持续至今,外部敌对势力对我国的挑衅加剧,国际环境不稳定不确定因素增加,为从容应对世界百年未有之大变局,需加快构建新发展格局,全面推进乡村振兴,推动经济社会平稳健康发展,正如习近平所指出的:"稳住农业基本盘、守好'三农'基础是应变局、开新局的'压舱石'。"①2021年的中央一号文件及同年3月发布的《中共中央 国务院关于实现巩固拓展脱贫攻坚成果同乡村振兴有效衔接的意见》，对脱贫攻坚取得全面胜利后的乡村振兴工作作出全面部署。2021年4月通过的《中华人民共和国乡村振兴促进法》（以下简称《乡村振兴法》），填补了我国乡村振兴领域的立法空白，标志着乡村振兴战略迈入有法可依、依法实施的新阶段。2022年的中央一号文件要求必须着眼国家重大战略需要，稳住农业基本盘、做好"三农"工作，接续全面推进乡村振兴。党的二十大报告也强调，全面推进乡村振兴，全面建设社会主义现代化国家，最艰巨最繁重的任务仍然在农村。2023年、2024年中央一号文件就全面推进乡村振兴做了进一步的部署。党的二十届三中全会明确指出"城乡融合发展是中国式现代化的必然要求"，"必须统筹新型工业化、新型城镇化和乡村全面振兴"。②

在乡村振兴的地区实践中，推进老区乡村振兴的意义突出。首先，老区具有显著的政治意义以及传承发展红色基因的文化意义，在建党百年之际强调推进老区乡村振兴更能彰显中国共产党"饮水思源"的政治情怀。其次，由于老区特别是其乡村地区大部分位于多省交界、边远山区处，在新发展阶段，强调推进老区乡村振兴也是打通国内大循环的痛点、堵点，建设全国统一大市场的需要。2021年2月，国务院发布新时代推进老区振兴发展的纲领性文件《关于新时代支持革命老区振兴发展的意见》（以下简称《意见》）；同年11月，多个部门还专门发布了《"十四五"支持革命老区巩固拓展脱贫攻坚成果衔接推进乡村振兴实施方案》（以下简称《老区乡村振兴实施方案》）。老区乡村振兴中，原中央苏区的代表性显著，原中央苏区位于赣、闽、粤三省交界处，其乡村多位于边远山区，原中央苏区乡村具备老区乡村的典型特征。此外，2022年3月，国务院批复同意建设赣州、闽西革命老区高质量发展示范区，国家发展改革委印发《赣州革命老区高质量发展示范区建设方案》（以下简称《赣州方案》）以及《闽西革命老区高质量发展示范区建设方案》（以下简称《闽西方案》），方案明确要求赣州、闽西在老区乡村振兴、城乡协调发展等方面

---

① 《习近平谈治国理政》第4卷，外文出版社，2022，第194页。
② 《中共中央关于进一步全面深化改革 推进中国式现代化的决定》，人民出版社，2024，第22页。

发挥引领示范作用。其中，闽西这片红土地是习近平熟悉和牵挂的地方，习近平在福建和中央工作期间，多次到访闽西，为当地擘画发展蓝图。在习近平的关心与指导下，闽西老区人均地区生产总值和居民人均可支配收入等经济指标位居全国重点老区前列，生态文明建设取得重大进展，在林改、水土治理等方面走在全国前列，乡村振兴取得明显成效。综上，本书以闽西为例研究老区乡村振兴问题，具有突出的代表性、示范性。

在国家高度重视与政策倾斜之下，老区乡村振兴取得了较大的成效，每年涌现出一大批乡村振兴示范县（市）、乡村振兴示范乡（镇）、乡村振兴示范村。虽然老区乡村振兴取得了较大的成效，但在新发展阶段，面对新发展要求，老区乡村振兴又面临着哪些突出的问题？这些问题存在的原因是什么？针对这些问题，如何更好地推进其解决？习近平在庆祝中国共产党成立100周年大会上的重要讲话中指出："马克思主义是我们立党立国的根本指导思想，是我们党的灵魂和旗帜。"① 运用马克思主义来解答老区乡村振兴存在的问题，并寻求困难化解之道，成为本书的研究要旨所在。

（二）研究意义

新发展阶段，老区是我国全面推进乡村振兴的重点和难点地区。长期以来，国家对老区发展在政策上给予了很大的倾斜，但老区整体上仍相对落后。今天的老区已然实现了全面脱贫，但要实现巩固拓展脱贫攻坚成果与乡村振兴有效衔接，进而实现共同富裕仍然任重道远。坚持以马克思主义理论为指导推动老区乡村振兴具有重大意义。

1. 理论意义

第一，有利于坚持马克思主义理论的指导。马克思主义是我们党的根本指导思想。新时代乡村振兴思想是对马克思主义乡村发展思想的继承与发展，推进乡村振兴必须坚持马克思主义的指导。老区乡村振兴具备乡村振兴的共性，也富有发展的个性，实现共性与个性发展的有机统一，是对唯物辩证法的运用。

第二，有利于拓展马克思主义理论的当代研究视域。马克思主义理论

---

① 习近平：《在庆祝中国共产党成立100周年大会上的讲话》，人民出版社，2021，第12页。

不是教条，而是科学，它必然会随着时代的进步不断创新发展。老区乡村振兴需基于马克思主义基本原理的指导，也要按照乡村振兴的时代要求，结合老区自身的发展特点，对马克思主义作出新的理论阐释，不断增强马克思主义的当代解释力，使马克思主义不断焕发出新的生命力。

第三，有利于丰富老区乡村振兴的理论研究。综观现有关于乡村振兴的理论研究，从老区视角开展的研究还不够深入，对老区乡村振兴的理论分析还缺乏马克思主义的研究视角。以马克思主义指导老区乡村振兴，有助于丰富老区乡村振兴的理论研究。

2. 实践意义

第一，有利于推动老区乡村振兴。老区乡村振兴是全国乡村振兴的重要组成部分，同时也是全国乡村振兴的重难点所在，是打通封闭节点、促进国内大循环的内在要求。饮水思源、勿忘老区，任何时候都不能忘记回报老区，全面建成小康社会不能落下老区，全面推进乡村振兴同样也不能遗忘老区。本书的研究首先旨在分析新发展阶段老区乡村振兴的困难与问题，并寻求化解之策。

第二，有利于推动老区乡村振兴的闽西示范区建设。在新发展阶段，推进老区高质量发展的内在要求包括全面推进老区乡村振兴。闽西是老区高质量发展示范区，全面推进老区乡村振兴中闽西的代表性、示范性突出，以闽西为例研究老区乡村振兴问题，有利于更好地促进闽西乡村振兴，使其在老区城乡协调发展方面发挥先行示范作用。

第三，有利于推动共同富裕。实现共同富裕是马克思主义的理想目标，推进老区乡村振兴在推动共同富裕中有着突出的政治示范意涵。2020年以后，绝对贫困虽已消除，但相对贫困仍长期存在。老区很多地方仍属于欠发达地区，老区乡村发展更是相对落后，推进老区乡村振兴有助于巩固拓展脱贫攻坚成果，缩小老区城乡之间的发展差距，缩小老区乡村与发达地区乡村之间的发展差距，推动全体人民共同富裕取得实质性进展。

二　国内外研究综述

研究推进老区乡村振兴，首先要梳理国内相关研究，整体把握老区乡村振兴的研究历程，深入剖析研究现状，以期对推进老区乡村振兴有新的探索与发现。国外相关研究对推进我国乡村振兴有一定的启示，但或因缺乏"老区"视角而对老区乡村振兴的参考借鉴价值有限。

（一）国内研究现状

对于国内有关老区乡村振兴的研究，需梳理对相关理论基础的研究，回顾老区乡村发展的研究历程、厘清研究脉络，更要聚焦于近年来对老区乡村振兴存在问题、影响因素及推进路径的研究。

1. 有关老区乡村振兴理论基础的研究

现有专门针对老区的乡村振兴研究相对较少，因此对老区乡村振兴理论基础的研究也就相对缺乏。但老区乡村振兴是我国乡村振兴的重要组成部分，其理论基础应与乡村振兴的理论基础相一致。对乡村振兴理论基础的研究的主要观点有以下几种。一是认为马克思主义乡村发展思想是理论基础，代表学者有唐任伍等，他们系统梳理了中国共产党百年来对马克思主义乡村发展理论的发展。[1] 二是认为马克思主义城乡关系思想是理论基础。于涛阐述了马克思主义对于城乡分化的认识，并用马克思主义城乡观来谋划推进乡村振兴。[2] 三是综合认为马克思主义农村发展与城乡关系思想是理论基础，代表学者有张海鹏等。[3] 但实际上马克思主义乡村发展思想已然包含城乡关系思想，在马克思主义视域下，农村发展是被置于城乡关系的视野中进行考察的。习近平关于乡村振兴重要论述是对马克思主义乡村发展思想的创新发展，一批代表学者如朱建江[4]、纪志耿等[5]、燕连福等[6]，对习近平关于乡村振兴重要论述的形成历程、丰富内涵及重要价值展开了深入系统的研究。

---

[1] 唐任伍、唐堂、李楚翘：《中国共产党成立100年来乡村发展的演进进程、理论逻辑与实践价值》，《改革》2021年第6期。

[2] 于涛：《用马克思主义城乡观谋划乡村振兴》，《毛泽东邓小平理论研究》2021年第5期。

[3] 张海鹏、郜亮亮、闫坤：《乡村振兴战略思想的理论渊源、主要创新和实现路径》，《中国农村经济》2018年第11期。

[4] 朱建江：《习近平新时代中国特色社会主义乡村振兴思想研究》，《上海经济研究》2018年第11期。

[5] 纪志耿、罗倩倩：《习近平关于乡村振兴重要论述的发展脉络与创新性贡献》，《经济学家》2022年第4期。

[6] 燕连福、李晓利：《习近平乡村振兴重要论述的丰富内涵与理论贡献探析》，《北京工业大学学报》（社会科学版）2023年第3期。

2. 有关老区乡村发展研究历程概述

纵观新中国成立以来有关老区乡村发展的研究，其大概分为五个阶段：改革开放之前的初步研究、改革开放以后在20世纪以扶贫开发为主题的研究、20世纪末至党的十八大以新农村建设为主题的研究、党的十八大至党的十九大以精准扶贫为主题推进老区乡村脱贫发展的研究，以及党的十九大以来以乡村振兴为主题的研究。老区乡村发展研究指向的地区，主要集中于赣闽粤原中央苏区、川陕老区、陕甘宁老区、左右江老区、大别山老区等重点老区。赣闽粤原中央苏区当中又明显倾向于对赣南苏区的研究，且辐射面覆盖江西全域，即对江西老区乡村发展的研究尤为突出，而对同样作为老区脱贫攻坚重点地区及老区高质量发展示范区一部分的闽西乡村发展的研究还有待深入拓展。

近年来，国内学者对老区乡村发展的研究从关注贫困治理，到总结扶贫脱贫历程与经验，再到研究后脱贫时代如何实现巩固拓展老区脱贫攻坚成果与乡村振兴有效衔接。有关老区贫困治理的研究主要指向老区乡村地区，大致分为两个阶段。一是在2020年之前重点关注老区扶贫研究，学界主要从产业扶贫[1]、思想扶贫[2]、教育扶贫[3]、政策组织扶贫[4]等各方面阐述老区扶贫问题与路径。党的十九大以来，学界对老区乡村发展的研究从新农村建设转向乡村振兴研究。二是在2020年前后开始总结老区扶贫脱贫历程及经验、进行政策回顾与评价，推进老区乡村振兴研究。韩广富等指出，改革开放以来老区扶贫脱贫历经四个发展阶段，分别是体制改革助推扶贫、开发式扶贫、深化扶贫以及精准扶贫，主要的经验启示在于加强党的领导与加大政策优惠力度、注重内生动力培育、争取社会力量支持以及锚定问题精准施策。[5] 北京师范大学中国扶贫研究院全面总结了赣州老区

---

[1] 李志萌、张宜红：《革命老区产业扶贫模式、存在问题及破解路径——以赣南老区为例》，《江西社会科学》2016年第7期。

[2] 柳礼泉、周盼盼：《"志""智"并扶：革命老区内生性扶贫的关键举措》，《湖南社会科学》2018年第4期。

[3] 叶怀凡：《革命老区教育精准扶贫的价值与优化路径——基于川东革命老区的考察》，《四川理工学院学报》（社会科学版）2019年第4期。

[4] 王丛虎、李宜馨：《精准扶贫政策执行中组织运行的创新与完善——基于信阳市大别山革命老区的调研》，《河南社会科学》2018年第7期。

[5] 韩广富、刘心蕊：《改革开放以来革命老区扶贫脱贫的历史进程及经验启示》，《当代中国史研究》2019年第1期。

脱贫经验,指出赣州面对乡村发展过程中的问题,要积极化解农业农村发展中的矛盾,推进乡村振兴,加快形成城乡融合发展新格局。① 在建党百年之际,为继承发扬党的调查研究优良传统,各地组织调研队伍分别对才溪、长冈、兴国、寻乌等著名的老区展开调研,形成了系列调研报告,调研报告反映了老区乡村发展的成效及存在的问题。黄启学等以左右江老区中百色市的脱贫攻坚实践为分析样本,系统回顾了百色市战胜绝对贫困的伟大历程,全面总结了百色打赢脱贫攻坚战的基本经验,包括坚持党的领导、坚持精准施策、加强资金投入、促进真抓实干、动员社会力量、坚持群众主体,指出要构建巩固拓展脱贫攻坚成果与乡村振兴有效衔接、促进百色乡村持续稳步发展的长效机制。②

3. 有关老区乡村振兴存在问题的研究

学界通常将老区乡村发展的水平确定在相对落后的位置上,由此,老区乡村振兴存在的主要问题就在于老区乡村的贫困或相对贫困。程名望等以江西老区为例,采用计量分析方法说明,在空间分布上,江西老区贫困人口与高贫困发生率呈现明显的集中连片特征,以高度贫困的集聚模式为主,形成"空间贫困陷阱"。③ 在中国共产党建党百年之际,针对著名老区的系列调研报告反映了老区乡村发展存在的问题,以才溪乡为例,其发展短板主要体现在:一是产业结构调整不佳,具体表现在制造业产业规模偏小、转型升级不足,旅游业发展产业链拓展不足、不能很好地满足市场需求且存在同质化现象,小农经济仍然占比较高、农业组织化程度不高;二是人居环境仍需改善;三是部分陋习尚待根除;四是治理水平有待提高,行政干预较多、服务尚未跟上;五是民生事业发展滞后,城乡公共服务存在差距。④ 也有学者指出,老区乡村振兴面临的挑战在于实现农业现代化阻力较大、特色产业活力尚未充分激发、基础设施建设有待加强、防止返

---

① 北京师范大学中国扶贫研究院:《决不让一个老区群众掉队——脱贫攻坚"赣州答卷"》,人民出版社,2020,第360页。
② 黄启学等:《脱贫攻坚与乡村振兴有效衔接研究——左右江革命老区核心区百色市的探索实践》,研究出版社,2021,第294~338页。
③ 程名望、李礼连、张家平:《空间贫困分异特征、陷阱形成与致贫因素分析》,《中国人口·资源与环境》2020年第2期。
④ 郭善耘、王江明:《弘扬苏区调查精神 谱写才溪新时代新阶段新篇章——"新时代再调查"系列调研报告之一》,《调研世界》2021年第11期。

贫压力较大。① 红色资源是老区独特的资源，老区乡村也要有效开发利用红色资源推进经济发展，但是老区乡村红色资源分布并不均衡，且很大程度上存在共性与个性发展的统筹难题。王慧等对江西红色乡村旅游空间的分析指出，江西红色乡村旅游区多集中在赣南地区，其他地区分布较少，且周边的湖南省也存在丰富的红色资源，需要避免同质化竞争。② 王金伟指出，发展红色旅游有助于产业扶贫与乡村振兴，但是也存在着不少问题：一是资金投入不足、配套设施滞后，红色旅游多依赖于政府资金投入，对企业资金的吸引能力较差，导致实际投入的资金不足以支撑红色旅游的全面发展，特别是相关基础设施配套仍存在短板；二是模式有待优化、精确性有待提高，红色旅游扶贫模式多为政府主导、企业帮扶，传统的管理模式着重于企业的经济效益，容易忽视红色旅游发展的社会效益和文化效益；三是业态结构单一、智力支撑不足，红色旅游产品单一、同质化严重，深度体验项目不足、多业态融合发展欠缺、创新发展不足、专业人才培养不足。③ 老区乡村绿色资源相对丰富，本应在绿色经济发展方面有一定的优势，但申慧云等通过数据量化发现福建东南部绿色经济发展水平高于西部、北部地区。④ 闽西、闽北正是原中央苏区重要组成部分。车宇星等指出，三明市各县域林业发展不平衡，且林业三次产业中第二、第三产业并没有竞争优势。⑤

4. 有关老区乡村振兴影响因素的研究

学界对老区乡村振兴影响因素的探讨，围绕以下几个方面展开：首先，受到自然条件的限制，特别是受到地理位置、地形地貌特征的制约；其次，封闭环境下农民思想较为传统落后，反过来影响了老区乡村的发展；再次，各种复杂因素导致经济基础较为薄弱，对外界援助依赖性较

---

① 刘善庆主编《革命老区振兴发展报告（2022）》，社会科学文献出版社，2022，第50~52页。
② 王慧、罗明丽：《基于个性化的江西省乡村旅游空间分布及评价》，《中国农业资源与区划》2019年第9期。
③ 王金伟主编《中国红色旅游发展报告（2021）》，社会科学文献出版社，2021，第49~50页。
④ 申慧云、余杰、张向前、缑锦：《福建省绿色经济高质量发展预警测度及时空格局分析》，《统计与决策》2021年第13期。
⑤ 车宇星、李红勋：《产业结构视角下福建省三明市县域林业经济差异研究》，《地域研究与开发》2020年第2期。

强；最后，主体力量比较单薄，尤其是受政府主导，政策制度影响比较大，乡村发展的内生动力激发不足。湖南是老区大省，产业发展又是乡村振兴的核心，曾广录等分析了影响湖南乡村产业振兴的几大因素：一是自然资源，地理位置离城区远近、与城区交通便捷与否、与大小城市的距离、地形地貌特征等是影响乡村发展的首要条件；二是文化资源，主要有传统文化资源与红色文化资源，红色文化资源对发展乡村旅游及推进红色教育具有重要意义；三是经济基础，乡村所在的地区经济基础好能有效促进乡村发展，乡村本身市场规模大也能够更好地吸引投资、促进产业发展；四是主体资源，主要包括政府、企业、村民、乡贤、社会力量帮扶等，每个主体投入的动力、能力均存在差异，但总体来看单一主体投入能量有限。[①] 红色资源是老区宝贵的资源，杨友宝等基于对湖南省红色村落的分析，指出红色村落分布非均衡性特征突出，交通可达性欠佳，影响乡村红色旅游开发。[②] 需强调的是，由于受到政治因素的突出影响，老区享受的政策倾斜较多，政策制度是影响老区乡村振兴的重要因素。张启正等基于面板数据分析，认为重点老区振兴规划促进了农业的增长，特别是促进了农业生产效率的提升，而且老区振兴规划与乡村振兴战略叠加进一步推动了老区农业发展。[③] 姚林香等基于对省际毗邻地区县域样本的分析指出，在老区振兴规划的实施中可通过促进产业结构升级、生态环境改善和人力资本提升三条路径提升试点县乡村振兴水平。[④] 李华旭等通过老区的经验证据表明，国家优先支持政策显著提升了老区的农村居民收入。[⑤]

5. 有关老区乡村振兴推进路径的研究

一是以红色基因赋能老区乡村振兴。红色资源是老区独特的资源，如何发挥红色资源文化与经济价值促进老区乡村振兴成为关注的重点。成婧指出，红色文化可推动贫困群众"志""智"能力的提升，促进内生驱动

---

① 曾广录、秦小珊：《湖南乡村产业振兴模式与农村资源的耦合》，《湖湘论坛》2022年第2期。
② 杨友宝、邓巧：《湖南省红色村落空间分布格局及公路可达性研究》，《长江流域资源与环境》2022年第4期。
③ 张启正、袁菱苒、胡沛楠、龚斌磊：《革命老区振兴规划对农业增长的影响及其作用机理》，《中国农村经济》2022年第7期。
④ 姚林香、卢光熙：《革命老区振兴规划实施的乡村振兴效应——基于对省界毗邻地区县域样本的分析》，《中国农村经济》2023年第3期。
⑤ 李华旭、张明林：《共同富裕背景下国家优先支持政策促进农村减贫效应评估——来自革命老区的经验证据》，《江西社会科学》2024年第7期。

力优化；可与旅游等产业融合发展，促进经济发展；可促进社会制度的创新，有力引领扶贫工作。① 孙伟也从文化、经济维度论述了红色文化促进老区乡村振兴的内生机制，认为可通过自上而下的制度安排鼓励传承红色革命精神，通过吸引乡贤、本地劳动力回归促进乡村社会结构转型，通过借助外部力量提取红色文化符号，激发乡村文化新活力。② 红色文化转化为老区乡村的生产力主要体现在红色文化与旅游的融合上，尚子娟等指出红色文旅融合能有力地促进乡村振兴，并构建了由经济、政策、主体、生态、社会等五个方面协同发力促进红色文旅融合发展的共生模型。③ 陈永典等分别从红色廉政文化赋能制度支持，红色文化资源转化为经济效益、提供精神动力、与自然景观融合促进生态振兴等四个方面阐述红色文化资源对老区乡村振兴的作用。④

二是促进农林业发展。集中连片特困区多为老、少、边地区。刘耀彬等通过数据模型分析发现，绿色发展有助于集中连片特困区通过完善基础设施、调整产业结构及促进知识外溢达到减贫扶贫的目的，并指出在后扶贫时期要继续推进绿色发展有效衔接乡村振兴。⑤ 科技手段能有效助力老区乡村农林业发展，尤其是电商在促进乡村产业发展方面起到重要作用。王奇等以电子商务进农村综合示范县（示范县当中有很大一部分是欠发达老区县）为考察样本，通过实证研究发现电商能够有效跨越地理障碍、打破人口因素限制、降低交易成本，帮助贫困地区农村增收，提升农村地区经济发展水平。⑥

三是乡贤助力老区乡村振兴。老区乡村发展的相对落后使其更需要乡贤力量的支持。朱云以赣南乡贤治村为例，说明乡贤治村能够有效回应国家治理现代化的要求，有利于化解自上而下治理存在的效率低下问题，化

---

① 成婧：《以红色文化推进农村精准扶贫》，《人民论坛》2019年第19期。
② 孙伟：《红色文化与乡村振兴的契合机制与实践路径——以新县田铺大塆为分析样本》，《河南社会科学》2020年第7期。
③ 尚子娟、任禹崑：《乡村红色文化与旅游发展模式探析》，《学术交流》2021年第4期。
④ 陈永典、于丽娜：《红色文化资源赋能乡村振兴的路径——以大别山地区为例》，《中南民族大学学报》（人文社会科学版）2023年第12期。
⑤ 刘耀彬、卓冲：《绿色发展对减贫的影响研究——基于中国集中连片特困区与非集中连片特困区的对比分析》，《财经研究》2021年第4期。
⑥ 王奇、牛耕、赵国昌：《电子商务发展与乡村振兴：中国经验》，《世界经济》2021年第12期。

解外部资源输送不能充分、精准满足乡村内部发展需求的问题，通过枚举鲜活的案例说明乡贤治村取得了明显的成效，乡贤成为介于国家力量与农民之间的村治契合点，因此，要通过正式（国家引导）与半正式（乡贤组织管理）、非正式（乡贤参与公共事务）动员乡贤治村，提升乡村内生能动力。①

四是发挥政府力量引领老区乡村振兴。推进老区发展具有显著的政治、经济意义。支持老区发展有利于彰显中国共产党"饮水思源、勿忘老区"的政治情怀，在推动老区乡村发展上政府发挥的作用更加明显。政府通过驻派党政干部、实施对口帮扶等一系列政策助推老区乡村振兴。兰奎等指出设置驻村"第一书记"有助于精准扶贫，要通过创新思维理念、加强学习培训、优化考核、强化激励保障、明确权力清单、筑牢为民服务意识等全面提升驻村"第一书记"精准扶贫效能。② 林海等基于实证分析，认为数字乡村建设之中的数字乡村治理在消除数字鸿沟和实现共同富裕方面具有显著的正向作用，建议优化老区数字乡村治理措施，加强数字赋能，促进老区跨越式增长和共同富裕。③

（二）国外研究现状

国外有关乡村发展的研究，集中在乡村生态发展、乡村科技发展、农业规模化发展、乡村社会创新、农民素质能力建设、乡村贫困治理等方面。

1. 有关乡村生态发展的研究

随着工业发展的日新月异，化肥、农药等工业文明的产物对生态造成了严重的破坏，如何破解这一难题以促进乡村生态发展引起了国外学界的高度关注。发展有机农业是减少农业生态污染的有效方式，但有机农业也存在着农产品产量少、价格高，使发展中国家的贫穷消费者难以负担等弊端，Meemken 等指出要有效结合有机与传统方法促进农业农村生产力的可

---

① 朱云：《乡贤治村：主体角色、制度契合与实践机制——基于赣南农村乡贤治村实践的考察》，《云南民族大学学报》（哲学社会科学版）2022 年第 1 期。
② 兰奎、王洪辉：《驻村"第一书记"精准扶贫效能提升研究——以四川革命老区 W 市为例》，《四川理工学院学报》（社会科学版）2018 年第 2 期。
③ 林海、赵路犇、胡雅淇：《数字乡村建设是否能够推动革命老区共同富裕》，《中国农村经济》2023 年第 5 期。

持续发展。① 促进可再生资源的应用,是减少使用传统资源导致的农村空气污染的有效方法,但是可再生资源的利用需要较高的技术水平,同时成本不低,这使得乡村可再生资源应用的落地存在困难,Jasiński 等指出可以通过成立能源合作社,提高乡村地区可再生能源潜力的开发效率。② 工业文明的产物一方面破坏了农业生态,另一方面也在很大程度上伤害了农民的健康。Berni 等指出不安全的杀虫剂使用是乡村地区的一个重大问题,对人民身体健康和生态环境造成严重威胁,这个问题在包括摩洛哥在内的发展中国家尤其严重。农民在农药处理当中往往基于长期的经验进行操作,缺乏有效的个人安全防护设备,缺少安全防护知识,不安全的农药处理主要应归咎于农民受教育水平低和培训不足,因此要通过知识传递、加强相关培训来改善农民的安全行为。③ 森林是乡村宝贵的资源,同时也是农民重要的收益来源,过度砍伐森林将造成气候环境破坏,为平衡生态发展与经济发展的关系,Garrett 等指出要优化农林边界基础设施,促进集约化发展,并将其与对大量、长期的森林砍伐的负面激励措施相结合。④

2. 有关乡村科技发展的研究

乡村的衰败很大程度上是由于科技应用水平的不足所导致的生产效率低下,因此科技特别是数字技术等新科技在农业农村领域的应用尤为重要。Klerkx 等通过文献梳理指出,有关农业数字化的研究议题包括农业数字技术的应用、数字化对农民的影响、农业生产中数字化带来的伦理问题、数字化和农业知识与创新系统、数字化农业生产系统与价值链的管理,未来应开展对精准农业、数字农业、智能农业和农业 4.0 的跨学科和超学科科学研究。⑤ Watmough 等利用遥感数据预测家庭财富,并

---

① E. M. Meemken, M. Qaim, "Organic Agriculture, Food Security, and the Environment", *Annual Review of Resource Economics* 10 (1) (2018): 39–63.

② J. Jasiński, M. Kozakiewicz, M. Sołtysik, "Determinants of Energy Cooperatives' Development in Rural Areas—Evidence from Poland", *Energies* 14 (2) (2021): 319.

③ I. Berni, A. Menouni, I. E. Ghazi et al., "Understanding Farmers' Safety Behavior Regarding Pesticide Use in Morocco", *Sustainable Production and Consumption* 25 (2021): 471–483.

④ R. D. Garrett, I. Koh, E. F. Lambin et al., "Intensification in Agriculture-Forest Frontiers: Land Use Responses to Development and Conservation Policies in Brazi", *Global Environmental Change* 53 (2018): 233–243.

⑤ L. Klerkx, E. Jakku, P. Labarthe, "A Review of Social Science on Digital Agriculture, Smart Farming and Agriculture 4.0: New Contributions and a Future Research Agenda", *NJAS: Wageningen Journal of Life Sciences* 90 (2019): 16.

应用社会生态学知识对数据进行多层次处理来提高其解释家庭财富差异的能力，以此监测可持续发展目标，特别是那些与贫困相关的目标的实现情况，促进对农村家庭贫困状况的精确掌握，确保贫困治理中一个都不掉队。[①] Schuetz等指出高金融排斥率阻碍了印度乡村经济发展，化解金融排斥需要克服地理空间障碍、高成本、不适宜的金融产品及农村居民缺乏金融知识等方面的困难，而发展区块链有助于克服这些困难，增强农村金融的包容性。[②] Campenhout等指出，农业咨询服务通常依赖于农业推广人员的人际关系进行知识转移，但这种方法不可持续，尤其是在高度分散的小农农业系统中其知识传播的难度更加突出，而信息和通信技术的发展将有助于解决小农农业系统中传统农业推广存在的问题。[③]

3. 有关农业规模化发展的研究

城镇化的发展必然导致乡村人口的空心化，而空心化问题导致大量土地闲置。一方面，空心化问题可以通过引导本土人口回流或者引进外来劳动力来化解。如Godo等指出日本的乡村地区面临着劳动力缺少的问题，亟须通过引进中国劳动力等方式来化解。[④] Shin等认为在城镇化进程中，农业生产效率低下、报酬微薄，山区与平原地区收入差距大，加之老龄化严重，乡村出现大量闲置土地，政府要对从事农地生产的相关组织或利益攸关者进行直接补贴，促进乡村土地有效整合。[⑤] 另一方面，空心化问题可通过集约化和规模化的现代化发展方式加以解决。Roest等指出，这种发展模式有助于发展规模经济和应用高效技术，往往需要价格政策的支持。但同时他们强调，为降低市场风险，需推进农场生产多样化产品，提高农场组织管

---

① G. R. Watmough, C. Marcinko, C. Sullivan et al., "Socioecologically Informed Use of Remote Sensing Data to Predict Rural Household Poverty", *Proceedings of the National Academy of Sciences* 116 (4) (2019): 1213-1218.

② S. Schuetz, V. Venkatesh, "Blockchain, Adoption, and Financial Inclusion in India: Research Opportunities", *International Journal of Information Management* 52 (2020): 101936.

③ B. V. Campenhout, D. J. Spielman, E. Lecoutere, "Information and Communication Technologies (ICTs) to Provide Agricultural Advice to Smallholder Farmers: Experimental Evidence from Uganda", *American Journal of Agricultural Economics* 103 (2021): 317-337.

④ Y. Godo, T. W. Lim, "Exportation of Manpower: A Case Study of Chinese Seasonal Laborers in an Agricultural District in Hokkaido", *China and the World* 3 (2) (2020): 2050005.

⑤ M. W. Shin, B. H. S. Kim, "The Effect of Direct Payment on the Prevention of Farmland Abandonment: The Case of the Hokkaido Prefecture in Japan", *Sustainability* 12 (1) (2019): 334.

理和资源使用的效率。①

4. 有关推进乡村社会创新的研究

乡村的发展需要政府的扶持,但更离不开乡村社会自身发展能力的增强以及社会创新的推动。国外学者研究认为,随着人类社会的经济模式从农业经济向城市工业经济,进而向知识经济转变,乡村衰落是一个不可避免的过程。但是,实际上有部分乡村并没有衰败,可通过调整乡村社区内部组成部分的功能和结构,提高乡村社区适应外部变化的能力,具体措施主要包括推进乡村生计能力多样化、增强其应对市场风险和变化的能力,以及推进社会创新。Kluvankova 等指出,社会创新被认为是公民社会行动者对社会挑战的协作反应,因此越来越被认为是可持续发展的驱动力;社会创新促进公民价值观的形成与优化,特别是在边缘化的乡村地区,这些地区经常受到物理空间发展障碍和市场限制以及公共资金短缺的困扰。通过分析不同情况和背景下的社会创新案例,反思社会创新的语境和维度,他们剖析了社会创新如何在边缘化乡村地区出现和发展,如何使这些地区形成多样化的发展优势,并指出社会创新需由内而外,从调动地区内部资源合力出发寻求外部参与者的合作。② 这实际上寻求的是从等级制度到社区制度、从排他性政治经济到包容性社会发展、从市场到社会企业的转向,以助力边缘化乡村地区可持续发展。

5. 有关农民素质能力建设的研究

上述关于乡村生态发展的研究中已提及需要让农民了解相关知识、开展相关培训以促进农业生态发展技术的应用。Šūmane 等认为可持续性的农业发展是知识密集型的,需要特定的知识来指导。农民很大程度上依赖非正式知识学习模式来获取知识,但这种学习模式是有局限性的,Šūmane 等强调要构建学习知识网络,让农民通过与农业知识机构、研究人员及其他各个领域的参与者交流学习知识,整合正式与非正式的知识来寻找促进可

---

① K. D. Roest, P. Ferrari, K. Knickel, "Specialisation and Economies of Scale or Diversification and Economies of Scope? Assessing Different Agricultural Development Pathways", *Journal of Rural Studies* 59 (2018): 222-231.

② T. Kluvankova, M. Nijnik, M. Spacek et al., "Social Innovation for Sustainability Transformation and Its Diverging Development Paths in Marginalised Rural Areas", *Sociología Ruralis* 61 (2) (2021): 344-371.

持续性农业发展的综合方法。① 农业的生态或科技发展，要充分考虑"人"的利益，这个"人"主要涉及农民。Rose 等强调，农业 4.0 充分考虑了生产力发展与生态环境的可持续，但更要将"人"纳入技术轨道来构建农业创新体系，在促进社会可持续性发展的同时优化生产和环境。②

6. 有关乡村贫困治理的研究

贫困有绝对贫困与相对贫困之分，按照国际标准，世界上众多国家，特别是发展中国家还广泛存在着绝对贫困，而即便摆脱了绝对贫困也仍然存在着相对贫困，因此，贫困治理是一个长久的议题。乡村与贫困存在着天然的粘连关系。贫困陷阱问题是国外学者关注的重点问题之一，Haider 等综合考虑了不同学科间的张力与互补性，评估用于解释乡村环境中贫困陷阱的特征的机制，拓宽贫困陷阱的概念，以更好地解释社会生态与贫困的相互作用，他们提出了综合考虑社会生态的贫困陷阱定义，旨在以更综合的方式减轻贫困。③ 乡村致贫因素中的很大一部分是自然因素，与地理地形、气候等相关。Hansen 等指出气候多变性是小农和牧民面临风险的主要来源，特别是在旱地地区，由此要通过优化管理风险的生产技术和制度等气候风险管理干预措施来缓解乡村贫困。④

（三）国内外研究现状评价

从国内来看，有关老区乡村发展的理论研究的发展历程中有几个明显的时间节点，分别是改革开放、20 世纪与 21 世纪之交、党的十八大、党的十九大，对应的研究关键词是扶贫开发、新农村建设、精准扶贫、乡村振兴。从整体上看，对老区乡村发展的研究大多还是围绕着扶贫脱贫的主题展开的，这与老区发展的相对落后密切相关。脱贫攻坚取得全面胜利以来，学界也对老区乡村脱贫攻坚开展了经验总结、政策评价等方面的研

---

① S. Šūmane, I. Kunda, K. Knickel et al., "Local and Farmers' Knowledge Matters! How Integrating Informal and Formal Knowledge Enhances Sustainable and Resilient Agriculture", *Journal of Rural Studies* 59 (2018): 232-241.

② D. C. Rose, R. Wheeler, M. Winter et al., "Agriculture 4.0: Making It Work for People, Production, and the Planet", *Land Use Policy* 100 (2021): 104933.

③ L. J. Haider, W. J. Boonstra, G. D. Peterson et al., "Traps and Sustainable Development in Rural Areas: A Review", *World Development* 101 (2018): 311-321.

④ J. Hansen, J. Hellin, T. Rosenstock et al., "Climate Risk Management and Rural Poverty Reduction", *Agricultural Systems* 172 (2019): 28-46.

究，为新发展阶段全面推进老区乡村振兴的研究奠定了基础。近年来，国内对老区乡村振兴的研究有助于推进老区红绿特色优势产业振兴、促进红色文化振兴、加强人才振兴、助力生态振兴及推动组织振兴。国内现有研究的主要不足在于以下几点。一是对老区乡村振兴的研究不够系统深入。整体上，对老区乡村发展的研究还是停留在脱贫攻坚的主题上，尚未有效衔接至对乡村振兴的研究，在乡村振兴研究中老区视角的研究仍相对缺乏；未能深入有效地回答老区乡村如何跨越边远山区的物理空间发展障碍的问题，对红绿特色优势资源的高效利用有待进一步研究，对政策倾斜的红利与形成内生动力之间的关系的研究需要深入拓展。二是从研究区域来看，国家明确赋予闽西作为老区高质量发展示范区的定位，要求闽西老区全面推进乡村振兴、在城乡协调发展上做示范，但现有对闽西老区乡村振兴的研究不够系统深入。三是对老区乡村振兴的研究中缺少马克思主义理论的系统运用。马克思主义乡村发展思想仍具有显著的时代意义，能有效指导并推进老区乡村振兴，而且马克思主义思维方法的运用也有利于促进老区乡村振兴，如唯物辩证法的应用有助于统筹老区乡村振兴共性与个性的发展。

从国外来看，随着城镇化的发展，国外也开展了诸多推动乡村发展的实践，乡村发展的理论随着实践的推进不断推陈出新、创新发展。近年来，国外乡村发展注重围绕生态发展、科技发展两大主题展开，同时也关注农业规模化发展、乡村社会创新、农民素质能力建设、乡村贫困治理等方面。总体来说，国外乡村发展的研究对推进我国乡村振兴有一定的启示意义，但是对于推进我国老区乡村振兴的借鉴意义有限，这主要是由于老区乡村振兴具有一些区别于一般地区乡村振兴的特色，如政治意蕴明显、村落多位于边远山区、红色资源文化与经济价值有待激发，等等。

综上，本书拟拓展以下三个方面的研究。一是以马克思主义乡村发展思想为理论基础，阐析老区乡村振兴存在问题的成因，并以此确定老区乡村振兴的实现路径，拓宽马克思主义理论的当代研究视域。二是以闽西老区为例，来调查研究老区乡村振兴现状，梳理闽西老区乡村振兴的成效，剖析其不足之处，推进闽西老区乡村振兴，同时更好地推进闽西老区高质量发展示范区建设。三是从闽西的样本中梳理总结老区乡村振兴的共性特征，聚焦老区乡村振兴需要着力解决的问题，并从特殊性上升到普遍性来促进老区乡村振兴，拓展乡村振兴的老区视角，致力于在新征程上推动共同富裕。

三 相关概念界定

以闽西为例研究老区乡村振兴，需厘清"革命老区""闽西革命老区""乡村振兴"这三个核心概念。

（一）革命老区

对于"革命老区"的概念，以下从基本概况、范围认定沿革两个方面来阐明。

1. 革命老区基本概况

革命老区指的是在土地革命战争时期和全面抗日战争时期中国共产党领导建立的革命根据地，原称中国革命老根据地，简称"老区"。土地革命战争又称第二次国内革命战争。老区或因处于战争的不同时期，或因具有不同的地位、不同的特点而具有不同的称谓。（1）苏区。"苏"字源于俄语汉译"苏维埃"，苏区即采用"苏维埃"政权组织形式的地区，特指土地革命战争时期建立的革命根据地。[1] 中央苏区，即中央革命根据地，是全国苏维埃运动的中心区域，是中华苏维埃共和国党、政、军首脑机关所在地，以瑞金为中心，主要由赣、闽、粤三省的部分行政县组成，其中赣、闽行政县占多数。[2]（2）边区。其主要指位于多省边缘连接地带的革命根据地。例如，陕甘宁边区就是指位于陕、甘、宁三省边缘交会处的根据地。[3]（3）游击区。这主要指的是"游击队经常活动但是又并未完全占领或者是控制的地区"[4]。特别是长征期间，原有的多数根据地丧失，在中央根据地及其周围各根据地建立起大量的游击区，且在长征途中创建起一系列新游击区。[5]

---

[1] 马洪武、王德宝、孙其明主编《中国革命史辞典》，档案出版社，1988，第267页。
[2] 余伯流、凌步机：《中央苏区史》，江西人民出版社，2001，第1页。
[3] 马洪武、王德宝、孙其明主编《中国革命史辞典》，档案出版社，1988，第250页。
[4] 廖盖隆主编《中国共产党历史大辞典（新民主主义革命时期）》，中共中央党校出版社，1991，第418页。
[5] 中国老区建设促进会编《中国革命老区》，中共党史出版社，1997，第3页。

2. 革命老区范围认定沿革

新中国成立以后,随着行政区划的调整及科研工作的深入推进,我国在全国范围内对革命老区进行了4次划定统计,分别是在1953年、1980年、1995年、2013年。根据1953年的统计,老区分布在23个省、自治区的782个县。1979年发布的《关于免征革命老根据地社队企业工商所得税问题的通知》,明确规定了老区认定的标准(见表0-1)。1980年的统计就是基于1979年老区认定标准的,经统计有1009个老区县。根据1995年的统计,全国老区县为1389个县。中国老区建设促进会编写的《中国革命老区》全面地梳理了中国老区分布、形成历史及发展情况,并首次按照所含老区乡、村数量的多少,把老区县依次分为一、二、三、四类。[①] 2013年确定了1599个老区县,分布在除新疆、西藏、青海外的28个省份。

表0-1 1979年革命老区认定标准

土地革命战争时期	全面抗日战争时期
①曾有中国共产党的组织	
②有革命武装	
③发动群众+土地革命运动	③发动群众+减租减息运动
④建立工农政权+武装斗争+坚持半年以上	④建立抗日民主政权+武装斗争+坚持一年以上

资料来源:根据《关于免征革命老根据地社队企业工商所得税问题的通知》整理。

老区分布广泛,根据其历史贡献及发展情况,分为重点老区与非重点老区,国家对赣闽粤、川陕、左右江、陕甘宁、大别山等跨省老区予以重点扶持,重点老区多位于多省交界处、边远山区,具有大多数老区的典型特征;省份也有老区大省(区、市)、非老区大省(区、市)之分,前者是老区县(市、区)占比较高的省份,如江西、福建等均是老区大省。本书研究的革命老区是重点老区、著名老区,位于老区大省,具备大多数老区的典型特征。

(二)闽西革命老区

"闽西",顾名思义,指福建的西部,由龙岩、三明两地市组成,是原

---

① 中国老区建设促进会编《中国革命老区》,中共党史出版社,1997,第3~4页。

中央苏区的重要组成部分，是红军成长、壮大的地方，是共和国将军的摇篮。老一辈无产阶级革命家毛泽东等在这片红色土地上，进行了伟大的革命实践活动。新中国的9位元帅、8位大将及许多著名的将领都曾在闽西战斗、生活过。从1926年闽西第一个中国共产党组织——中国共产党永定支部成立，到1949年新中国成立，23年间，党的旗帜始终飘扬在这片红土地上。正是在这面旗帜的指引下，从1934年主力红军长征以后，闽西人民开始了艰难的保田斗争，直至新中国成立，在闽西共有14.6万人口的地区中，有20多万亩土地一直保留在农民的手中，创造了全国罕有的奇迹。23年党旗飘扬，15年保田斗争，闽西地方党组织领导人民前仆后继、坚持斗争直至胜利，赢得了"红旗不倒"的美誉。①

闽西老区是毛泽东思想的重要发祥地。1929年12月28～29日，毛泽东、朱德、陈毅在上杭古田曙光小学领导召开中国共产党红军第四军第九次代表大会，即著名的"古田会议"，大会通过了由毛泽东起草的《中国共产党红军第四军第九次代表大会决议案》，该决议成了建党和建军的纲领性文件，核心内容是用无产阶级思想进行军队和党的建设。毛泽东在古田还写下了《星星之火，可以燎原》，进一步发展了"工农武装割据"的思想。毛泽东历来对调查极为重视，在闽西期间他经常到战士和老百姓家开展调查，掌握了大量的第一手资料，提出了"没有调查，没有发言权"②的著名论断，《反对本本主义》《才溪乡调查》《关心群众生活，注意工作方法》等均在闽西挥就。③

闽西老区各县（市、区）均属于原中央苏区范围。福建被认定属于原中央苏区的县（市、区）的数量仅次于江西。原中央苏区在闽部分尤以闽西地区更为集中，在《毛泽东选集》第4卷《抗日战争胜利后的时局和我们的方针》一文的注释中，毛泽东指出1931年下半年以后，"江西中央区联合起来有过二十一个县城"④，主要涉及现今的江西赣州，福建龙岩、三明等地级市。中央党史研究室下发的《关于原中央苏区范围认定的有关情况》（中史字〔2013〕51号），指出已经审批确认和可以确认为中央苏区

---

① 中共福建省龙岩市委党史研究室：《闽西人民革命史》，中央文献出版社，2001，第1~5页。
② 《毛泽东选集》第1卷，人民出版社，1991，第109页。
③ 中共福建省龙岩市委党史研究室：《闽西人民革命史》，中央文献出版社，2001，第2~3页。
④ 《毛泽东选集》第4卷，人民出版社，1991，第1130页。

范围的县（市、区）共有97个，其中福建省有37个。① 福建原中央苏区县（市、区）的分布情况为：闽西有19个（龙岩7个，三明12个），闽北（南平）有10个，闽南（漳州）有8个。2021年三明市实施部分行政区划调整，撤销梅列区、三元区，设立新的三元区，因此在闽原中央苏区县（市、区）现有36个，其中，闽西有18个（龙岩7个，三明11个），涵盖龙岩、三明两地市全域。

（三）乡村振兴

将"乡村振兴"一词拆开来看，分为"乡村"与"振兴"，会发现不论是"乡村"还是"振兴"都不是新词或专有词汇，目前大多数有关乡村振兴的研究其实指向的是党的十九大提出的"乡村振兴战略"中的"乡村振兴"。"振兴"词义较容易理解，它是一个动词，指的是大力发展、使兴旺强盛。现重点厘清"乡村"的概念内涵及这一概念在本书中的应用。"乡村"又可拆分为"乡"与"村"。中华文字博大精深，"乡"有不同的词性及含义，作为名词通常指的是行政区划。"乡，国离邑，民所封乡也"②，国是都邑，而离都邑稍微远些的民众聚居的地方就是乡；还有诸如"十邑为乡，是三千六百家为一乡"③的说法，每个朝代"乡"的规格也有所不同。当代中国"乡"延续了其行政区划的含义，指的是"乡镇"，是我国最基层的行政机构。当然，"乡"还有另一层叙事语境，这种语境通常掺杂着人的主观情感因素，如"家乡""乡愁""故乡"等。由此，"乡"带有对家乡、故乡的情感眷恋，被寄予了对过去、对传统美好生活的思念。"村"则较易理解，通常指的就是"农村"，农村具有区别于城市的自然、经济、社会等方面的特征，一般地理位置相对偏远，经济上以农业生产为主、经济基础相对薄弱，人群分散居住且大多以血缘关系为联结。马克思、恩格斯笔下的"小农经济"是农村的典型经济模式，呈现出封闭性、分散性及落后性的特征。从上述拆分释义中可看出，"农村"与"乡村"存在异同之处。综观现有研究，众多学者在叙事语境里几乎将

---

① 中共上杭县委党史研究室、上杭红色文化研究会编著《上杭党史概览》，中共党史出版社，2013，第193~215页。
② （汉）许慎撰，（清）段玉裁注《说文解字注》，浙江古籍出版社，1999，第17页。
③ （清）王念孙：《广雅疏证》，中华书局，1983，第297页。

"农村"等同于"乡村",这与将"乡"理解为作为情感寄托的"乡"有关,但显然如此释义下的"乡村"较之"农村"更有"人情味","农村"较之"乡村"则更侧重于体现其区别于城市的生产生活方式。也有学者明确指出乡村不同于农村,他们将"乡"作为行政区划中的"乡",认为"乡村"包括"乡镇+农村"。《乡村振兴法》明确指出乡村"是指城市建成区以外具有自然、社会、经济特征和生产、生活、生态、文化等多重功能的地域综合体,包括乡镇和村庄等"①。该法明确定义了乡村实际包含乡镇与农村。本书遵照《乡村振兴法》对乡村的界定,即认为乡村比农村外延更广,同时认为乡村较之农村更有情感色彩;虽然乡村的范围大于农村,但认为农村是乡村的核心。乡村振兴抑或振兴乡村绝不是新时代才出现的议题,近代以来,无数仁人志士救亡图存,为振兴中华不懈努力,而振兴乡村是振兴中华的主体,孙中山"向以我国农业之不修,思欲振兴而改良之,蓄志已久"②,此外卢作孚的乡村建设现代化思想、梁漱溟的乡村建设运动、晏阳初的乡村平民教育救国思想等均不同程度地指向中华民族的乡村振兴,希望在此基础上实现救国救民。

在乡村振兴战略背景下,"乡村振兴"被赋予了更加明确的、丰富的含义,换言之,形成了更加明确的目标与路径。党的十九大报告指出,乡村振兴战略的总要求是"产业兴旺、生态宜居、乡风文明、治理有效、生活富裕"③。习近平进一步明确指出,"乡村振兴是包括产业振兴、人才振兴、文化振兴、生态振兴、组织振兴的全面振兴"④。由此,本书所述"乡村振兴"聚焦于党的十九大以来实施的乡村振兴战略之中的"乡村振兴",而在"乡村"中聚焦于"农村"、兼涉乡镇;自乡村振兴战略实施以来,老区乡村振兴已取得了一定的成效,为了突出新发展阶段老区乡村振兴研究的时代性,本书对老区乡村振兴的研究重点回答脱贫攻坚取得全面胜利以来,面对复杂的国内外环境,如何更好地推动老区巩固拓展脱贫攻坚成果与推进乡村振兴衔接,如何更好地畅通制约发展的痛点瘀点、融入新发

---

① 《中华人民共和国乡村振兴促进法》,人民出版社,2021,第3页。
② 《孙中山全集》第2卷,中华书局,1982,第428页。
③ 习近平:《决胜全面建成小康社会 夺取新时代中国特色社会主义伟大胜利——在中国共产党第十九次全国代表大会上的报告》,人民出版社,2017,第32页。
④ 《习近平谈治国理政》第3卷,外文出版社,2020,第259页。

展格局，如何更好地促进实现共同富裕等问题。为了概念使用的前后一致性，本书大部分时候使用"乡村"，但根据国家政策文件规定及事实情况，明确强调农村时使用"农村"。有必要指出的是，在马克思、恩格斯对乡村发展的描述中，乡村是与城市相对的概念，"物质劳动和精神劳动的最大的一次分工，就是城市和乡村的分离"①，但是马克思、恩格斯的经典著作也大量提及"农村"，从行文中可知马克思、恩格斯并没有严格区分"农村"与"乡村"，换言之，乡村也泛指农村。当然，从现有对"乡村"与"农村"的严格区分来看，乡村的外延比农村广，而马克思、恩格斯笔下的"城乡融合发展"则指的是"城（市）"与"乡（村）"之间的融合。因此，本书在叙述老区乡村振兴的理论基础时使用的是马克思主义乡村发展思想，而非马克思主义农村发展思想，虽只有一字之差，但前者显然外延更广，也更符合乡村振兴的当代叙事语境。此外，在新中国的发展历程中，特别是在党的十九大之前，国家显然更倾向于对"农村"发展进行扶持，如推进农村扶贫开发、社会主义新农村建设，但也有对"乡村"发展的支持，如推进美丽乡村建设等。党的十九大以来，国家陆续颁布了与乡村振兴相关的政策，但显然其中也包含了推动农村发展的政策举措。无论是党的十九大之前还是之后，国家围绕乡村或者农村发展均出台实施了诸多政策举措，而乡村外延广于农村，由此，本书在第二章论述老区乡村发展历程时，在纲目上使用外延更广的"乡村"而非"农村"，此外，这也有利于与"乡村振兴"的话语保持一致。第三至五章"乡村"概念的使用概莫能外，在这里不再赘述。

四 研究思路、方法与创新点

本书坚持基于马克思主义的立场、观点与方法来研究老区乡村振兴，注重针对新发展阶段老区乡村振兴的重难点寻求研究的突破口。

（一）研究思路

本书以马克思主义乡村发展思想作为理论基础，围绕提出、分析与解

---

① 《马克思恩格斯文集》第 1 卷，人民出版社，2009，第 556 页。

决问题的基本思路展开。首先，结合时代背景，在阅读分析现有相关文献资料的基础上选定本选题。乡村振兴问题是学界关注的热点问题，有关乡村振兴的研究浩如烟海，但从老区的视角进行研究的相对较少。原中央苏区在老区中政治地位突出并且具备老区的典型特征，其中闽西是习近平在闽工作期间及到中央工作后始终关心与支持发展的地方，2022年3月国务院批复同意其建设为老区高质量发展示范区。由此，本书以闽西为例展开老区乡村振兴研究具有较强的代表性、示范性与时代意义。其次，实践的发展离不开理论的指导，马克思主义乡村发展思想是老区乡村振兴的理论基础。在挖掘马克思主义经典作家有关乡村发展的重要论述的基础上，梳理中国共产党人在百年奋斗历程中对乡村发展思想的丰富与发展，阐明马克思主义乡村发展思想，为老区乡村振兴提供理论阐释依据。再次，从历史和现实两个维度剖析老区乡村发展问题。梳理了新中国成立以来老区乡村发展历程，基于主要政策、取得成就与经验的分析，提出新发展阶段推进老区乡村振兴的发展要求。而后从历史发展的演进脉络转入现实考察部分，以闽西老区为例，通过深入的社会调查，按照乡村振兴战略的总要求，结合老区乡村突出的特点，全面分析了闽西老区乡村振兴取得的成效、存在的问题，并从马克思主义视角剖析存在问题的原因。最后，在问题导向和目标导向下，提出以马克思主义引领老区乡村振兴的实践路径。在以马克思主义乡村发展思想为理论指导的同时，贯穿着唯物辩证法的运用。

（二）研究方法

本书以辩证唯物主义和历史唯物主义的方法为基石，对老区乡村振兴问题进行系统研究，具体的研究方法如下。

第一，逻辑与历史相统一的方法。推进乡村振兴是动态、联系、全面的发展过程，蕴含历史发展规律，遵循城乡融合发展趋势，需坚持产业、人才、文化、生态、组织的全面振兴。新发展阶段，将巩固拓展脱贫攻坚成果与推进乡村振兴相衔接、发挥老区在实现共同富裕中的政治示范作用，是推进老区乡村振兴研究的逻辑起点。推进老区乡村振兴不仅要关注其时代背景，还要从老区乡村发展历程中汲取基本经验。本书以主要政策与举措实施的时间节点为依据，系统梳理了新中国老区乡村发展的历史演变与阶段特征，在逻辑梳理和历史考究相结合中阐明新发展阶段老区乡村振兴的主要要求。

第二，比较分析法。本书从横向与纵向两个维度采取比较分析法，推进老区乡村振兴的研究。从纵向来说，比较分析新中国老区乡村发展的不同阶段及每个阶段老区乡村发展的主要特征，并梳理总结各个阶段的成就与经验。从横向来说，通过比较分析老区乡村振兴与我国其他地区乡村振兴的共性问题和老区乡村振兴的个性问题，提出新发展阶段推进老区乡村振兴需瞄准的重点问题。同时，以闽西老区为例，比较分析闽西老区乡村振兴取得的成效及存在的问题。再者，基于老区乡村内部发展的差异性，因地制宜寻求老区乡村振兴分类发展对策。

第三，定性研究与定量研究相结合的方法。定性研究方面，本书以马克思主义乡村发展思想为理论基础，阐明老区乡村振兴的理论分析框架，通过对老区乡村发展的历史梳理，从学理上阐明新发展阶段老区乡村振兴的重点要求。定量研究方面，本书通过大量的公开统计资料，包括统计年鉴数据，国民经济和社会发展统计公报及国家部委、地方政府的相关公开数据，来掌握老区乡村振兴的总体情况。笔者还于2020年10~11月、2021年7~8月、2022年2~7月、2023年9月、2024年7~9月深入调研闽西老区。在调研中，既采用观察、访谈、座谈等质性研究法，也收集与统计整理有关数据资料。另外，于2019年下半年至2020年上半年、2021年下半年、2023年6月、2023年11月、2024年10月还实地调研了闽东、闽北、赣南老区，发现了老区乡村发展存在的共性问题。2019年以来笔者多次实地走访福建省民政厅老区办、福建省农业农村厅了解闽西老区乡村发展情况。在分析中，力图做到质性资料与统计资料相互补充、相互佐证，增强研究结论的科学合理性。

（三）创新点

本书基于马克思主义的立场、观点与方法推进老区乡村振兴研究，主要的创新点有以下三点。

第一，坚持以马克思主义乡村发展思想为老区乡村振兴研究的理论基础与实践指引。基于马克思主义有关乡村生产方式、农民主体性、城乡融合发展等的原理要义，提出老区乡村振兴要推进生产力高质量发展，充分发挥乡村群众主体作用，遵循城乡融合发展趋势。同时，根据特色资源禀赋差异推进红色主导型、绿色主导型、红绿色融入型产业发展，根据内生力量差异形成本土能人引领型、乡贤带动型、群众自主型主体赋能模式，根据区位条件差异推进近郊村、远郊村城乡融合发展。

第二，充分运用辩证思维推进老区乡村振兴重点问题的解决。提出通过壮大集体经济、强化科技赋能，辩证转化边远山区的发展劣势；处理好红色资源文化效益与经济效益的辩证关系，以提高文化效益推动实现经济效益；强化绿色发展优势，基于适度规模推进绿色创新发展，遵循马克思主义农业发展观，在新发展阶段更加强调农业的基础性地位，以系统思维有序推动产业融合发展；将政治优势有效转化为发展的内生动力，健全相对贫困治理长效机制。

第三，基于历史与现实的贯通，深入阐释马克思主义的传承与发展，更好地把握乡村振兴战略在以闽西为代表的老区的推进策略。系统梳理习近平在闽工作期间，在闽西等重点老区推动的林改、水土治理、人才下乡等实践的影响与借鉴意义，提出老区乡村振兴以人为本、生态为基、人才为要的基本思路；提炼新时代闽西片区化打造乡村振兴项目、党建跨村联建等典型经验与做法，推动实现规模化发展与特色化发展、个体发展与共同发展的辩证统一。

本书尚有诸多不完善与不成熟之处，关于实现老区乡村振兴共性与个性的有机统一，尤其是运用辩证思维因地制宜推进老区乡村振兴的观点仍有可拓展的空间，未来可基于更广泛的社会调研形成更加科学全面、可推广的分类发展模式。

第一章 革命老区乡村振兴的理论基础

实践需要理论的指导，而理论的提出必然有其渊源。我国乡村振兴的理论指导主要来自马克思主义经典作家有关乡村发展的重要论述以及百余年来中国共产党人对马克思主义乡村发展思想的继承与发展。老区乡村振兴是我国乡村振兴的重要组成部分，马克思主义乡村发展思想同样为老区乡村振兴提供理论阐释依据。

第一节 马克思主义经典作家乡村发展思想

马克思、恩格斯、列宁等马克思主义经典作家发表了众多有关乡村发展的重要论述。马克思、恩格斯有关乡村发展的重要论述为马克思主义乡村发展思想整体框架的确立奠定了基础，列宁在社会主义的实践中进一步补充完善了有关乡村发展的思路。

一 马克思恩格斯乡村发展思想

马克思、恩格斯的经典著作当中包含着大量有关"乡村"或"农村"的论述。对农业、农村、农民问题的关注是马克思和恩格斯思想发展的重要转折点。马克思在为《莱茵报》做主编时期撰写了《关于林木盗窃法的辩论》一文，提出要捍卫农村贫困群体的政治经济权利，抨击政府及富人联合对贫困农民进行的剥削与压迫。正是从这一事件开始，马克思转向对唯物主义、对现实世界的关注。《德意志意识形态》从唯物史观角度考察了城乡关系之中的乡村发展问题，城乡关系的产生与走向根本上是受社会基本矛盾运动规律支配的。《共产党宣言》指出在共产主义社会，城乡对立消失，走向城乡融合发展。《法德农民问题》阐明了无产阶级革命事业中争取农民同盟军的重要性，论述了在无产阶级取得政权以后如何引导农民走上社会主义的道路。在多数著作当中，马克思、恩格斯深入地论述了在资本主义生产方式下，乡村发展的局限性及其与城市之间的对立，并指出了乡村发展突破私有制的桎梏，走向公有制下与城市融合发展的必然趋势。

（一）城乡的分离和城乡利益的对立

城市与乡村并非一开始就存在，而是随着分工的发展逐渐分离出来的一对范畴。在原始蒙昧时代，生产力发展水平低下，人类必须依靠群体合力才能从自然界中获取生存的物资，群体内部几乎没有剩余物资。群居、部落是人类文明早期社会形态，此时还没有"农村"或"乡村"的概念。但原始群居部落与大自然浑然一体的生产方式事实上与乡村无异，暂且将此种社会形态称为"乡村"，而与之对应的大的群居、部落中心或可被称为"城市"。可见，实际上，在原始社会中并没有城乡之分，或者说城市孕育在乡村的母体当中。随着社会分工的推进、生产力的进一步发展、农业生产效率的提升、人类交往范围的扩大，工商业同农业的分离使得城乡对立，城乡对立加速了脑体分离的形成和发展。随着社会分工的进一步发展，手工业向工业、大工业逐级跃升，商业分离出来，农业、工业、商业等组成的产业体系日益成型。产业聚集吸引更多的农民、工人来产业集聚地就业生活，产业聚集地逐步形成小城镇；由于越来越多的人前来聚居，制造生活资料的配套产业发展起来，产业进一步集聚，从而吸引更多的人来就业，由此，小城镇逐步向大城镇发展，城市、大城市的概念呼之欲出。一边是城市生产要素的不断集中，另一边是乡村生产要素的日益空心化。城市的发展伴随着乡村的衰微，在资本主义生产方式下，城市的发展建立在工业对农业的盘剥的基础之上。工业的生产效益远远高于农业，工业的发展也带动了农业的现代化发展，农业生产效率的提高减少了耕作所需要的劳动力；同时，资本不断侵蚀农民的土地经营权及所有权，农民迫于生计纷纷离开乡村到城市就业，甚而通过售卖土地的方式来谋生，而失去土地的农民则沦为永久的雇佣劳动力。城市越发展，农民、工人阶级的贫困越积累。尤其是随着大工业的发展，国内市场已经满足不了资本扩张的需要，资本主义国家纷纷向世界市场进军，打破了各国原来相对封闭的状态。现代大工业城市如雨后春笋般发展，乡村进一步衰微，"城市最终战胜了乡村"[①]。

（二）农业发展及乡村生产力发展的重要性

人必须首先满足生存的需要，而人的生存依赖于自然，因此，马克思强调人事实上是自然界的一部分。人类早期从事的劳动便只是农业劳动，"食物的生产是直接生产者的生存和一切生产的首要的条件"[②]，农业对于人类来说是首位的、基础性的产业活动，即便到了工业文明时代，农业劳动依然是基础。恩格斯明确指出，"农业是整个古代世界的决定性的生产部门"[③]。农业发展效率的提升是工业、商业发展的前提。在远古时代，生产力水平低下，农业发展效率不高，人类为了生存，只能全部从事农业劳动，这样才能勉强维生。而随着农业发展效率的提高，农业生产能够提供剩余产品，人们才逐渐分工推进工业、商业及其他非物质生产部门的形成与发展。正是因为农业发展效率的提升，人们才能够充分实现物质需要的满足，精神发展方面的需要才能够日益丰富。

农业是人类发展的前提，是产业发展的基础。乡村生产力发展是推动乡村发展的前提条件。农业发展效率的提升正是生产力发展的表现。随着生产力的发展、城镇化的推进，城乡对立日益加剧，如何消除城乡对立成为摆在我们面前的难题。马克思、恩格斯认为城乡对立从根本上来看是私有制发展的结果，因此，城乡从对立走向融合必须消灭私有制、建立公有制。但他们同时又指出"这个条件又取决于许多物质前提"[④]，因此推进城乡融合发展并非一蹴而就，而是需要大力发展生产力以积累物质基础。无

[①] 《马克思恩格斯文集》第1卷，人民出版社，2009，第566页。
[②] 《马克思恩格斯文集》第7卷，人民出版社，2009，第715页。
[③] 《马克思恩格斯文集》第4卷，人民出版社，2009，第168页。
[④] 《马克思恩格斯文集》第1卷，人民出版社，2009，第557页。

论是城乡融合发展，还是生产力的高度发达，均要在共产主义条件下才能实现。共产主义消灭了分工，每个人摆脱了分工的片面性，每个人既是农业劳动者也是工业劳动者，均得到全面发展，因此也就消灭了阶级，城乡对立消失；社会全体成员组成的联合体有计划地、共同地创造生产力，实现城乡融合发展。

（三）小农生产弊病及农民的贫困与落后

马克思、恩格斯大量地论述了小农经济问题，指出小农生产方式不利于实现规模化效益，不利于与现代生产方式对接。农民在此生产方式下，只会日益积累贫困。

一是剖析以小农经济为主要特征的乡村发展状态。在马克思、恩格斯看来，随着生产力的发展，乡村发展的缺陷暴露无遗，这又主要表现在小农经济的生产方式上。马克思并没有明确界定小农的概念，恩格斯在《法德农民问题》中分析指出，乡村居民分为大农、中农、小农。恩格斯指出："我们这里所说的小农，是指小块土地的所有者或租佃者——尤其是所有者，这块土地既不大于他以自己全家的力量通常所能耕种的限度，也不小于足以让他养家糊口的限度。"[①] 马克思、恩格斯在其他经典著作中也均十分关注小农经济生产方式，其概括起来主要有以下几个特征。其一，封闭性。地理位置的偏远是造成乡村发展封闭性的天然因素。在生产力水平较低的情况下，农业生产效率低下，加之交通不便捷，农户家庭生产盛行自给自足，几乎没有多余的农产品，乃至于根本不需要货币。各个村庄形成相对封闭的孤立体，缺乏与外界的交流。环境的相对封闭性是造成农民思想相对落后的重要因素。马克思、恩格斯多次描绘小农思想的落后，"他们那根深蒂固的私有观念"[②] 难以改变，此外，蒙昧、保守、狭隘，文化教育落后、现代科技知识薄弱等均是小农的标签。其二，分散性。分散性主要体现在以下两个方面。一方面，这些小农生产所在村庄分散在各个偏远的地方。另一方面，土地经营是十分分散的，每个家庭经营着小块土地，小块生产发挥不了规模效益，生产效率远比不上工业。其三，落后

[①] 《马克思恩格斯文集》第4卷，人民出版社，2009，第512页。
[②] 《马克思恩格斯文集》第4卷，人民出版社，2009，第513页。

性。小农经济不仅封闭、分散，还欠缺现代化、机械化操作，缺乏有效的经营模式，使用落后的生产工具，以个人、家庭为经营主体，缺乏分工、排斥协作。农民呈现原子化生活状态，政治参与意识也比较薄弱，"小农的政治影响表现为行政权支配社会"①。以上种种小农生产弊病的存在，使其摆脱不了被资本主义大生产碾压的命运。

二是资本主义对小农经济生产方式的瓦解与农民贫困的日益积累。资本主义不仅依靠工业攫取剩余价值，还将爪牙伸向一切可以伸向的地方。封闭的、分散的、落后的小农经济就是资本主义生产所要进军并且攫取利润的地方。交通工具的改善打开了乡村封闭的大门，一些偏僻的地方因为修建铁路获得了发展的机会，甚而因成为交通枢纽而发展成为小城镇乃至城市。大地产吞并小土地，改变了分散的经营模式，大地产所有者靠出租土地获利，农民被迫离开家乡变成农民工人或者彻底地沦为雇佣工人。封闭大门的打开，同时也意味着与愚昧的、落后的小农思想的告别。资本主义同样带来了较为先进的生产方式，提升了土地自然肥力的利用效能，创造了更多的利润。暂且抛开土地的地理位置来说，在土地自然肥力同等的情况下，土地的自然肥力利用效能"一方面取决于农业中化学的发展，一方面取决于农业中机械的发展"②。资本主义通过科技的运用充分地提高了农业的生产效率，但同时科技的应用也破坏了农业生态、造成了人与自然物质变换的断裂。此外，资本主义还通过资本及劳动的连续投入提升了土地利用效率。总而言之，随着生产发展的演进，农业逐步屈从于工业的统治，乡村从属于城市，一切田园诗般的美好都被摧毁了，很多乡村逐渐发展成为工业化的城市，农民日益转为无产者，农业被资本化，乡村也到处充斥着农业资本家，城乡之间的对立不断激化，农民与工人的相对贫困日益积累。农民的贫困与片面的发展相互影响。资本主义生产方式破坏了农民特别是小农自给自足的田园梦，使很多农民沦为无产阶级，而无产阶级为了获得生计损害了自我的身心健康，资产阶级靠压榨无产阶级获得物质财富。在机器普遍运用的情况下，工人"沦为机器，沦为资本的奴隶"③，机械性地参与机器操作，成为片面的、单向度的人。还留有部分自耕地的

---

① 《马克思恩格斯文集》第 2 卷，人民出版社，2009，第 567 页。
② 《马克思恩格斯文集》第 7 卷，人民出版社，2009，第 733 页。
③ 《马克思恩格斯文集》第 1 卷，人民出版社，2009，第 121 页。

农民，因为无法从土地里获得足够的生活资料，只能去城市从事工业性副业，而这些工业性副业也多为机械性的，仅带来微薄的报酬。那些依靠土地勉强糊口的小农终日被束缚在土地里，也没有得到真正的自由，因片面地、单一地从事农业劳动而未能获得全面的解放。

（四）城乡融合发展设想与乡村生产方式的改造

马克思、恩格斯指出随着生产力的发展，社会基本矛盾的发展必然促使城乡融合发展，乡村生产方式通过合作经济、科技而得到有效赋能，农民主体性作用得到充分发挥，农民群众得到真正的解放。

第一，发挥城乡融合发展中制度保障的作用。在马克思、恩格斯看来，资本主义私有制从农民手上剥夺了乡村的土地，使农民颠沛流离，城乡之间的对立极度激化。而为了改变此状况，只有废除私有制，建立共产主义社会，消除旧的社会分工，才能逐步消除城乡对立，实现城乡融合发展。马克思、恩格斯强调要实现产业的融合发展，如实现工农业结合，使大工业在全国能够均衡分布。恩格斯在《法德农民问题》中指出，不仅工业的生产资料要转归公有，而且在农业方面也是如此。即便以法律的形式保护小农对生产资料的所有权，也只是"暂时延缓毁灭的日期"[①]。恩格斯进一步说明，保护所有权的存在并没有使小农获得自由，而是使小农继续被奴役。无偿为小农提供机器进行农耕也不会带来多大好处，因为基于小块土地的生产方式也只能在小范围内使用机器，并不会带来明显的规模发展效应。在向共产主义过渡的过程中，执政的无产阶级需要发挥政府作用，以合作经济作为中间环节引导小农经济向集体经济过渡，而国家要以政府的身份为合作发展提供帮助。

第二，以合作经济代替小农经济，提升规模化经营效率。如前所述，城乡融合发展须建立在生产力大发展的前提之上。马克思、恩格斯强调，生产力大发展需要改变小农生产方式，推进规模化生产经营，只有通过规模化发展，才能推动现代化、机械化发展，提高农业生产效率。首先，采用合作社改造小农经济。在《法德农民问题》中，恩格斯指出小农的灭亡

---

① 《马克思恩格斯文集》第 4 卷，人民出版社，2009，第 517 页。

是不可避免的，"但是我们无论如何不要以自己的干预去加速其灭亡"①，也不能采用暴力的方式对小农加以推翻。无产阶级在掌握国家政权后，应促进土地的私有制向集体所有制过渡，采用经济手段改善农民的状况。但在向共产主义过渡的过程中，恩格斯强调"必须大规模地采用合作生产作为中间环节"②。发展合作经济，应通过合作示范帮助的方式使得小农明白公有制的好处，使生产资料私有制转向公有制。乡村开办合作社的优势在于以下几个方面。一是节省了劳动力，集中乡村部分劳动力从事农业，使多余的劳动力谋求其他工作、促进增收。二是可享受规模化、低成本带来的各种便利。规模化发展有助于降低成本投入，提高生产效益，而且社会主义国家也有能力通过提供贷款、降低利率等方式给予帮助。三是形成规模优势克服个体经济的局限性，抵抗资本主义经济的排挤。个体经济必然抵抗不了大规模资本主义经济的碾压，只有通过合作社促进大规模经营才能增加谈判权，保护小农的共同利益。但在发展合作经济过程中应强调几个原则：一是不剥夺小农基本权益的原则；二是自愿的原则，包括自愿入社与退社；三是示范的原则，用实践成果将别的小农吸引过来参与合作；四是教育的原则，加强解释与教育以说明合作经济比个体经济更具有优势。此外，鼓励各种生产要素参与分配，激发参与合作社各方的积极性。同时，对大土地占有者实行干脆的剥夺。这个剥夺的方式可以是和平赎买，但主要依据大土地占有者的态度来决定，并且要将这些夺得的土地交由合作社使用。

第三，应用现代科技手段提升小农生产效率。马克思、恩格斯在批判资本主义生产方式的同时，也客观地指出其创造了比过去任何时代加总起来都要多的生产力。资本主义用现代方式压碎了乡村封闭、分散、落后的生产方式，抛去了农民的愚昧、封闭、保守，把乡村及农民带入现代文明当中，用化学方法与现代机械方式提高了农业生产效率。在面向小农组织联合劳动推进规模化土地经营时，要"应用一切现代工具、机器"③ 等科技成果，如此才能彰显规模经营的优越性。质言之，要应用一切物质文明成果，尤其是科技成果，将其转化为促进乡村发展的有效方式。

① 《马克思恩格斯文集》第 4 卷，人民出版社，2009，第 524 页。
② 《马克思恩格斯文集》第 10 卷，人民出版社，2009，第 547 页。
③ 《马克思恩格斯文集》第 3 卷，人民出版社，2009，第 331 页。

第一章 革命老区乡村振兴的理论基础

第四,发挥农民的主体作用,促进农民的解放与发展。在马克思、恩格斯看来,农民具有双重的阶级属性。一则作为劳动者来说,他们与无产阶级的利益是一致的;二则作为私有者来说,他们又具有资本主义倾向。但在资本主义生产方式下,农民日益贫困,其与资产阶级的矛盾不可调和,很大一部分农民沦为无产阶级。农民与无产阶级是天然的同盟军,是共同抵御资本主义剥削、摆脱贫困与追求发展的利益共同体。无产阶级取得政权后,不能采取得罪农民的措施,而是要通过土地集体所有制改革等经济举措,改善农民生活状况,"把他们吸引到革命中来"[①]。私有制下农民的贫困与片面发展问题突出,如上所述,恩格斯抨击称,对个人土地所有权的法律维护实际上并没有使农民获得真正的解放,而是把农民束缚在小块土地上,农民越想通过耕种小块土地获得生存资料就越失去自由发展的机会。只有通过公有制才能真正地解放发展农民。由于农民的狭隘性等特征,无产阶级需要加强对农民的教育引导,使农民逐渐明白加入合作经济的优势,这样农民才能摆脱资本主义生产方式的盘剥,自发地迈向共产主义。在共产主义社会,阶级消失,城乡对立消除,每个人可以从事农业,也可以从事工业,既获得从事农业的能力,又获得从事工业的能力,每个人都获得全面自由的发展。

综上,首先,马克思、恩格斯从唯物史观的视角说明了乡村发展的变迁受到社会基本矛盾运动的推动,生产力发展在乡村发展进程中发挥着决定性的作用。其次,他们指出了农业发展的重要性。农业是人类生存发展的基础,是其他产业发展的前提。再次,他们审视了小农经济问题。一方面是乡村生产方式的落后及小农思想的封闭、保守、落后,另一方面是工业及城市的高效发展遇到农业及乡村发展的相对低效率,必将使乡村屈服于城市的统治。最后,他们指出了乡村发展的未来方向,遵循社会基本矛盾运动规律,城乡最终会走向融合发展,城乡与阶级的范畴消失,农民获得全面自由的发展。但是,实现城乡融合发展并非一蹴而就的,也要基于生产力高水平发展条件的满足。小农是必然要灭亡的,但是并不能加速使其灭亡。小农生产方式比较落后,马克思、恩格斯认为可通过合作社的方式促进农业生产规模化,运用现代科技提高农业生产效率,充分发挥农民

---

① 《马克思恩格斯文集》第3卷,人民出版社,2009,第404页。

的主体作用。同时，马克思、恩格斯指出了城乡融合发展的趋势，认为应通过工农业相互融合、城乡发展优势互补等实现乡村发展。

二 列宁乡村发展思想

马克思、恩格斯在晚年时期十分关注俄国乡村发展问题，特别是俄国"农业公社"，指出其有可能跨过资本主义的"卡夫丁峡谷"而直接走向共产主义。列宁基于马克思、恩格斯有关乡村发展问题的重要论述，在俄国的社会主义建设实践中进一步丰富发展了乡村发展思想。

（一）农业是国民经济的基础

正如马克思、恩格斯指出农业劳动是人类生存发展的基础，列宁也强调农业的基础性地位。"农业是俄国国民经济的基础"[①]，而粮食又是农业的基础。十月革命胜利后，为了进一步剥夺资产阶级的生产资料等，应对国内战争，巩固新生政权，苏维埃政府规定包括粮食在内的一切消费品由国家和合作社垄断供应，后又实行战时共产主义政策，对农民实行余粮征收制。新政策对于推动国内战争走向胜利起到了极其重要的作用，但同时也要看到不管是粮食垄断还是余粮征收制都极大地抑制了农民生产的积极性，使农民处于食不果腹的状态中，激化了政府与农民之间的矛盾。1920年以后，苏俄国内战争状态局势缓和，但是经济饱受战争创伤，民不聊生，农民的暴乱此起彼伏。正是在这样的背景下，列宁要求制定国家经济计划纲要，而其"应该以粮食作为出发点，因为它是全部困难的根源"[②]。1921年，苏俄开始实施新经济政策，以粮食税代替余粮征收制，大大激发了农民的生产积极性。

（二）发展合作社对乡村进行社会主义改造

实施战时共产主义政策显然只是应对战争的过渡之举，并不能有效激发人民的生产积极性，不利于生产力水平的提升，也遭到了国内民众的抵

[①] 《列宁全集》第14卷，人民出版社，2017，第177页。
[②] 《列宁全集》第41卷，人民出版社，2017，第252页。

抗。1920年，列宁也承认，过早地实行集体制是行不通的，必须还得依靠个体农民，"现在还不能设想向社会主义和集体化过渡"[①]。新经济政策激发了个体农民生产的积极性，但同时也增加了乡村资产阶级复辟的危险。由此，他指出，"我们改行新经济政策时做得过头的地方，在于我们忘记了合作社，在于我们现在对合作社仍然估计不足"[②]。首先，列宁强调了发展合作社的重要性。其一，发展合作社有利于实现"私人利益"与"共同利益"的结合。"私人利益"是指在新经济政策背景下，人们通过自由商业获得的有利于个人的经济利益。"共同利益"是指国家、集体的利益。就合作社而言，一方面，其能通过合作的方式实现集体利益；另一方面，集体利益的增多分摊到合作社成员身上，使每个合作社成员都能获得增加的个人利益。其二，发展合作社有利于过渡到完全的社会主义社会。合作社使所有小农都能参与社会主义建设。除租让以外，发展合作社就意味着发展社会主义。其次，要认识到合作社的不同属性。列宁指出，合作社在不同类型的国家性质不同。在资本主义国家，合作社是集体的资本主义机构。而在建立了工人阶级政权、生产资料国家所有的条件下，合作社"与社会主义企业没有区别"[③]。再次，要注意开展合作社的原则条件。其基本原则有两点：一是工人阶级取得统治权，二是全部生产资料归国家所有。其现实条件是实施新经济政策。新经济政策允许实行自由贸易，小农可以通过自由买卖获得私人利益。农民还没有足够的自觉性及文明程度实现按需分配的共产主义。而新经济政策"适合最普通的农民的水平，它没有向他们提出什么更高的要求"[④]。在此基础上建立的合作社更能让全体居民接受。最后，要给予合作社政策上的优待。要经常给予优待措施，且要是"纯粹资财上的优待"[⑤]。不仅要提出这种任务，还要进行详细的规划，其内容应包括对合作社成员的奖励方式和奖励条件。奖励方式要能培养出文明的合作社成员。要对参与合作社的成员进行奖励，但是也要对成员进行检查，保证其自觉性及参与质量。要促进合作社成员真正地、积极地参

---

① 《列宁全集》第40卷，人民出版社，2017，第180页。
② 《列宁全集》第43卷，人民出版社，2017，第367页。
③ 《列宁全集》第43卷，人民出版社，2017，第370页。
④ 《列宁全集》第43卷，人民出版社，2017，第368页。
⑤ 《列宁全集》第43卷，人民出版社，2017，第367页。

与，而不是消极地参与。

（三）强调对农民的教育引导

马克思、恩格斯指出农民具有思想保守、愚昧自闭等特点，一方面因为固守着小块土地具有自私妥协性，另一方面因为受到大地主及资产阶级的压榨具有反抗性。列宁也指出农民的两重地位和两重作用，实施战时共产主义政策遭遇的挫折以及在新经济政策实施中取得的成功已充分验证了这点。对于知识水平有限的缺点，列宁指出农民要有一定的文化基础，才能接受电气化设备等现代技术产物；不仅要识字，还要懂得技术在工农业中的应用。合作社对农民来说能够兼顾集体与个人利益，是通向社会主义的有效道路，但是要使农民理解接纳就要对农民进行文化教育。列宁强调工作重心要转移到文化主义上来。促进合作化是文化主义的内涵之一。列宁指出有两个重要任务：一是改造国家机关，二是"在农民中进行文化工作"[1]。后者的经济目的在于合作化，促进合作化必须提高文化水平。列宁倡导进行一场文化革命，以实现完全合作化。

（四）消除城乡对立、互相隔离的状态

城乡融合发展的条件是生产力的发展。列宁也十分重视乡村生产力的发展，在论述合作社发展时强调要推进文化革命，同时也指出，文明程度的提高不得不依赖于一定的物质基础。如若人民基本温饱条件都不能满足，便无从谈文明。积累文化文明与物质基础，才能让人民获得做文明商人的本领：既是商人，也是文明人。这样才有助于造就优秀的合作社工作者。列宁指出城乡之间的对立是"'商业财富'（西斯蒙第的用语）比'土地财富'（农业财富）占优势的必然产物"[2]。换言之，工业的生产效率远高于农业，工业所带来的财富远高于农业。由此，资本、人口等生产要素均往工商业、往城市聚拢，乡村则逐渐衰落。为了缩小城乡差距，列宁主张让乡村居民流入城市，使城乡居民都能够享受同样的生活条件。列宁指出，宗法式农民经济的落后很大程度上要归根于落后的生产方式。因

---

[1] 《列宁全集》第43卷，人民出版社，2017，第371页。
[2] 《列宁全集》第2卷，人民出版社，2013，第196~197页。

此，"必须在现代最新科学成就的基础上恢复工业和农业"①，通过运用现代技术实现电气化等提升农业生产效率。同时，列宁也注重通过以工促农的方式促进乡村发展，"我们必须把工业生产组织起来，向农民供应工业品"②，以此来消除城乡对立的、相互隔离的状态。

综上，列宁继承发展了马克思和恩格斯有关乡村发展重要论述的精神思想，强调农业的基础地位，运用合作社对乡村进行社会主义改造，指出要通过运用现代科学技术及以工促农来发展乡村生产力。相较之下，列宁结合苏俄的具体实际，吸取战时共产主义政策实施的教训，提出在新经济政策下促进合作社发展，高度重视对农民的思想文化教育，走出了一条马克思和恩格斯未曾设想过的社会主义乡村发展实践道路。

第二节　马克思主义乡村发展思想在中国的发展

乡村发展是中国近代以来重点关注的问题。新中国成立之前，城镇化率低下，乡村是主要的社会形态，农民在全国人口中占据绝大部分，农业是国民经济主导产业。由于受到封建制度的盘剥以及帝国主义的侵略，乡村经济遭受重大破坏，农民的生活处于水深火热中。20 世纪 20~40 年代，以梁漱溟等为代表的无数仁人志士投身于对乡村建设的探索中，这些乡村建设探索与救亡图存的实践紧密相连。但面对封建制度的腐朽性与帝国主义的侵略，旨在改良的乡村建设运动无法改变乡村衰败的命运，无法真正彻底地解救广大农民。中国共产党从广大人民群众的切身利益出发，不断发展马克思主义乡村发展思想，推动社会革命、建立社会主义新中国，不断改革完善乡村发展的体制机制，形成了富有中国特色的乡村发展理论和实践模式。

一　新民主主义革命时期对乡村发展思想的发展

改良的乡村建设运动无法推动中国乡村振兴，中国共产党扛起革命的

---

① 《列宁全集》第 39 卷，人民出版社，2017，第 336 页。
② 《列宁全集》第 38 卷，人民出版社，2017，第 124 页。

旗帜，团结广大人民群众，致力于推翻"三座大山"的压迫，立足于农村，开展土地革命，赢得广大农民群众的信任与支持。

（一）重视发动农民的力量

中国共产党从成立之始就十分关注农民问题，党的一大纲领提出要没收土地使其归社会公有，党的二大宣言明确指出"中国三万万的农民，乃是革命运动中的最大要素"[①]。以毛泽东同志为主要代表的中国共产党人在复杂严峻的国内外斗争形势下逐步探索出了对农民问题的正确认识，其对农民问题的理解并非凭空想象，而是深入农民群众中，了解农民所需所想形成的科学论断。1927年，经过对家乡湖南的深入考察，毛泽东写下了《湖南农民运动考察报告》，完全推翻了过去对于农民及农民运动的负面评价，指出"所有各种反对农民运动的议论，都必须迅速矫正"[②]。在该时期，中国共产党人日益重视农民在革命中的地位与作用，将农民视为中国革命最可靠的同盟军，充分相信农民、依靠农民，农民观的形成与完善为革命的胜利奠定了重要的思想基础。

（二）探索走出以农村包围城市的革命道路

从建党之初到大革命时期，党的工作重心一直在城市，农村和农民始终没有得到应有的重视。大革命失败后，党吸取了以往的教训，注意到解决农民问题的重要性。党的八七会议制定了开展土地革命和武装反抗国民党反动派的总方针，使中国革命逐步进入以土地革命为中心的发展阶段。1927年，毛泽东率领建立井冈山革命根据地，开辟了农村包围城市、武装夺取政权的道路。1928年10月和11月，毛泽东写下了《中国的红色政权为什么能够存在？》和《井冈山的斗争》，总结了井冈山等地建立红色政权的经验。1929年，中央"九月来信"与古田会议肯定了发动农民、建立巩固农村根据地的工作。1930年，《星星之火，可以燎原》进一步阐述了农村包围城市、武装夺取政权理论。20世纪30年代中后期，毛泽东进一步发展丰富了农村包围城市的理论，使之更加系统和完善。重视农村的武装

---

① 《建党以来重要文献选编（一九二一——一九四九）》第一册，中央文献出版社，2011，第131页。
② 《毛泽东选集》第1卷，人民出版社，1991，第12页。

根据地建设,并非放弃城市,相反,革命的最后目的是夺取作为敌人主要根据地的城市。此外,革命根据地建立初期,由于国民党的军事"围剿"和经济封锁,部分根据地商品流通受阻,工业品流入困难,工农产品价格存在较为严重的"剪刀差"。为解决上述问题,各根据地实施保护与发展商业贸易的政策和举措,使贸易恢复正常。

(三) 开展土地革命和土地改革运动保障农民的物质利益

选择从农村突围,号召广大农民参与革命不是建立在口号宣传以及政治武装强压之上的,而是要考虑并且维护农民的切身利益,这样才能获得农民由衷的支持,正如毛泽东所言,"一切空话都是无用的,必须给人民以看得见的物质福利"[1]。农民深受压迫、缺乏社会地位,正是由于缺乏土地。因此,中国共产党人在建立农村革命根据地后就着手开展土地革命,"打土豪、分田地"使农民得到土地。很大程度上,中国共产党正是因为保障农民实现了自身的利益,才能吸引广大农民支持维护中国共产党并参与革命战争。抗日战争全面爆发后,中国共产党将土地革命时期执行的没收地主土地的政策,改变为减租减息。这一政策受到地主、农民等各阶级接纳,巩固了抗日民族统一战线。解放战争时期,中国共产党明确提出"耕者有其田"的口号,广泛开展土地改革运动,加大力度动员广大农民参军参战,促成了解放战争的胜利。

(四) 重视农民的思想文化教育

正如马克思、恩格斯笔下所写的,受封闭的环境影响,农民的思想封闭、保守、落后。中国的农民饱受几千年封建残余思想的束缚,思想更为保守、自私、散漫与落后,加之受帝国主义的压迫与影响,农民对革命表现出更大的摇摆性。毛泽东指出,"党内种种不正确思想的来源,自然是由于党的组织基础的最大部分是由农民和其他小资产阶级出身的成分所构成的"[2]。在中国共产党建党之初,《教育宣传问题议决案》《乡村教师运动决议案》等均强调了对农民群众的宣教。在土地革命时期,中国共产党

---

[1] 《毛泽东文集》第 2 卷,人民出版社,1993,第 467 页。
[2] 《毛泽东文集》第 1 卷,人民出版社,1993,第 78 页。

通过开展选举运动，提高农民的民主和政治参与意识。苏区还组织农民开展扫盲识字运动，学习一般政治理论知识。抗日战争时期针对农民采用了组织冬学、开展学劳模运动等多样的思政教育方式。解放战争时期开展农村整党工作，强化了乡村基层党组织建设，密切了党群关系，为有效开展农民思想工作加强了组织保障。

（五）重视对农民的组织改造

除了重视农民的思想文化教育外，毛泽东还重视对农民的组织改造。由于乡村在地理上的分散性以及农民的散漫性，只有充分将农民组织起来才能有效发挥农民在生产及革命中的作用。中国共产党自成立以来就十分重视组建合作社，各类合作运动在实践中纷纷展开。在《湖南农民运动考察报告》中，毛泽东高度肯定了农会组织农民的作用，指出农民开展合作社的必要性，"合作社，特别是消费、贩卖、信用三种合作社，确是农民所需要的"[①]，农民在买、卖、贷款环节均受到盘剥，迫切需要通过成立合作社解决这些问题。土地革命时期，中国共产党为解决乡村劳动力与工具短缺带来的粮食极度匮乏等问题，大力号召农民组织起来建立合作社。抗日战争时期，为打破日寇对边区的经济封锁、巩固扩大抗日根据地，中国共产党在各抗日根据地大力支持开展合作社运动。毛泽东高度肯定合作社运动，这使中国共产党充分认识到用合作社的形式"可以使生产力提高一倍，可以使穷苦变为富裕，可以使人民群众得到解放"[②]。解放战争时期，党继续引导农民开展合作社运动，合作社所发挥的作用受到了党内领导人的高度肯定。

综上，在此时期，中国共产党继承发展了马克思主义乡村发展思想，尤其强调发挥农民的重要作用，重视团结广大农民群众，也十分注重农民思想教育，开展农民合作社运动。中国共产党在此背景下对农民的重视，很大程度上是为了团结人民群众夺取新民主主义革命的胜利。中国共产党在处理农民发展与城乡关系问题上的主要创新在于：将满足农民的物质利益放在了极其重要的位置，推进土地改革，实现"耕者有其田"，激发了

---

① 《毛泽东选集》第1卷，人民出版社，1991，第40页。
② 《建党以来重要文献选编（一九二一—一九四九）》第二十册，中央文献出版社，2011，第670页。

农民生产的积极主动性；科学处理城乡关系，没有照搬"中心城市暴动"理论，而是结合中国实际走出了农村包围城市的道路，最终夺取了城市的胜利，结束了城乡割裂对立局面，找到了救国救民的道路。

二 社会主义革命和建设时期对乡村发展思想的发展

自新中国成立以来，中国共产党人秉承着马克思主义理想信念，在建设社会主义的道路上结合中国具体实际，不断发展马克思主义乡村发展思想。在社会主义革命和建设时期，以毛泽东同志为主要代表的中国共产党人开始探索新中国的乡村发展理论与实践道路。

（一）有关城乡关系及工农业发展的思想

新中国成立后，党对城乡关系及工农业发展的思想认识有了重大调整。

一是党的工作重心实现转移，从乡村转向城市，与此同时将发展工业，特别是发展重工业摆在优先的位置。虽然强调必须统筹城乡工作，但为了支持发展工业，实际实行了城乡分治。新中国成立之初，国民经济发展底子十分薄弱，尤其是工业基础较差。优先发展以重工业为主的工业是保持民族独立的重要前提，但在"一穷二白"的中国如何发展重工业？一方面，建立计划经济体制集中力量推进重工业发展。新中国成立之初通过实行土地改革、没收官僚资本，巩固了政权、解放了生产力；随后，又制定了党在过渡时期"一化三改"的总路线，基本确立社会主义制度，由此，发展重工业有了制度保障。另一方面，实行乡村支撑城市、农业支持工业发展的策略，在经济、政治和社会管理等方面形成了严格的城乡分治局面，特别是在经济上形成了工农业产品价格剪刀差，以农业支持工业、以乡村支持城市发展。

二是在重视发展工业的同时也强调农业的基础地位。新中国成立之初，中国共产党有步骤地进行土地改革，使农民获得土地和大量生产资料，成为土地的主人和独立的个体经营者。为了克服农民在分散经营中的困难，党领导农民开展互助合作，发展集体经济，恢复农业生产。随着"大跃进"的发展，中国共产党提出了"以钢为纲，以粮为纲"的口号，将发展工业与生产粮食定为两大赶超性任务。虽然"大跃进"脱离了当时的生产力发展基础，但从中也足见中国共产党人对农业特别是粮食生产的重视。毛泽东强调"全党一定要重视农业"①，农业发展不仅关涉农民的切身利益，还是城市及工业发展的有力支撑。在三年困难时期之后，毛泽东对工农业发展又有了新的认识，指出"发展工业必须和发展农业同时并举"②。但此时对农业的重视显然还是从农业服务于工业的发展角度出发的，这与当时的生产力发展局限及对国家安全的统筹考虑相关。

（二）注重提高农业生产效率

毛泽东也十分注重通过发展合作经济、发展科学技术来提高农业生产效率。

一是高度重视通过合作社发展农业。如前所述，新民主主义革命时期，党高度重视并大力推进合作社发展。新中国成立后，国家重视发展合作社并引导其逐步走上正轨。毛泽东指出："个体农民，增产有限，必须发展互助合作。"③通过发展互助组、合作社等将农民组织起来，有利于克服农业生产小、散、乱的弊端，实现规模化生产，共享生产资料，提高农业生产效率，走向社会主义的集体经济。对于发展合作社的原则，中国共产党也强调"必须根据农民自愿这一个根本的原则"④，但在实践上存在着过急过快的问题，逐步从互助组发展到初级社，再到高级社，最终升级为人民公社，由最初的合作经济组织最终演变为"政社合一"体制，制约了农民生产的积极性。

二是强调依靠科学技术推进农业发展。毛泽东强调建设工业国家，这不仅包括推进工业的现代化，"也包括了农业的现代化"⑤。1958年党中央提出"农业八字宪法"，加强了科学技术在农业中的应用，提高了农业生产效率。毛泽东指出"农业的根本出路在于机械化"⑥，同时强调合作社对推进机械化的作用。

---

① 《毛泽东文集》第7卷，人民出版社，1999，第199页。
② 《毛泽东文集》第7卷，人民出版社，1999，第241页。
③ 《毛泽东文集》第6卷，人民出版社，1999，第299页。
④ 《建国以来重要文献选编》第四册，中央文献出版社，1993，第666页。
⑤ 《毛泽东文集》第7卷，人民出版社，1999，第310页。
⑥ 《毛泽东文集》第8卷，人民出版社，1999，第49页。

（三）重视结合农民的切身物质利益加强思想素质教育

毛泽东也十分重视加强农民的思想素质教育，并强调其要从农民的切身物质利益出发。

一是重视维护农民的切身物质利益。这在新民主主义革命时期已经充分体现。在新中国推进合作社发展的过程中，毛泽东也强调依据农民自愿原则，兼顾国家、集体及个人的利益，处理好"国家的税收、合作社的积累、农民的个人收入这三方面的关系"①。在处理工农业关系中，虽然由于国情的需要在实践中推行以农补工，但同时也强调不能竭泽而渔，特别是要逐步缩小工农业产品剪刀差，积累农业基础。

二是注重农民思想素质教育。其一，注重农民思政教育。农民具有明显的二重性特征，一方面，因受压迫、剥削具有革命性；另一方面，因小生产的特点，又具有自私性、妥协性与落后性。由此，毛泽东提出"严重的问题是教育农民"②，并指出要通过教育改变农民受旧制度、环境影响而形成的落后思想。但是他也强调在进行教育的过程中要注重技巧，"不能采用粗暴的态度和简单的方法"③，要通过细致入微的、耐心的教育使农民认识到新制度的优越性。其二，注重提升农民的素质能力。毛泽东重视农民的扫盲运动，通过办班、办小学，"办适合农村需要的中学"，在中学基础课程中"增加一点农业课程"和"出版适合农民需要的通俗读物和书籍"等一系列措施④，培养具有现代农业技能的新型青年农民；重视丰富农民的文化生活，使农民的思想文化水平提升到一个新台阶。

综上，在此时期，中国共产党人主要在重视农业基础地位，注重通过发展合作社、加强科技应用等方式提高农业生产效率，关注农民切身利益，推动农民思想文化教育等方面继承发展了马克思主义乡村发展思想，在城乡关系方面结合新中国发展的实际更加侧重于以农促工、城乡并举。同时，由于未能有效结合乡村生产力发展的实际，在推进生产经营合作化集体化发展的过程中操之过急，未能有效激发农民的生产积极性，实际上

---

① 《毛泽东文集》第 7 卷，人民出版社，1999，第 221 页。
② 《毛泽东选集》第 4 卷，人民出版社，1991，第 1477 页。
③ 《毛泽东文集》第 6 卷，人民出版社，1999，第 450 页。
④ 《毛泽东文集》第 6 卷，人民出版社，1999，第 475 页。

不利于乡村生产力的发展。根据该时期合作化集体化的发展经验可知，生产关系的调整需符合生产力发展的客观规律，生产经营方式的优化更要以农民自愿为前提并满足农民对物质利益的需求。

三 改革开放和社会主义现代化建设新时期对乡村发展思想的发展

这一时期主要指的是改革开放以来至党的十八大，邓小平在继承发展马克思主义经典作家、毛泽东相关重要论述的基础上探索了中国特色社会主义乡村发展思想，江泽民、胡锦涛在此基础上对其进行了进一步创新发展。

（一）邓小平对乡村发展思想的发展

邓小平高度重视"三农"工作，尤其是推进了农村经济体制改革，大大促进了乡村生产力发展。

一是高度重视农业的基础性地位。邓小平强调："农业是根本，不要忘掉。"[①] 农业位于国民经济发展战略的首位，农业涉及千家万户的口粮以及健康，涉及其他产业的发展，涉及党的执政之基，没有农业，特别是没有稳定的粮食作为基础，国家将面临严峻的安全及政治问题。因此，要抓紧农业生产，促进乡村稳定，没有乡村的稳定，国家就不会稳定。

二是重视农民的首创精神，高度肯定与大力推进农村经济体制改革。1978年，安徽凤阳县实行包产到户的改革，充分激发了农民生产的积极性，但是也引来了一些争论，主要是社会各界还普遍停留在大公社集体经济的思维当中，对发展个体经济有所疑虑。对此，邓小平一方面认为"过去搞社会主义改造，速度太快了"[②]，大公社发展不适宜农村经济生产实际；另一方面强调人们要解放思想，认为"关键是发展生产力"[③]，指出凤阳县推进大包干，农村面貌发生很大改观。在邓小平的肯定与支持下，家庭联产承包责任制得以推广，极大地调动了农民生产的积极性，使农村经

[①] 《邓小平文选》第3卷，人民出版社，1993，第23页。
[②] 《邓小平文选》第2卷，人民出版社，1994，第316页。
[③] 《邓小平文选》第2卷，人民出版社，1994，第315页。

济快速发展。

三是在推广家庭联产承包制的基础上,强调农村发展适度规模经营。随着家庭联产承包制的推广,邓小平在总结国内外经济环境时,提出农业发展"两个飞跃"的思想,第一个飞跃即"废除人民公社,实行家庭联产承包为主的责任制";而第二个飞跃则指的是"适应科学种田和生产社会化的需要,发展适度规模经营,发展集体经济"。[1] 长远来看,包产到户能够在很大程度上激发农户生产的积极性,但是不利于集约化发展,不利于推进农业机械化、现代化发展。推进农业现代化发展必须走集体经济的道路,但又不能操之过急,而是要循序渐进。

四是强调依靠科学技术推进农业现代化。农业发展效率低下,对经济增长的贡献率低,主要是由于科学技术还未实现突破。提高农业产量,改善农业经营、耕栽方式,破解能源问题、保护乡村生态环境等,均需依靠科技发展。邓小平指出农业发展问题"最终要由生物工程来解决,要靠尖端技术"[2]。在邓小平的领导与支持下,"星火计划""丰收计划"等旨在提高农业科技水平的战略政策稳步推进。

五是重视对农民思想能力的培育。从上述推进农村经济体制改革的举措当中可以看出邓小平重视农民的首创精神。他强调要调动农民生产的积极性,重视农民物质利益的实现,指出"只讲牺牲精神,不讲物质利益,那就是唯心论"[3]。在思想上,通过各种喜闻乐见的形式对农民进行教育,破除封建迷信思想,使农民崇尚科学。除此之外,强调尊重农民的民主政治权利。邓小平十分重视科技及其在农业中的应用,但科技水平的提升关键在于提高人的素质能力。党中央在乡村开展了扫盲运动,实施了九年义务教育制度,完善了乡村职业教育,推广农业科技下乡制度,通过"燎原计划"等培养农技人才,广大农民的科技文化素质得到显著提高。

六是城乡互促推进城乡协调发展。毛泽东基于新中国成立之初的国情优先发展重工业,以农促工,但同时也强调农业的基础性地位,重视农业的发展。邓小平在此基础上,指出工农业要协调发展,工农业发展是相互依存的关系。在改革发展的实践中,邓小平还注意到小城镇的发展对于农

---

[1] 《邓小平文选》第3卷,人民出版社,1993,第355页。
[2] 《邓小平文选》第3卷,人民出版社,1993,第275页。
[3] 《邓小平文选》第2卷,人民出版社,1994,第146页。

村发展的重要性，小城镇之中的乡镇企业"解决了占农村剩余劳动力百分之五十的人的出路问题"①，而且这也有利于农业生产效率的提高。邓小平在推动农村改革的情况下也重视城市的改革，强调"改革要从农村转到城市"②，指出城乡之间的改革相互联系，要逐步推动城乡发展差距的缩小。

（二）江泽民对乡村发展思想的发展

一是强调农业的重要地位。随着市场经济改革的推进，工业加快发展，相较之下，农业的低生产效率问题更加凸显，农民增收存在困难，但江泽民强调市场化越发展越要坚持农业的基础地位。在十几亿人口的大国不能仅依靠工业求发展，农产品的补给不能过分依赖进口，要同步发展农业，保障粮食的安全。江泽民基于新中国成立以来在农业发展上的经验与教训，强调要"坚定不移地把农业放在经济工作的首位"③。农业问题影响经济、社会乃至国家全局的稳定。

二是深化农村改革。江泽民完善双层经营体制，尤其是在市场化发展的过程中，一方面注重继续激发农民生产的积极主动性，另一方面强调适应市场的需求推进农业集约化发展。在市场化的发展方面，特别是加入WTO后针对农村经济发展规模小、效率不高等特点，江泽民指出："深化农村经济体制改革，总的目标是建立以家庭承包经营为基础，以农业社会化服务体系、农产品市场体系和国家对农业的支持保护体系为支撑，适应发展社会主义市场经济要求的农村经济体制。"④ 随着农村改革的深入、市场化的进一步发展、科技应用水平及农业生产效率的提升，江泽民强调"发展贸工农一体化的农业产业化经营，提高农业综合效益"⑤，农业产业化发展快速推进。

三是注重农民的利益。随着市场改革的深入推进以及科技的应用，农业生产效率有所提升，农产品供应日渐充足，但农产品销售难、价格低等问题制约了农民收入的增加。对此，要重视农民增收问题，大力优化农业

---

① 《邓小平文选》第3卷，人民出版社，1993，第238页。
② 《邓小平文选》第3卷，人民出版社，1993，第65页。
③ 《十四大以来重要文献选编》上，人民出版社，1996，第425页。
④ 《江泽民文选》第2卷，人民出版社，2006，第213~214页。
⑤ 《江泽民文选》第2卷，人民出版社，2006，第216页。

经济结构。为减轻农民负担，江泽民强调"任何单位都不得以任何名义增加农民负担"①，积极推进农村税费改革，有效改善了干群关系。在推进城镇化发展的进程中，江泽民也充分关注农民工的切身利益，要求善待农民工，为农民进城务工创造有利条件，取消相关歧视性政策，保障农民的利益。江泽民不仅重视实现农民的利益，还充分尊重农民的首创精神，对于农业农村发展中的新事物坚持以"三个代表"为根本的衡量标准，坚持从群众中来、到群众中去，形成了一批可复制、可推广的农业农村发展经验。

四是注重统筹城乡经济社会发展。城镇化是基本趋势，为有效促进农村剩余劳动力转移，江泽民继承发展了邓小平有关发展乡镇企业及小城镇的思想，指出应通过发展小城镇连接农村与城市的发展，优化农村经济结构、促进农民非农就业、提升农民收入。江泽民明确提出："要逐步提高城镇化水平，坚持大中小城市和小城镇协调发展，走中国特色的城镇化道路。"②

(三) 胡锦涛对乡村发展思想的发展

胡锦涛同样高度重视"三农"工作，强调推进农业现代化发展，建设社会主义新农村，培育新型农民，推进城乡一体化建设。

一是将解决好"三农"问题作为全党工作的重中之重。党团结带领全国各族人民共同努力，由此，到20世纪末，我国人民生活总体上达到小康水平，但小康仍然是低水平的、不全面的、发展很不平衡的。21世纪开启全面建设小康社会新征程，而全面建设小康社会的薄弱点、重难点正在农村。在此背景下，胡锦涛提出："把解决好农业、农村和农民问题作为全党工作的重中之重。"③ 在城镇化发展过程当中，征地拆迁、农村环境污染、农民工工资拖欠等问题也引发了不少矛盾和问题，解决好"三农"问题关涉到新阶段的国家安全稳定。2008年国际金融危机爆发，外贸收紧，国家提出要扩大内需，而扩大内需的关键在于农村，胡锦涛指出"抓住推

---

① 《江泽民文选》第1卷，人民出版社，2006，第264~265页。
② 《十六大以来重要文献选编》上，中央文献出版社，2005，第18页。
③ 《十六大以来重要文献选编》上，中央文献出版社，2005，第112页。

进农村改革发展这个重点，就能掌握整个改革开放的主动权"①。

二是促进农业现代化发展。党的十七届五中全会通过的"十二五"规划提出"坚持走中国特色农业现代化道路"②。其一，推进农业现代化的前提是加强农村基础设施建设，并且实行最严格的耕地保护制度。其二，高度重视推进农业的信息化、机械化，同时强调要发展绿色农业。其三，强调转变农业经营方式。坚持双层经营体制，强调推进农民专业合作组织发展，"促进农业生产经营专业化、标准化、规模化、集约化"③。健全农业流通、消费等领域的市场化、社会化网络服务体系，促进多元主体、多种形式的农业规模经营。

三是强调建设社会主义新农村。党的十六届五中全会明确提出建设社会主义新农村。新农村的"新"，在目标上体现为经济、政治、文化、社会和党的建设协调统一的发展要求，以及更全面的工作布局；在发展路径上则突出地表现为以科学发展观为指导，以工业反哺农业、以城市反哺农村，重视农业生态发展，优化农村产业结构，提高农村产业竞争力。

四是保障农民的经济利益，培育新型农民。在实现农民经济利益方面，主要推进了"一增一减"：一方面，为保障粮食安全，使农民增收，胡锦涛开对农民种田实行直接补贴之先河，增加良种补贴、提高农机补贴、推进农资综合直补，还实施了家电、汽车、摩托车下乡补贴政策，一系列惠及农民的补贴政策有效提高了农民的收入；另一方面，取消了延续千年的"皇粮国税"，进一步减轻了农民的负担。在培育新型农民方面，党的十七大报告明确指出要培育新型农民，"发挥亿万农民建设新农村的主体作用"④。党中央通过建立健全覆盖城乡的公共就业服务体系，积极开展农业生产技术和农民务工技能培训，提高农民的种田技能及非农就业创业能力。

五是构建城乡经济社会一体化新格局。胡锦涛根据世界上其他国家工业化的发展历史，作出了"两个趋向"的判断，一个趋向是当工业发展水平比较低的时候，农业支持工业、为工业提供积累具有普遍性；而另一个

---

① 《十七大以来重要文献选编》上，中央文献出版社，2009，第694页。
② 《十七大以来重要文献选编》中，中央文献出版社，2011，第979页。
③ 《十七大以来重要文献选编》中，中央文献出版社，2011，第979页。
④ 《胡锦涛文选》第2卷，人民出版社，2016，第631页。

趋向则是当工业化、城镇化发展到一定程度，必然要求以工促农，以城市反哺农村，实现城乡协调发展。"两个趋向"的判断与统筹城乡发展的战略部署有着紧密的内在关系。胡锦涛提出的科学发展观，从经济社会全面发展的角度提出了"五个统筹"①，其中，统筹城乡发展是"五个统筹"之首。当工业、城市发展到一定程度，便具备统筹城乡发展的条件，需要以工促农、以城带乡，优化农村基础设施、公共服务供给，不断优化城乡一体化的体制机制。

综上，在此时期，中国共产党人在乡村发展思想上不断开拓创新，始终坚持农业的基础性地位，高度重视科技在农业生产中的应用，推进农业现代化进程；以激发农民的积极主动性为目的深化农村经济体制改革，在坚持家庭联产承包经营体制的基础上，强调发展适度规模经营以加快农业现代化发展；尊重农民的创造性，以农民的切身利益，特别是物质利益为出发点，优化农民的发展思想、提升农民素质能力；从以农业支持工业、兼顾工农业发展的城乡发展模式日益转向以工促农、以城带乡的城乡一体化发展模式。

四 中国特色社会主义新时代对乡村发展思想的发展

党的十八大以来，习近平发表了一系列有关乡村发展的重要论述，进一步丰富了马克思主义乡村发展思想，尤其是党的十九大以来有关乡村振兴的重要论述，它们是对此的新发展。

（一）强调农业的基础性地位

习近平同样重视农业的基础性地位，强调推进农业农村优先发展，重视推进农业现代化，认为"发展现代农业，关键是要构建三个体系，即现代农业产业体系、生产体系、经营体系"②。

一是构建现代农业产业体系。其核心在于深化农业供给侧结构性改

---

① "五个统筹"即统筹城乡发展、统筹区域发展、统筹经济社会发展、统筹人与自然和谐发展、统筹国内发展和对外开放。
② 习近平：《论"三农"工作》，中央文献出版社，2022，第207页。

革,但必须以确保国家粮食安全为前提。习近平指出"悠悠万事、吃饭为大"①,10多亿人口的饭碗必须牢牢抓在中国人民自己的手中。保障国家粮食安全要守住18亿亩耕地红线,充分调动中央与地方政府"两个积极性",善用国内国际两个市场,禁止餐饮浪费、建设节约型社会。习近平强调全国各个省份都应统筹布局粮食生产:"主产区、主销区、产销平衡区都有责任保面积、保产量,饭碗要一起端、责任要一起扛。"②新发展阶段,面对复杂严峻的国内外形势,全国各地区更应重视粮食安全问题。习近平强调要"树立大农业观、大食物观"③,因地制宜推进食物综合开发。要走质量兴农路线,推进农业向绿色化、优质化、特色化、品牌化的方向发展。"随着时代发展,乡村价值要重新审视"④,农村电商、休闲农业、康养旅游等新产业新业态相继出现,构建现代农业产业体系,要延长农业产业链、价值链,推进产加销一体、农文旅融合发展。

二是构建现代农业生产体系。其关键在于"提高农业科技化、机械化、信息化水平"⑤。在人多地少且实际可用耕地日益减少的背景下,面对农民兼业化、农村劳动力人口空心化、农村留守人员老龄化等趋势与特点,农业关键要依靠科技与创新推进现代化发展。自进入新时代以来,党中央深入实施"藏粮于地、藏粮于技"战略,是对依靠科技提升粮食生产能力的生动诠释。党的十八大报告首次提出新的"四个现代化",即"工业化、信息化、城镇化、农业现代化"⑥。其中,"信息化""城镇化"是新"四化"新增内容,尤其是信息化被提升至国家发展战略的高度,其对现代农业发展发挥着重要作用,数字乡村建设是其综合体现。

三是构建现代农业经营体系。"以农户家庭经营为基础、合作与联合为纽带、社会化服务为支撑的立体式复合型现代农业经营体系"⑦,是与双层经营体制相适应的。创新农业经营体系,不能忽视普通农户。习近平强调:"经营自家承包耕地的普通农户毕竟仍占大多数,这个情况在相当长

---

① 《习近平关于社会主义经济建设论述摘编》,中央文献出版社,2017,第170页。
② 习近平:《论"三农"工作》,中央文献出版社,2022,第10页。
③ 习近平:《论"三农"工作》,中央文献出版社,2022,第248页。
④ 习近平:《论"三农"工作》,中央文献出版社,2022,第249页。
⑤ 习近平:《论"三农"工作》,中央文献出版社,2022,第208页。
⑥ 《十八大以来重要文献选编》上,中央文献出版社,2014,第16页。
⑦ 习近平:《论"三农"工作》,中央文献出版社,2022,第84页。

时期内还难以根本改变。还要看到，有不少地方的农户，因自然条件限制，生产活动即便只能解决自身温饱问题，那也是对国家作出的贡献。"[1] 但是在城镇化进程中解决"谁来种地"问题，要促进"农业生产经营集约化、专业化、组织化、社会化"[2]。完善土地确权制度是前提与基础，自改革开放以来，地方在农村土地所有权、承包权及经营权等"三权"的分置方面已经作出积极的探索，而新时代将"三权分置"制度化，为促进土地流转经营提供了重要保障。农村人口兼业化、空心化、老龄化及农村资产资源大量闲置的问题，呼唤农业集体化、合作化发展。近年来，党中央积极推进"三变"[3] 改革，发展新型农村集体经济，深化供销合作社综合改革，全面支持农业现代化。

（二）统筹方略从脱贫攻坚转向乡村振兴

党的十八大召开后，中国共产党领导的"三农"工作实际上围绕着建党百年全面建成小康社会的战略图景展开。而党的十九大提出的乡村振兴战略是衔接脱贫攻坚、向以农业农村现代化促进共同富裕迈进的重要抓手。2021年中国进入全面推进乡村振兴阶段，巩固拓展脱贫攻坚成果是全面推进乡村振兴的底线任务，亦成为农业农村现代化的重要基础；乡村振兴的广度、深度都将全面提升，农业农村现代化将在全国范围内全面、深入推进。

一是高度重视推进精准扶贫。全面建成小康社会是新时代的重大历史任务。习近平强调："小康不小康，关键看老乡。"[4] 决胜全面建成小康社会必须抓好"三农"工作，"三农"问题始终是全党工作的重中之重。2013年11月，习近平到湖南湘西考察时首次提出了精准扶贫思想。确保贫困人口如期脱贫，关键在精准扶贫。对贫困人口实施精准识别、精准帮扶、精准管理，针对不同致贫原因的贫困人口分类施策，使贫困人口全部摆脱绝对贫困，是推进乡村发展、全面推进乡村振兴的重要基底。

二是提出并深入实施乡村振兴战略。习近平高度重视推进乡村振兴，

---

[1] 习近平：《论"三农"工作》，中央文献出版社，2022，第87页。
[2] 习近平：《论"三农"工作》，中央文献出版社，2022，第86页。
[3] "三变"即资源变股权、资金变股金、农民变股民。
[4] 《习近平关于"三农"工作论述摘编》，中央文献出版社，2019，第3页。

发表了一系列有关乡村振兴的重要论述，涵盖乡村振兴战略实施的时代价值、总要求等方面。

其一，凸显推进乡村振兴的时代价值。新时代社会主要矛盾发生变化，矛盾的一方是不平衡不充分的发展，而其主要体现在乡村发展的相对落后上，推进乡村振兴是化解不平衡不充分发展问题的重大战略举措。同时，推进乡村振兴也有利于推动脱贫攻坚取得全面胜利，实现第一个百年奋斗目标。在实现中华民族伟大复兴的战略全局和世界百年未有之大变局构成的时代背景下，在向第二个百年奋斗目标迈进的历史关口，习近平指出："巩固拓展脱贫攻坚成果，全面推进乡村振兴，加快农业农村现代化，是需要全党高度重视的一个关系大局的重大问题。"① 从"两个大局"出发，民族要复兴，乡村必振兴。新发展阶段做好"三农"工作关系到我国经济社会的安定稳定，有利于构筑新发展格局，推动实现共同富裕。

其二，按照"五位一体"总体布局确定乡村振兴总要求。第一，产业振兴。习近平强调："乡村振兴，关键是产业要振兴。"② 这充分继承发展了马克思主义经典作家高度重视乡村生产力提高的思想。乡村产业振兴要因地制宜，立足于本地特色资源，推进产业融合发展，优化产业布局，完善利益联结机制，加强相关政策对乡村产业发展的支持。第二，人才振兴。习近平强调："推动乡村全面振兴，关键靠人。"③ 乡村振兴需要劳动力、土地、资金、技术等各生产要素支持，但各生产要素的作用发挥根本上要靠人来落实。促进乡村人才振兴，要积极培养本土人才，就地培育新型职业农民，鼓励外出能人返乡创业，鼓励大学生村官扎根基层，强化驻村书记工作。要培养造就一支懂农业、爱农村、爱农民的"三农"工作队伍。第三，文化振兴。马克思主义强调物质决定精神，但同时精神对物质具有能动反作用。习近平继承发展了唯物辩证法思想，强调："实施乡村振兴战略要物质文明和精神文明一起抓，特别要注重提升农民精神风貌。"④ 第四，生态振兴。新时代生态文明建设被纳入"五位一体"总体布局，农村生态文明建设是其重要组成部分。第五，组织振兴。习近平指

---

① 习近平：《论"三农"工作》，中央文献出版社，2022，第1~2页。
② 习近平：《论"三农"工作》，中央文献出版社，2022，第46页。
③ 习近平：《论"三农"工作》，中央文献出版社，2022，第220页。
④ 习近平：《论"三农"工作》，中央文献出版社，2022，第231页。

出,"农村基层党组织是农村各个组织和各项工作的领导核心"[1],要强化基层党组织领导作用,健全自治、法治、德治结合的乡村治理体系。

(三)以"乡村建设"为核心推进农村现代化

自新时代以来,党中央重视建设宜居宜业美丽乡村。国家"十四五"规划纲要首次提出实施乡村建设行动。2022年5月,中共中央办公厅、国务院办公厅发布《乡村建设行动实施方案》(以下简称《乡建方案》),要求进一步提升乡村宜居宜业水平。"乡村建设"不同于"农村建设",前者实际指向以农村为主体的乡村,并对应于乡村振兴战略总要求中"生态宜居"以及保留乡村传统文化的建设目标。

一是重视农村生态文明建设。习近平善于运用辩证思维看待农村生态文明建设对于发展农村经济的重大意义,强调:"良好生态环境是农村最大优势和宝贵财富。"[2] 随着城镇化的发展,生态休闲的乡村生活日益成为一种时尚,各地积极推进农村荒山荒地造林、房前屋后绿化,发展农村森林康养、生态旅游等,赋能农村生态价值链延伸。在"双碳"战略目标下,农村生态价值进一步得到激发,反过来又有利于倒逼农村生态文明建设。

二是注重提升农村宜居水平。农村基础设施建设与基本公共服务水平是衡量农村宜居水平的重要标准。习近平强调,"要推动城镇基础设施向农村延伸,城镇公共服务向农村覆盖"[3]。农村基础设施的建设主要以农村人居环境整治为依托,涵盖农村住房、水、电、路、气、网等各个方面。在提升农村基本公共服务水平方面,党中央关注农村留守儿童和妇女、老年人,注重运用远程技术等新科技手段推进教育、医疗等公共服务的普惠共享。

三是传承弘扬乡村传统文化。在推进农村现代化进程中,习近平重视延续"乡愁""乡韵",强调"乡村建设要注重保护传统村落和乡村特色风貌"[4],不宜大拆大建,不能将农村建设得与城市一样,而是要保留农村

---

[1] 习近平:《论"三农"工作》,中央文献出版社,2022,第223页。
[2] 习近平:《论"三农"工作》,中央文献出版社,2022,第250页。
[3] 习近平:《论"三农"工作》,中央文献出版社,2022,第110页。
[4] 习近平:《论"三农"工作》,中央文献出版社,2022,第15页。

独有的特色与风貌。党的二十大报告中提出建设"和美乡村",与"美丽乡村"仅一字之差,"和"亦是对"和合"之乡村优秀传统文化的传承,对乡村的安定稳定与治理现代化提出了更高要求。传承弘扬传统农耕文明、乡村传统文化等"乡愁""乡韵"的愿景元素,并非只是"守旧",而是要与现代化建设相融合,在保留农村特有风韵面貌的同时提升现代化宜居水平。

四是深化农村改革。面对农业农村发展当中存在的各种矛盾问题,习近平强调"要用好深化改革这个法宝"①。深化改革重点任务之一在于更好地处理农民与土地的关系问题,抓住农村重点、薄弱领域或环节,使农村要素资源得到充分利用,有效激发农民的积极主动性与能动创造性。深化农村集体产权制度改革,推进新型农村集体经济发展,是农村深化改革的重要实践。

(四)重视推动农民富裕与发展

乡村发展要坚持农民主体地位,其基本要求是深化村民自治实践,根本落脚点在于促进农民生活富裕,推动农民全面发展。

一是深化村民自治实践。习近平强调,"要扩大农村基层民主、保证农民直接行使民主权利"②,坚持农民主体地位,直观地体现在推进基层民主自治上。乡村治理体系与治理能力现代化的基础与可持续的动力是民主自治。新时代针对农村人口空心化以及"新村民"驻入问题,在行使基层民主权利当中,习近平强调一方面要处理好"走出去"和"留下来"的关系,尤其要"创造新办法、开辟新渠道"③,兼顾两者在村中的权益;另一方面要"处理好'老村民'和'新村民'的关系"④,兼顾新、老村民的利益诉求。

二是充分重视农民物质利益的实现。党的十九大至2020年,是脱贫攻坚的关键期。摆脱绝对贫困是推进农民现代化的基础。2020年小康社会的全面建成吹响了全面推进乡村振兴、促进农业农村现代化的号角,其目标

---

① 习近平:《论"三农"工作》,中央文献出版社,2022,第295页。
② 习近平:《论"三农"工作》,中央文献出版社,2022,第104页。
③ 习近平:《论"三农"工作》,中央文献出版社,2022,第104页。
④ 习近平:《论"三农"工作》,中央文献出版社,2022,第104页。

从促进农民脱贫升级到实现共富。新时代习近平关注"赋予农民更多财产权利"①，要切实维护农民的合法权益，通过推进农村产权制度改革等提高农民的财产性收入，切实加强农村的基础设施建设以及农民社会民生事业保障。

三是大力培养造就新型职业农民队伍。习近平提出要"就地培养更多爱农业、懂技术、善经营的新型职业农民"②。从"新型农民"到"新型职业农民"，两者仅两字之差，却内含着农民从"身份"到"职业"的转变之深意。提出农民是一种"职业"，摒弃了歧视农民身份的错误观念，转被动的身份烙印为主动的职业选择，提升了农民的社会地位。从内涵上看，新型职业农民突出"爱农业"的重要性，唯有热爱，才能从事好农业这个事业；"懂技术"要求新型职业农民学习运用农业生产技术；"善经营"体现了新型职业农民是集生产与经营能力于一身的能人，对提升农民经营管理能力提出了更高要求。要用现代思想观念武装农民，通过多元主体、多种方式、多种渠道全方位培养新型职业农民，提高农民的种养、经营发展能力。

（五）注重在城乡融合发展中促进乡村振兴

农业、农村与工业、城市是紧密相连的，解决乡村发展问题不能局限于乡村，应在城乡关系视野中统筹推进。党的十九届五中全会强调全面实施乡村振兴战略，推动形成新型工农城乡关系。习近平强调："要把乡村振兴战略这篇大文章做好，必须走城乡融合发展之路。"③ 城乡融合发展，强调城乡地位"平等"、均衡发展，不仅讲究以城带乡、以工促农，还讲究以乡促城、以工补农，城乡互补、工农互促，实现城乡协调发展与共同繁荣。

一是注重同步推进新型城镇化与乡村振兴。目前我国城镇化虽已取得较快的进展、突出的成效，但城镇化率与发达国家相比仍有较大差距，推进城镇化发展是现代化建设的趋势与要求。习近平指出："我们一开始就

---

① 《习近平谈治国理政》第1卷，外文出版社，2018，第81页。
② 《习近平关于"三农"工作论述摘编》，中央文献出版社，2019，第96页。
③ 习近平：《论"三农"工作》，中央文献出版社，2022，第279页。

没有提城市化，而是提城镇化，目的就是促进城乡融合。"① 新时代强调推进新型城镇化，更加突出以人为核心的主旨，要为人们提供更多、更便利的公共服务，为人的全面发展提供更加有利的环境与条件，而这样的城镇化也能够有效地辐射乡村振兴。

二是注重以县域为载体推进城乡融合发展。在城镇化进程中，城市发展对乡镇、农村资源有"虹吸效应"，同时城市发展对周边的乡村发展具有"辐射效应"。相较大城市而言，县城衔接城市与乡村，具有较好的地理和人文优势，可以更好地推动城乡要素流动和公共资源配置合理化，促进城乡融合发展，因此，中央强调"把县域作为城乡融合发展的重要切入点"②。

三是注重城乡要素、产业、服务融合发展。其一，注重促进城乡要素流动。强调要加强乡村基础设施建设，促进城乡基础设施互联互通，推动人才、土地、资本等要素在城乡间双向流动。其二，注重推动城乡产业融合发展。以小城镇为载体聚集城乡生产要素，发展农业产业园，建设城乡产业融合发展项目，推动特色产业融合发展。其三，重视推进城乡公共服务均等化建设。要使城市的公共服务延伸到乡村，使城乡享受均等的民生保障与社会服务。要健全城乡融合发展的体制机制和政策体系。要破除城乡二元体制，深化户籍改革，保障进城落户农民的权益，加快农业转移人口市民化。乡村生产生活便利程度与城市差距要逐步缩小。

质言之，进入中国特色社会主义新时代，中国共产党人将"三农"问题提升到历史新高度，提出实施乡村振兴战略，更加注重推进乡村全面发展，更加强调城乡融合发展。马克思主义经典作家确立了乡村发展思想的基本框架，中国共产党人结合中国具体实际传承发展马克思主义乡村发展思想，虽在认识与实践中也遭遇了一些挫折和问题，但总体上遵循着生产力与生产关系的矛盾运动规律，不断推进马克思主义乡村发展思想的探索、发展与创新。

综上，马克思主义乡村发展思想是乡村振兴的理论基础。老区乡村振兴是我国乡村振兴的重要组成部分，马克思主义乡村发展思想同样为老区

---

① 习近平：《论"三农"工作》，中央文献出版社，2022，第279页。
② 《中共中央国务院关于全面推进乡村振兴 加快农业农村现代化的意见》，人民出版社，2021，第17页。

乡村振兴提供了理论阐释依据。马克思主义乡村发展思想的科学内涵及对老区乡村振兴的阐释主要体现为以下几点。

一是生产力发展是乡村发展的基础。生产力发展推动生产关系变革，促使城乡分离，同时城乡融合发展也必将在生产力高度发展的基础上实现。农业发展是人类发展的基础，是产业发展的前提，推进乡村生产力发展必然要求农业高效发展。老区乡村生产力发展基础薄弱，更需要像马克思主义所强调的那样，通过生产经营方式的合作化、集体化及强化科技赋能，提高老区乡村生产力发展水平。农村集体经济是社会主义公有制经济的重要组成部分，老区更应在农村集体经济发展方面发挥表率作用。传统的农村集体经济须向新型农村集体经济方向转型升级，以适应市场化高效发展的需求。同时，老区产业结构中农业长期以来占比较高，马克思主义有关农业发展重要性的论述对老区农业发展也有重要的启示意义。

二是农民是乡村发展的主体。马克思主义经典作家强调人的主体地位，在乡村自然是农民为主体；同时指出农民具有两面性，保守、落后的一面不利于发展，而其能动性、创造性的一面可以促进自身及乡村的发展。中国共产党人高度重视发挥农民的主体作用，强调从农民群众的切身利益，尤其是物质利益出发，尊重农民群众的首创精神，团结带领农民群众推动乡村发展。老区乡村振兴也必须坚持乡村群众的主体地位。由于地理环境相对封闭、经济发展基础薄弱，老区乡村群众的思想能力相对落后，在新科技革命背景下，要注重提升老区乡村群众在市场化、开放化背景下的思想认知水平，尤其要注重培育与优化数字素养。

三是城乡融合发展是基本趋势。马克思、恩格斯指出在社会基本矛盾运动规律作用下城乡融合发展是基本趋势。随着生产力的发展，中国共产党历代领导人不断优化对城乡关系的认识，新时代习近平强调在城乡融合发展中促进乡村振兴。构建新发展格局要求畅通国内大循环，由于老区处于相对封闭的环境中，且多位于省际交界地区，促进老区城乡融合也是畅通老区乃至我国经济循环的内在要求。

四是制度是乡村发展的保障。马克思、恩格斯指出，在共产主义社会，城乡实现融合发展，乡村与城市的分离、对立消失，城乡的生产要素充分流动、工农业融合、生产生活优势互补。作为共产主义的初级阶段，社会主义同样发挥了制度优势。中国特色社会主义制度是我国乡村振兴最大的制度保障，中国共产党的领导是坚持走中国特色社会主义道路的根本保障。老区是中国共产党及人民军队的根，因此中国共产党更应坚持不懈地推进老区特别是其乡村振兴发展。坚持党的领导就要健全老区乡村振兴制度，在新发展阶段尤其要完善老区巩固拓展脱贫攻坚成果衔接推进乡村振兴的体制机制。因大多数老区特别是其乡村地区发展还相对落后，更须健全相对贫困治理体系。马克思主义并非教条，而是开放的、科学的理论，老区乡村振兴需要结合时代发展的要求、结合自身发展的特点，与时俱进、因地制宜推进。

第二章 新中国革命老区乡村发展的历史进程

自新中国成立以来,国家高度重视老区乡村发展,政策上予以不断倾斜。在国家重视与政策倾斜支持下,老区乡村发展取得了突出的成效。根据国家主要政策发布或重要举措实施的时间节点,本书认为新中国老区乡村发展历经以下五个阶段。

第一节 土地改革及农业社会主义改造推进革命老区乡村发展起步阶段

新中国成立伊始,国家各项事业百废待兴,须迅速消弭战争带来的创伤,恢复经济生产活动。中国共产党主要围绕土地关系推进土地改革及农业社会主义改造。党和国家领导人秉持"吃水不忘挖井人"的感恩情怀,在思想及行动上高度重视对老区特别是其乡村的回馈,老区乡村迈开发展的步伐,但在改革开放之前,老区乡村整体上还是处于发展起步阶段,因此该阶段为1949~1977年。

一 发展起步阶段的主要政策

新中国成立至1952年底,土地改革在全国范围内基本完成,满足了广大农民得到土地的迫切愿望,促进了新生政权的巩固。老区农民在土地改革中获得了土地。与此同时，国家也十分重视老区特别是其乡村的恢复建设。1949年10月，毛泽东在致延安和陕甘宁边区人民的信中肯定了当地人民"迅速恢复战争的创伤，发展经济建设和文化建设"①的做法，希望继续保持艰苦奋斗的作风。1952年1月，国家正式发布了首个专门扶持老区发展的文件《中央人民政府政务院关于加强老根据地工作的指示》（以下简称《指示》），该文件指出老区饱受战争创伤，解放后积极组织生产，"但大部分老根据地因遭受战争创伤太重，且地处山区，交通不便，生产恢复很慢"，强调"无论从政治上或经济上都必须十分重视加强老根据地的工作"，要求加强组织领导，根据实际情况，有计划有重点地推进老区经济等各方面的建设与发展。②此后国家对确定的782个老区县给予重点扶持。新中国成立之初，城镇化率极低，中国绝大部分还是乡村地区，老区几乎全是乡村地区。上述党中央领导对老区发展的指示及出台的相关政策直接有利于老区乡村发展。《指示》中指出老区多系山地，强调促进老区农村农业发展，发展多种经营促进农民增收。此外，国家在其他有关文件中也强调对老区特别是其乡村的扶持发展，如对老区提高农村组织生产水平十分重视，《中央人民政府政务院关于一九五二年农业生产的决定》指出，"老解放区要在今、明两年把农村百分之八、九十的劳动力组织起来"③。新中国成立初期，尤其是20世纪50年代，国家陆续出台了一系列有关合作社的法律和政策文件（见表2-1），有利于提高老区农民组织化程度。在"文化大革命"期间，国家对老区特别是其乡村的扶持发展工作几乎处于停滞状态。

表2-1 土地改革及农业社会主义改造推进老区乡村发展起步阶段的主要相关法律和政策文件

发布时间	主要政策文件（法律）	提要
1952年1月	《中央人民政府政务院关于加强老根据地工作的指示》	新中国成立后首个专门支持老区经济文化发展的政策文件，强调加强农林畜牧业发展、大力组织合作互助、强化农业基础设施建设等

---

① 《毛泽东文集》第6卷，人民出版社，1999，第17页。
② 《建国以来重要文献选编》第三册，中央文献出版社，1992，第55页。
③ 《建国以来重要文献选编》第三册，中央文献出版社，1992，第76页。

续表

发布时间	主要政策文件（法律）	提要
1952年2月	《中央人民政府政务院关于一九五二年农业生产的决定》	鼓励支持老区开展农业互助合作
1950~1958年	《中华人民共和国合作社法（草案）》《关于农业生产互助合作的决议》《关于发展农业生产合作社的决议》《关于农业合作化问题的决议》《关于在农村建立人民公社问题的决议》等	促进互助合作，逐步实现农业的社会主义改造，有利于老区农业合作化发展

资料来源：根据公开文献资料整理。

二　发展起步阶段的主要成就与经验

在国家政策的支持下，老区乡村的发展情况主要体现在以下两个方面。

一是老区农业合作化集体化成为显著的特征。新中国成立之初的土地改革为推进互助组织、合作社的建立奠定了基础。经过土地改革，广大农村地区实现了"耕者有其田"，极大地调动了农民的生产积极性，强化了农民对党的信任，这有助于农民拥护党推行合作社的政策。而老区在探索建立农业生产互助组、试办初级合作社方面走在了全国的前列，这突出地表现在山西长治老区农业合作制度的实践上。土地改革后，农民分得了土地，但是农业生产效率低下，亟须通过互助合作解决农业生产效率低下的问题。因此，彼时的互助组织主要是农民基于自身利益实现的需要，自下而上推动发展的，但互助组织的形式已明显带有社会主义的性质。1949年，山西省有互助组8.8万个，长治老区占了其中的75%；1953年，全省互助组发展到20.59万个，短短几年间增长了1.3倍。[①] 但是互助组也存在着组织效率有限、合作水平较低、发展较为零散等问题，山西省委主张提高互助组层次、办成初级农业生产合作社，后经过党中央讨论认可，形成了决议，发给各级党委试行，这一模式遂发展成为全国合作社的模式。党中央在发展初级社的基础上，又在较短的时间内组织初级社向高级社发

---

① 国家统计局农业统计司编《农业合作化和1955年农业生产合作社收益分配的统计资料》，统计出版社，1957，第4页。

展。1955年党中央提出试办高级社后,山西省委、省政府积极响应号召,在1956年3月全省高级社达到18198个,入社农户占到全省农户总数的97.89%。① 高级社的发展明显操之过急,而且其实际改变了农村生产资料的所有权及农产品的分配权,变为生产资料公有、统一分配的制度,发展成为生产资料高度集中的农村集体经济,在吸收农民入社时对农民的自愿性欠缺考虑,分配给农民的利益较少,在乡村生产力发展水平较低的情况下,极大地挫伤了农民生产的积极性,严重制约了农业生产效率的提升,进而阻碍了乡村生产力的发展。

二是在土地改革及农业社会主义改造的推动下,老区"三农"发展也取得了一定的成效。老区广大农民依靠集体的力量,兴修水利、开垦荒地、推广良种、改进耕作方法,使粮食产量大幅度增加。以福建老区为例,闽北地区1956年粮食总产量达5.45亿公斤,人均占有粮食比1949年增加117公斤。② "文化大革命"中,在"以粮为纲"的口号下,各地老区忽视以至取消多种经营。闽北粮食增产而农民贫困。闽东由于毁茶种粮,茶叶产量降到1949年的水平(年产量5万多担),以后虽有所恢复和发展,但增产速度缓慢,1979年以前,宁德地区茶叶年产量一直在10多万担左右徘徊。闽西老区1978年全区农业总产值为11.27亿元,粮食产量为7.39亿多公斤,农民人均口粮为274公斤。从集体统一经营中所得的年纯收入仅60元,加上一些家庭副业收入也只不过百元左右。③

综上,此阶段老区乡村的发展以农业合作化集体化为主要特征,新中国成立之初,老区乡村生产力发展水平低下,小农生产的分散性、碎片化问题迫切需要通过互助合作来化解,由此老区乡村农业生产开启了互助组、初级合作社到高级合作社的组织化、集体化改造。

有两方面的基本经验值得总结与借鉴。一是尊重农民的创造性。互助合作组织是由老区乡村基层探索发展的。因此,正如马克思主义所强调的那样,要坚持农民的主体性,广大的乡村群众有促进发展的潜在能力与动力。二是面对乡村低下的生产力发展水平,需要调整生产关系以适应生产

---

① 转引自王里鹏《20世纪50年代山西老区农村合作制度的变迁》,《当代中国史研究》2009年第2期。
② 中国老区建设促进会编《中国革命老区》,中共党史出版社,1997,第792页。
③ 中国老区建设促进会编《中国革命老区》,中共党史出版社,1997,第792页。

力发展的需求。马克思主义强调生产力高度发展是推动城乡融合的前提。在提升乡村生产力水平方面，马克思着重论述了小农经济生产方式需要通过合作社改造走向公有制。老区乡村分散性、碎片化的农业生产经营方式难以适应乡村生产力发展的需求，必须通过加强互助合作等方式加以调整优化。在基本经验之外，也存在一些教训，主要体现在合作社的发展不能背离人民自愿原则上。恩格斯早就强调发展合作社不能侵犯农民的利益，要遵循自愿原则。推进生产关系的变革不能脱离生产发展的实际水平，不能忽视人民切身利益的实现，否则本有利于农业高效生产的政策实践反而会阻碍生产发展。

第二节　创立双层经营体制推动革命老区乡村加快发展阶段

改革开放以后，国家经济建设重新步入正轨，扶持老区经济发展的事业重启。经济体制改革首先体现在1978年农村地区实施家庭联产承包责任制上，老区乡村在此改革过程中颇为受益。此外，有关我国农村扶贫开发等的乡村发展政策的实施也使得老区乡村加快发展的步伐，如《国家八七扶贫攻坚计划（1994—2000年）》，因政策实施的时间节点是2000年，所以该阶段为1978~2000年。

一　加快发展阶段的主要政策

1978年，农村家庭联产承包责任制率先开启了中国经济体制改革。除了国家在农村地区统一实施的经济体制改革外，在这个阶段，国家对老区的针对性扶持政策主要体现为1979年下发的《关于免征革命老根据地社队企业工商所得税问题的通知》。该文件明确了老区的界定标准，对老区社队企业给予税收优待。老区界定标准的明确，是国家及各地方政府针对老区特别是其乡村地区制定落实扶持政策的前提。根据界定标准，有革命根据地的各省、自治区、直辖市民政部门进行了调查、登记，并经人民代表大会或人民政府审批划定了本省、自治区、直辖市的老区范围。根据民政部1980年的统计，全国有老区的县（市）为1009个，老区公社达13655个（20世纪80年代前期公社相继撤销，农村恢复了乡、村等行政单位），老区人口达2.172亿人。此后，随着老区工作和科研工作的推进，全国有老区乡、村的县（市）又有较大的变化。根据1995年的统计，全国有老区的县（市）为1389个，比1980年增加380个。[①] 被认定为老区的地区自然受到更多的政策照顾，而老区的乡村地区更是受到政策的倾斜扶持。

在扶贫攻坚过程中，国家相关政策也有力地促进了老区乡村发展。自20世纪80年代中期以来，农村的开发式扶贫战略持续助推老区农村脱贫发展。国家及各省、自治区成立扶贫开发领导机构，开启有组织、有计划、大规模的扶贫开发工作。1994年，八七扶贫攻坚计划强调将老少边穷地区作为扶贫开发的重点。80年代中期，国家陆续确定了18个集中连片贫困地区，其中，井冈山和赣南地区等10余个片区全部或大部分是老区县。国家在调整重点扶持贫困县时也对老区县予以倾斜。

在这个阶段，国家重视推进革命文物的保护，制定了相关法律、政策（见表2-2）。因革命文物有很大部分位于乡村地区，相关政策文件的出台有利于老区乡村红色资源的保护与传承。

表2-2 创立双层经营体制推动老区乡村加快发展阶段的主要相关法律和政策文件

发布时间	主要政策文件（法律）	提要
1979年6月	《关于免征革命老根据地社队企业工商所得税问题的通知》	明确规定老区界定标准，为后续扶持老区特别是其乡村发展奠定基础
1994年4月	《国家八七扶贫攻坚计划（1994—2000年）》	推动老区农村扶贫攻坚，强调将老少边穷地区作为扶贫开发的重点
1982~1994年	《中华人民共和国文物保护法》《关于充分运用文物进行爱国主义和革命传统教育的通知》《爱国主义教育实施纲要》	加强革命文物保护及运用文物进行爱国主义和革命传统教育。较多革命文物位于老区乡村地区，因此，这些政策文件和法律有利于老区乡村红色资源的开发利用

资料来源：根据公开文献资料整理。

---

① 中国老区建设促进会编《中国革命老区》，中共党史出版社，1997，第4页。

二 加快发展阶段的主要成就与经验

在农村经济体制改革的推动及相关政策的照顾下,老区乡村发展进入了快车道。

一是老区乡村产业快速发展。农村经济体制改革及政策扶持极大地激发了老区农民的生产积极性。老区乡村在稳定联产承包责任制的基础上,把耕地承包制延伸到山地综合开发和林业体制改革中去,推行农科教相结合,发展高产、高效和优质农业。例如,闽西老区 1991 年农业总产值达 20.63 亿元,比 1978 年增长近 1 倍,平均每年递增 4.7 个百分点;粮食产量 98.75 万吨,比 1978 年增长 33.6 个百分点,平均每年递增 2.25 个百分点。1992 年春,邓小平视察南方后,闽西老区与全国各地一样,进入了经济大发展时期。农村改革继续稳定和完善以家庭联产承包为主的责任制,进一步调整农业结构,在山地综合开发和林业管理体制中引进股份合作制,加快发展和完善农村社会化综合服务体系,使农村经济稳步发展。到 1994 年,仅闽西龙岩地区,农业总产值即达 44.23 亿元。[1] 从耕地承包制拓展至林地承包制也极大地促进了老区农村林业发展。老区由于多位于偏远山区,在森林资源上有传统优势。习近平在宁德工作时指出"要靠山吃山,靠海吃海"[2],宁德是闽东苏区主要组成部分,唱好"山海经"有利于因地制宜发展老区苏区经济。福建老区苏区凭借着绿色资源优势,注重推进农林业经济发展。以闽北老区为例,党的十一届三中全会以后,推广林业生产责任制,7 年间全区造林面积达 426 万亩,木材产量达 558 万立方米。[3] "七五"期间,福建老区贫困县共植树造林 1400 万亩,推进果树、茶园、菌菇等农产业发展,助推开发式扶贫发展。[4] 自改革开放以来至 20 世纪 90 年代中期,江西老区充分利用山地丘陵多的资源优势,开展人工造林、飞播造林,积极封山育林,使全省森林覆盖率增加到 40.8%,累计向

---

[1] 中国老区建设促进会编《中国革命老区》,中共党史出版社,1997,第 792 页。原文中的农业总产值与粮食产量增速数据计算有误,本书做了修改。
[2] 习近平:《摆脱贫困》,福建人民出版社,1992,第 135 页。
[3] 中国老区建设促进会编《中国革命老区》,中共党史出版社,1997,第 792 页。
[4] 中国老区建设促进会编《中国革命老区》,中共党史出版社,1997,第 792~793 页。

国家提供商品木材 6610 万立方米、毛竹 5.78 亿根，林业产值达 30 亿元，成为我国南方杉木、湿地松等速生丰产用材林的重要基地之一。此外，老区乡村畜禽、水产养殖业也加快发展。到 1994 年末，江西老区的生猪存栏数达 1450 万头，1993 年肉类总产量为 111.6 万吨，禽蛋总产量为 18.3 万吨，水产品产量为 33.5 万吨，分别比 1949 年增长 6.5 倍、13.8 倍、10.6 倍和 16.6 倍；林牧副渔业的产值增至 131.6 亿元，占全省老区农业总产值的 50.4%，比 1978 年增加了 21 个百分点。①

二是老区乡村红色资源开发利用初显成效。老区多位于山区，城镇化发展缓慢，多为乡村地区，红色资源也多分布在老区乡村地区，如江西井冈山、福建古田诸多著名的红色景点均在乡镇或农村地区。对老区红色资源的开发利用有力地推动了乡村文化、经济的协同发展。1997 年中宣部公布了首批百个全国爱国主义教育示范基地。各地方老区初步探索了乡村红色旅游、绿色产业发展及红绿结合的经济发展模式。例如，井冈山 1982 年被列入中国第一批国家重点风景名胜区后，逐步实现了革命圣地向旅游胜地的跨越。1995 年，井冈山推出"红色摇篮，绿色宝库"的宣传口号，开发出红绿交相辉映的旅游产品，被旅游者广泛接受。1998 年，江西又提出"红色摇篮，绿色家园"的旅游营销口号，促进红绿色经济融合发展。1999 年，井冈山更是首先提出"红色旅游"概念。②

三是推进老区科技兴农。国家日益重视以科技助推农业发展，通过实施星火计划等提高老区农村农业技术水平，促进老区产业高效发展。如山西长治老区在实施星火计划以后，1995 年其工农业总产值和乡镇企业总产值分别是 1986 年的 5 倍多、20 倍多。③ 福建自 1986 年实施星火计划以来，截至 2000 年，累计组织实施各级星火计划项目 3500 多项，培育了一大批富有本地特色的星火区域性支柱产业；自 2000 年以来还着重推进三明、南平等老区苏区星火技术产业带建设，推动农村产业结构优化升级。④ 值得一提的是习近平在闽工作期间，在他的关心与支持下，闽北老区于 20 世纪

---

① 中国老区建设促进会编《中国革命老区》，中共党史出版社，1997，第 813 页。
② 黄细嘉、龚志强、宋丽娟：《红色旅游与老区发展研究》，中国财政经济出版社，2010，第 35~36 页。
③ 魏绯丽、刘旭：《实施星火计划培养支柱产业促进上党老区农村经济快速发展》，《科技进步与对策》1996 年第 4 期。
④ 吴鹤年：《福建星火计划于创新中纵深发展》，《科技日报》2000 年 10 月 24 日。

末探索推进科技特派员下乡的做法,后其逐步发展并被推广至全省乃至全国。在江西,9个老区地(市)30个县的科委、科协自1978年全省科学大会召开以来逐步恢复;1979~1989年科技投资总额为6.4亿元,超过之前30年科技投资的总和,"八五"期间,科技投资达4.5亿元;科技充分应用于农业,如发展杂交稻就地制种、毛竹低改定向培育、竹胶板加工配套、大水面养殖鱼类等技术,这些技术的应用均形成一定规模,取得了明显的经济效益;"七五"期间面向老区共实施星火计划项目683项,项目完成后,新增产值达18亿元,新增利税1.8亿元,节、创外汇2500万美元。[1]

四是对接帮扶老区乡村发展。随着扶贫开发政策的实施,特别是自八七扶贫攻坚计划实施以来,国家及各地方日益重视组织对老区特别是老区乡村的对接帮扶。例如,组织央企、国企对老区进行帮扶,中国银行总行从1994年开始定点帮扶龙岩市及其所辖的国家级贫困县。在中国银行总行和社会各界的大力帮扶下,闽西的扶贫开发工作取得了历史性成就,提前3年率先在全国18个连片贫困区中从整体上解决了温饱问题,成为老区脱贫致富奔小康的典型。[2] 又如,组织省内发达地区对老区进行帮扶,1996年,浙江省委、省政府组织对口帮扶广元老区,为广元捐赠资金、物资,用于改善贫困山区、乡村地区的生产、生活、教学条件,使广大老区乡村群众受益,增强了这些地方的自我发展能力。[3]

五是老区乡镇企业、小城镇加快发展。随着农村经济体制改革的不断深化,乡镇企业成为农村经济中一个新的支柱,得到了前所未有的发展。乡镇企业的发展为转移老区农村剩余劳动力、促进老区农民在家门口就业、提升老区农民收入发挥了重要的作用;乡镇企业的发展聚集有利于老区小城镇的发展,小城镇成为连接老区乡村与城市的桥梁,有利于推进老区乡村向城市地区看齐发展,也有利于城市、小城镇地区资源流入乡村。以甘肃老区为例,1993年甘肃老区有各类乡镇企业4.12万个,从业人数达17.46万人,企业总产值达20.7亿元,是当年农业总产值的

---

[1] 中国老区建设促进会编《中国革命老区》,中共党史出版社,1997,第816页。
[2] 潘治宏:《中行帮扶龙岩取得显著成效》,《中国老区建设》2003年第6期。
[3] 何庆超、张生堂、朱国庆、姚荣杰:《浙江对口帮扶广元》,《中国老区建设》2001年第8期。

1.14倍。[1]

六是激发老区乡村群众的主观能动性。随着体制改革的不断深入，国家经济发展取得了较大的成效，但仍然存在着发展显著不平衡的问题，尤其体现在乡村地区，这些乡村地区多为山区，且不少是老区地区。对此，国家1984年发布《关于帮助贫困地区尽快改变面貌的通知》，指出这与进行单纯救济、忽视群众主观能动性发挥有关；因此，要"纠正依赖思想"[2]，激活贫困地区内生动力。各地方老区重视推进老区乡村群众素质能力提升，以福建老区为例，2000年全省多形式、多层次、多渠道宣传普及科技知识、提高老区乡村群众科技水平、培养乡村实用技术人才，取得了新的成效。漳州老区共举办各类老区技术培训72期，接受培训人员达11750人次。南平老区共举办锥栗、毛竹、食用菌栽培等实用技术培训班65期，受培人员达2542人次，收到了良好的效果。[3]

七是加强老区乡村组织保障建设。老区乡村组织保障建设是内嵌于老区组织保障建设中的。在此阶段，国家组织成立了专门为老区发展服务的社团组织，即老区建设促进会（以下简称"老促会"）。1990年中国老促会成立，而后省、市、县等各级行政区都设立老促会。老促会在老区宣传、组织调查、项目引进、沟通联络等工作中发挥了重要作用，在梳理各地方老区发展史、为地方老区经济发展建言献策方面作出了突出的贡献。1995年中国老促会就通过大规模调研活动，统计出1389个老区县，并依据县里革命乡镇数量占比将其划分为四类老区。

综上，此阶段在经济体制改革及扶贫开发的国家政策的实施下，老区乡村加快发展，尤为突出的是1979年明确规定了老区界定标准，有利于后续扶持老区特别是其乡村发展。老区乡村发展重视"靠山吃山"推进农林业发展，红色旅游发展被首次提出，更加重视应用科技赋能，强调对接帮扶，发展小城镇促进城乡联结，在一定程度上注重激发乡村群众的主观能动性，并加强了老区乡村发展组织保障。

老区乡村发展的基本经验在于以下几点。一是日益重视运用唯物辩证

---

[1] 张克复主编《甘肃老区概览》，甘肃人民出版社，1996，第233页。
[2] 《十二大以来重要文献选编》中，人民出版社，1986，第540页。
[3] 蔡学仁、吴连田主编《情系红土地——福建老区工作手册》，海潮摄影艺术出版社，2003，第57~58页。

思维，处理好普遍性发展与特色性发展之间的关系，在发展中突出红绿特色优势。二是注重统筹处理好老区乡村发展外源动力与激发内生动力之间的辩证关系。三是优化科技赋能老区乡村发展的思路与举措，这是对马克思主义高度重视科技赋能农业发展的思想的传承发展。四是在推进城乡衔接发展方面关注城镇企业、小城镇发挥的突出作用，这也是马克思主义城乡融合发展思想的生动诠释。但该阶段老区乡村发展在推进人与自然和谐共生上尚有提升空间，特别是林权归属不清，林木乱砍盗伐现象突出；虽然已注重通过加强技能培训等方式提升老区乡村群众发展的能动性，但政策倾斜与社会帮扶对老区乡村发展的帮助较大，老区乡村群众的主体性及乡村发展的内生动力尚有待进一步激发。

第三节 专项特惠助力革命老区乡村深化发展阶段

该阶段突出的政策扶持特征是，国家从 2001 年开始设立老区专项转移支付资金，资金的很大一部分用于支持老区乡村发展，老区乡村继上一阶段加快发展后进一步深化发展。此外，国家出台的《中国农村扶贫开发纲要（2001—2010 年）》、促进红色旅游发展的专项政策等也促进了老区乡村发展，由于政策实施的时间节点为 2010 年，因此，该阶段为 2001～2010 年。

一 深化发展阶段的主要政策

在此阶段，国家整体上从注重"农业现代化"向日渐重视"农村现代化"发展。国家也具备了相应的财力支持乡村建设与发展。2004 年的中央一号文件首次对农业、农村、农民提出"多予、少取、放活"的方针，对农民种田给予财政补贴。2006 年，实施近 48 年之久的《中华人民共和国农业税条例》被废止。党的十六届五中全会提出了建设社会主义新农村的重大任务。与此同时，国家对老区的扶持发展上升到一个新的台阶，标志为从 2001 年开始，中央财政在一般性转移支付中增设了老区转移支付。年度老区转移支付资金规模从 2001 年的 5.02 亿元增加到 2005 年的 16.52 亿元。① 2006 年 4 月，财政部把老区转移支付从一般性转移支付中划出，调整为专项管理，强调进一步推动社会主义新农村建设，促进老区社会事业和谐发展，资金的主要用途为老区农村的公益事业发展和基础设施建设；2009 年 7 月修订了《革命老区专项转移支付资金管理办法》，新办法指出资金使用要遵循突出重点的原则，资金主要用于发展乡、村公益事业和解决与人民生产生活密切相关的突出问题。2006~2010 年，中央财政安排的老区专项转移支付资金总计达到 147.7 亿元。② 专项转移支付资金很大一部分被用于老区乡村发展，为老区乡村生产生活创造了良好的条件。2004 年 12 月，《2004—2010 年全国红色旅游发展规划纲要》（以下简称"第一期《纲要》"）发布，首次正式提出"红色旅游"的概念，是首份专门针对红色旅游的政策文件，如上所述，诸多红色景点分布在老区乡镇、农村地区，国家对红色旅游的政策支持有利于老区乡村红色旅游的发展。2001 年率先在龙岩武平县捷文村推进的林权改革从探索发展到试点推进，并最终助推形成了 2008 年的《中共中央 国务院关于全面推进集体林权制度改革的意见》（以下简称《林改意见》）。2008 年 11 月国家印发了《中央专项彩票公益金支持扶贫事业项目管理办法》（以下简称《公益金管理办法》），规范支持老区县贫困村整村推进项目。该阶段的主要政策文件见表 2-3。此外，老区建设示范试点工作、对接帮扶工作均有力地推动了老区乡村的深化发展。

表 2-3 专项特惠助力老区乡村深化发展阶段的主要政策文件

发布时间	主要政策文件	提要
2001 年、2006 年 4 月、2009 年 7 月	2006 年、2009 年分别制定与更新《革命老区专项转移支付资金管理办法》	强调进一步推动老区社会主义新农村建设；资金使用要突出重点，主要用于发展乡村公益事业和解决与人民生产生活密切相关的突出问题
2001 年 6 月	《中国农村扶贫开发纲要（2001—2010 年）》	以老少穷农村地区作为扶贫开发的重点

---

① 金人庆：《完善促进基本公共服务均等化的公共财政制度》，《中国财政》2006 年第 11 期。
② 宁新路：《专项转移支付资金推进革命老区快速发展——专访财政部副部长廖晓军》，《中国财经报》2010 年 11 月 4 日。

续表

发布时间	主要政策文件	提要
2004年12月	《2004—2010年全国红色旅游发展规划纲要》	首次对红色旅游进行专项规划，正式提出"红色旅游"的概念，有利于乡村红色旅游的发展
2008年6月	《中共中央 国务院关于全面推进集体林权制度改革的意见》	从武平县捷文村林改的探索到福建、江西老区大省等的试点推进，再到林改的全国推广，有利于推动乡村生产关系的重大变革，促进老区乡村充分活化利用林业资源
2008年11月	《中央专项彩票公益金支持扶贫事业项目管理办法》	规范支持老区县贫困村整村推进项目

资料来源：根据公开文献资料整理。

二 深化发展阶段的主要成就与经验

由于国家设置专项资金，深入地扶持老区特别是其乡村地区发展，该阶段老区乡村取得了进一步的发展。

一是国家资金扶持有力地推进了老区乡村发展。首先，老区专项转移支付资金使用重点放在了乡村发展方面。例如，山西2006~2009年资金使用安排主要集中在老区乡村地区。2006~2009年共安排乡村公益事业项目100个，补助资金14090万元；乡村道路建设及维护项目115个，补助资金18492万元；等等。项目的实施有效地解决了山西老区乡村地区的民生问题，如修建道路约1585公里，解决了约162万老区乡村群众行路难的问题；修建改造乡村卫生院32731平方米，有效解决了约70万老区群众就医看病问题；新建乡村敬老院4个，使乡村孤寡老人老有所养；维护革命遗址、修建革命纪念场馆；等等。[①] 其次，中央专项彩票公益金支持老区整村推进项目。从2008年起，彩票公益金主要支持老区贫困村推进基础设施建设、公共服务及产业发展等。2008~2010年，中央财政共安排彩票公益金5.1亿元，在国家扶贫开发工作重点县中的部分老区县实施整村推进项

---

① 侯丽芳、范永慧：《山西省2006—2009年革命老区专项转移支付资金管理使用情况》，《山西财税》2010年第3期。

目,范围涉及河北等11个省（自治区）27个县360个贫困村。^① 后来,中央持续推进以彩票公益金支持老区乡村发展,这一政策延续至今,资金主要用于支持贫困老区或欠发达老区乡村发展。

二是推动乡村红色旅游深入发展。2000年前后,全国各地老区陆续开展与革命文化相关的旅游活动,"红色旅游"被广泛传播并得到积极响应。^② 国家对此高度重视,给予大力支持。为贯彻落实第一期《纲要》精神,2005年3月,国家公布了30条全国红色旅游精品线路和100个全国红色旅游经典景区,其中就涉及不少乡村红色景点。通过发展红色旅游,可以为老区特别是其乡村经济发展注入新动力。为此,政府还把2005年定为"红色旅游年"。自第一期《纲要》落实以来至2010年,红色旅游接待总人数接近10亿人次,综合收入接近4000亿元。^③ 其中,乡村红色旅游贡献了很大一部分。

三是推进林权改革,促进老区乡村绿色发展。从前一阶段的分析可知,老区乡村日益重视"靠山吃山",注重通过植树造林、发展林木业增加农民收入,但由于林权产权界定尚不明晰,林农与林地之间无法建立直接的责权利关系,仍然存在着较为严重的林木乱砍滥伐现象。在地处龙岩市西南部的武平县,绵延不断的青山孕育出了革命火种,也成为老区发展的绿色"聚宝盆"。为改变林木乱砍滥伐的困境,2001年,武平县以万安镇捷文村作为林改试点,率先在全国探索集体林权制度改革,在既无具体法律依据,也无上级授权,更无其他地方经验做法可参考的情况下,捷文村率先分山到户,分山到户后,捷文村不断创新、拓宽绿色发展新路,让老百姓从"靠山吃山"转变为"靠山富山"。在习近平的支持与推动下,武平林改经验向全省、全国推广。2003年国家展开了新一轮林权改革,并以是老区大省也是森林资源大省的福建、江西等地为改革试点。2008年《林改意见》标志着集体林权制度改革推向了全国。^④

---

① 《中央彩票公益金支持贫困革命老区项目取得成效》,中国政府网,2011年11月21日,http://www.gov.cn/jrzg/2011-11/21/content_1999511.htm。
② 王建军：《首届中国老区旅游扶贫论坛在京举行》,《中国旅游报》2002年8月5日。
③ 崔鹏：《红色旅游发展规划纲要实施6年来 全国红色旅游综合收入近4000亿元 接待人数和综合收入均提前实现目标》,《人民日报》2010年2月22日。
④ 陈永森、林雪：《新中国植树造林的艰难探索和精神动力》,《福建师范大学学报》（哲学社会科学版）2022年第3期。

四是以老区建设示范试点促进乡村发展。2008~2010年,国家陆续在湖北等10个省份选取了红安等15个县参加老区建设示范试点。老区建设示范试点为统筹解决老区乡村在基础设施、公共服务、生态建设、产业发展等方面的问题积累了重要经验。以红安县为例,红安县积极推进老区乡村发展,注重乡村基础设施建设,紧抓村容整治,以科技助推发展有机无公害高山云雾茶等产业,因地制宜大力发展生产力,促进农民脱贫致富。①

五是对接帮扶老区乡村发展工作进一步深入推进。响应扶贫开发的政策号召,国家及各地方政府对接帮扶老区,特别是帮扶老区乡村发展的工作更加深入、形式更加多样、内容更加丰富。在前一阶段的基础上强化央企、国企等国家企事业单位对老区特别是其乡村发展的对口扶持,进一步推进发达地区对老区特别是其乡村发展的帮扶。同时,各地还探索了其他行之有效的帮扶模式。以福建老区为例,建立了领导挂钩、部门参与、联动共建的工作机制,营造"大扶贫"格局。据不完全统计,2002~2010年,福建共有省部级领导116人次、厅局级领导1526人次、处级以下机关干部8442人次到所挂钩的开发重点村与村民共谋发展之路,帮助解决实际问题。此外,福建省自2004年开始从省直部门选派党员干部到省级重点村担任党支部"第一书记",为当地发展带去了新观念、新思路和新管理方式。再者,联动共建促进产业发展。2008年福建省组织百家农业龙头企业与专业合作组织开展"百龙联百村"活动。截至2008年底,150家省级重点龙头企业共与151个村结对共建,共投入村一级共建基金14亿元,完成基地建设面积56万亩,带动种植业、水产业、畜牧业发展,共带动农户20.1万户。在龙头企业的带动下,许多共建村培育起了自己的主导产业,促进了当地经济发展,壮大了村集体经济。②

综上,此阶段老区乡村发展的突出特征是,国家加强了对老区乡村的政策扶持,设立了老区专项转移支付资金,强调对老区乡村的建设;设立了中央专项公益金支持老区整村推进项目;建立了老区建设示范试点促进乡村发展;建立了较为全面的对接帮扶机制。此外,国家通过扶贫开发政策助力乡村扶贫。在老区乡村产业发展方面,乡村红色旅游深入推进,绿

---

① 韩晓佳:《红安县革命老区示范试点建设步伐加快》,《黄冈日报》2009年11月5日。
② 夏英等:《中国贫困革命老区扶贫开发报告》,中国农业科学技术出版社,2012,第145~146页。

色发展取得新突破。

该阶段老区乡村发展的基本经验在于以下几点。一是运用辩证思维，进一步强化了基于特色优势的发展，尤其是红绿色发展更加突出，更加强调统筹共性与个性发展的重要性。二是注重以改革创新促发展，尤其体现在武平县捷文村林改的先行先试丰富了生态产品价值实现方式，再次印证了老区乡村群众及基层自治组织有着较强的创新创造潜力，生动诠释了激发群众主体作用的重要性。三是重视系统思维，以点带面、循序渐进发展，无论是林改由村到省再到全国的推广，还是以老区建设示范试点促进老区乡村发展，均体现了老区乡村发展中整体性、系统性思维的充分应用。四是较为全面、深入地对接帮扶老区乡村发展，老区乡村发展相对落后，需要外源力量的支持，尤其是老区本身的政治优势有利于感召更为广泛的社会力量对其进行对接帮扶。

第四节　体系化助推革命老区乡村精准脱贫与振兴发展阶段

该阶段的突出特征是：国家对老区特别是其乡村发展的扶持力度明显加大，从 2011 年开始逐步形成 "1258" 老区发展政策，其与其他有关扶持老区特别是其乡村发展的文件共同形成了体系化的政策。继前一阶段推进老区乡村深化发展后，这一阶段进一步推动相关工作向纵深方向发展，致力于以"精准"施策助推 2020 年实现全面脱贫。此外，"1258" 政策体系中有关五大重点老区发展的规划着眼点在于促进"振兴发展"，且党的十九大提出实施乡村振兴战略。因此，此阶段体系化的政策有利于推动老区乡村"精准脱贫"与"振兴发展"，对应的时间为 2011~2020 年。

一　精准脱贫与振兴发展阶段的主要政策

围绕政策体系的形成情况，这个阶段大致又可以分为两个分阶段。第一分阶段为 2011~2016 年，以脱贫攻坚和振兴发展为主题，针对重点老区、涉老集中连片特困地区等精准施策，形成了以"1258"为主体的政策体系。第二分阶段时间跨度为 2017~2020 年，仍然以脱贫攻坚和振兴发展为主题，但这个分阶段主要践行前一分阶段制定的政策体系。另外，自党的十九大提出乡村振兴战略以来，国家及各地方也着重部署推进乡村振兴，其中包含老区乡村振兴。

1. 2011~2016 年形成以"1258"为主体的政策体系

首先，老区"1258"政策体系的形成，有利于老区乡村发展。2011 年是"1258"政策体系谋划的起始年，从 2011 年开始，国家针对沂蒙老区、原中央苏区等两大老区片区、陕甘宁等五大跨省老区、武陵山等八大涉老连片发展困难域等实施重点扶持，形成体系化政策，助推老区脱贫攻坚与振兴发展。政策中的很大部分直接或间接地惠及老区乡村发展。2011 年国家颁布多项政策文件促进老区发展：2011 年 9 月发布的《关于山东沂蒙革命老区参照执行中部地区有关政策的通知》是"1258"政策体系中的"2"个区域性政策意见之一；同年 10 月发布的《武陵山片区区域发展与扶贫攻坚规划（2011—2020 年）》是"1258"政策体系中的"8"个涉老集中连片特困地区扶贫攻坚规划之一，文件涵盖了特色农业发展、乡村基本生产生活条件改善、促进乡村人力资源开发等方面。2012~2016 年又陆续颁布了一系列以扶贫攻坚为主题的老区发展政策文件，形成了"1258"政策体系。如上所述，这些政策较多涉及老区乡村发展，其中的扶贫攻坚规划更是与老区乡村发展密切相关。

其次，其他有关政策共同构成扶持老区发展的政策体系，有力地促进老区乡村发展。自 2011 年开始，中国老促会与各地老促会联合开展"万人千县"调研，历经两年多，走访老区基层、深入老区乡村，进一步摸清老区特别是其乡村经济社会发展情况，并形成联合报告，国家领导高度重视并作出有关批示指示，为后续关于老区特别是其乡村发展的政策制定提供了重要参考依据。2011 年 12 月发布的《中国农村扶贫开发纲要（2011—2020 年）》也明确强调对贫困地区的老区县给予重点扶持。除上述政策外，国家还在资金、人才、生态、文化等方面给予老区倾斜扶持。例如，在资金方面，2011 年 7 月财政部、国务院扶贫办印发了《中央专项彩票公益金支持贫困革命老区整村推进项目资金管理办法》。为进一步规范老区资金转移支付，2012 年 6 月，财政部印发的《革命老区转移支付资金管理办法》明确指出，为推动老区社会主义新农村建设、促进老区社会

75

事业和谐发展,要将老区转移支付资金由专项改为一般性转移支付。2015年7月印发新的《革命老区转移支付资金管理办法》,扩大了老区转移支付范围,享受中央财政老区转移支付的省份由18个增加到23个,新办法未再强调新农村建设的目的,但将乡村道路、饮水安全等设施的建设维护置于老区民生事务首位。在人才方面,2011年9月颁布的《边远贫困地区、边疆民族地区和革命老区人才支持计划实施方案》,实施期限为2011~2020年,文件强调为老区县、乡提供人才支持。2015年4月,国家发布《关于做好选派机关优秀干部到村任第一书记工作的通知》(以下简称《驻村第一书记通知》),要求各地选派机关优秀干部到党组织软弱涣散村和建档立卡贫困村、老少边地区等任驻村"第一书记"。在生态方面,2012年5月,出台《革命老区水土保持重点建设工程规划》,筛选出491个水土流失严重、经济欠发达的老区县作为规划实施范围开展重点治理,该文件对老区农业基础设施、农业综合生产能力、人均基本农田数量、农民人均收入都提出了目标要求,有利于项目区脱贫和社会主义新农村建设。在文化方面,继第一期《纲要》颁布实施后,国家于2011年5月印发第二期《纲要》,即《2011—2015年全国红色旅游发展规划纲要》,第二期《纲要》中也强调红色旅游与乡村旅游、新农村建设结合,推进老区发展。上述与老区相关的政策实施时间段大多截至2020年[①],这与全面建成小康社会的时间节点一致。

2. 2017~2020年形成的有关政策共同构筑老区乡村发展的政策体系

2017~2020年,国家也制定了有关老区特别是其乡村发展的若干政策,但这一分阶段政策的出台并不像上一分阶段那样密集。2017年3月,国家印发了第三期《纲要》,即《2016—2020年全国红色旅游发展规划纲要》,其提出要加强统筹规划,注重红色旅游与脱贫攻坚、城乡建设相衔接,与乡村旅游、研学旅行、生态旅游相融合,这些内容均直接有利于推动老区乡村发展。2017年5月,《"十三五"时期文化扶贫工作实施方案》发布,该文件以老少边和集中连片特困地区为重点,强调"扶志""扶智",激发群众内生动力。2017年8月,交通运输部印发《全国红色旅游

---

① 个别政策实施时间段并非截至2020年,如《左右江革命老区振兴规划》,规划实施时间为2015~2025年。

公路规划（2017—2020 年）》，倾斜于中西部红色旅游公路的建设。自党的十九大提出实施乡村振兴战略以来，国家陆续出台了有关乡村振兴的政策文件，虽然没有特别列出对老区乡村振兴的扶持，但也在整体上指导促进了老区乡村振兴。2018 年出台的《关于实施革命文物保护利用工程（2018—2022 年）的意见》、2019 年出台的《新时代爱国主义教育实施纲要》也均涉及推进老区乡村振兴。2020 年党的十九届五中全会审议通过的《中共中央关于制定国民经济和社会发展第十四个五年规划和二〇三五年远景目标的建议》提出要优先发展农业农村，全面推进乡村振兴，注重实现巩固拓展脱贫攻坚成果同乡村振兴有效衔接，强调对欠发达地区的帮扶，有利于指导推进新发展阶段的老区乡村振兴。

表 2-4 集中展示了精准脱贫与振兴发展阶段的主要政策文件。

这个阶段国家还发布了其他诸多有关老区特别是其乡村发展的政策文件，如《国家以工代赈管理办法》，其虽不是专门针对老区发展的文件，但文件中强调了对老区特别是其乡村发展的倾斜扶持。

表 2-4 体系化助推革命老区乡村精准脱贫与振兴发展阶段的主要政策文件

发布时间	主要政策文件	提要	所属类别
2016 年 2 月	《关于加大脱贫攻坚力度支持革命老区开发建设的指导意见》	"1" 个老区脱贫攻坚总体指导意见，强调聚焦贫困老区、困难群体，集中解决突出问题	"1258" 政策体系
2011 年 9 月	《关于山东沂蒙革命老区参照执行中部地区有关政策的通知》	"2" 个老区区域性政策意见，强调对老区乡村民生事业的支持	
2012 年 6 月	《关于支持赣南等原中央苏区振兴发展的若干意见》		
2012 年 3 月	《陕甘宁革命老区振兴规划》		
2014 年 3 月	《赣闽粤原中央苏区振兴发展规划》	"5" 个重点跨省老区振兴发展规划，乡村发展是振兴发展规划当中的重要内容	
2015 年 2 月	《左右江革命老区振兴规划》		
2015 年 6 月	《大别山革命老区振兴发展规划》		
2016 年 7 月	《川陕革命老区振兴发展规划》		

续表

发布时间	主要政策文件	提要	所属类别
2011年10月	《武陵山片区区域发展与扶贫攻坚规划（2011—2020年）》	"8"个涉老集中连片特困地区扶贫攻坚规划，重点在于农村扶贫攻坚	"1258"政策体系
2012年5月	《秦巴山片区区域发展与扶贫攻坚规划（2011—2020年）》		
2012年7月	《滇桂黔石漠化片区区域发展与扶贫攻坚规划（2011—2020年）》		
2012年8月	《六盘山片区区域发展与扶贫攻坚规划（2011—2020年）》		
2012年10月	《燕山—太行山片区区域发展与扶贫攻坚规划（2011—2020年）》		
2013年2月	《大别山片区区域发展与扶贫攻坚规划（2011—2020年）》		
2013年2月	《吕梁山片区区域发展与扶贫攻坚规划（2011—2020年）》		
2013年2月	《罗霄山片区区域发展与扶贫攻坚规划（2011—2020年）》		
2011年5月	《2011—2015年全国红色旅游发展规划纲要》	强调红色旅游结合乡村旅游、结合新农村建设，推进老区发展	其他有关政策
2011年7月	《中央专项彩票公益金支持贫困革命老区整村推进项目资金管理办法》	规范和加强中央专项彩票公益金支持贫困革命老区整村推进项目资金管理	
2011年9月	《边远贫困地区、边疆民族地区和革命老区人才支持计划实施方案》	为老区县、乡提供人才支持	
2011年12月	《中国农村扶贫开发纲要（2011—2020年）》	强调对贫困地区的老区县给予重点扶持，有利于贫困老区县农村扶贫开发	
2012年5月	《革命老区水土保持重点建设工程规划》	对491个老区县开展重点治理，在老区农业基础设施、农业综合生产能力、人均基本农田数量、农民人均收入等方面提出目标要求	
2012年6月、2015年7月	制定与更新《革命老区转移支付资金管理办法》	推动老区社会主义新农村建设，将老区转移支付资金改为一般性转移支付；扩大老区转移支付范围，强调支持老区乡村民生事务发展	

续表

发布时间	主要政策文件	提要	
2015年4月	《关于做好选派机关优秀干部到村任第一书记工作的通知》	要求各地选派机关优秀干部到党组织软弱涣散村和建档立卡贫困村（主要指集中连片贫困地区）、老少边地区等任驻村"第一书记"	其他有关政策
2017年3月	《2016—2020年全国红色旅游发展规划纲要》	提出要加强统筹规划，注重红色旅游与脱贫攻坚、城乡建设相衔接，与乡村旅游、研学旅行、生态旅游相融合	
2017年5月	《"十三五"时期文化扶贫工作实施方案》	以老少边和集中连片特困地区为重点，要求加大文化扶贫的政策和资金扶持力度，与老区农村扶贫相关	
2017年8月	《全国红色旅游公路规划（2017—2020年）》	以中西部地区为重点，有利于中西部老区乡村红色旅游公路建设	
2018年1月	《中共中央 国务院关于实施乡村振兴战略的意见》	整体上指导促进老区乡村振兴	
2018年7月	《关于实施革命文物保护利用工程（2018—2022年）的意见》	强调加强革命文物保护利用与脱贫攻坚、乡村振兴相结合	
2019年1月	《中共中央 国务院关于坚持农业农村优先发展做好"三农"工作的若干意见》	整体上指导促进老区乡村振兴	
2019年11月	《新时代爱国主义教育实施纲要》	依托自然人文景观和重大工程开展教育，保护好传统村落、民族村寨、农业遗迹等，推动遗产资源合理利用	
2020年1月	《中共中央 国务院关于抓好"三农"领域重点工作确保如期实现全面小康的意见》	强调坚决打赢脱贫攻坚战，有利于指导促进老区脱贫、推进老区乡村振兴	
2020年11月	《中共中央关于制定国民经济和社会发展第十四个五年规划和二〇三五年远景目标的建议》	强调形成强大国内市场，构建新发展格局，实现巩固拓展脱贫攻坚成果同乡村振兴有效衔接等，有利于指导促进老区乡村振兴	

资料来源：根据公开文献资料整理。

二 精准脱贫与振兴发展阶段的主要成就与经验

在体系化政策倾斜支持下，老区乡村主要取得了"精准脱贫"及"振兴发展"的成就。

一是因地制宜推进各个重点老区农业发展。如上所述，国家重点针对五大跨省老区发展进行了规划，依据各个老区的特色，针对各个老区提出了不同的发展定位与主要举措，对各个老区农业发展的定位与规划也各有区别。如：赣闽粤原中央苏区脐橙、茶叶等特色农业发展基础较好，在地理位置上与台湾隔海相望，因此要求着力打造优质脐橙产业基地和柑橘产业基地，建设全国重要的茶产业基地，积极推动毛竹、油茶示范基地建设，加快海峡两岸农业合作试验区、台湾农民创业园建设，支持建设国家现代农业示范区，等等。2021年，江西赣南脐橙品牌价值居于全国区域公用品牌第6位，已连续5年稳居水果类品牌第1位。[①] 陕甘宁老区由于特殊的自然条件，要求推进建设现代旱作农业发展示范区、黄土高原生态文明示范区等。川陕老区茶叶、蚕桑、干果等特色农产品和道地中药材在全国占有重要地位，要求立足比较优势，大力发展绿色生态高效农业，打造特色有机农产品生产加工基地。大别山老区要求打造成全国重要的粮食和特色农产品生产加工基地等。左右江老区基于特色农业基础，支持发展蔗糖、优质茶叶、特色养殖、油茶、桑蚕茧丝等特色农业基地。国家还针对涉老集中连片特困地区制定了扶贫攻坚规划。上述政策体系的实施提高了老区乡村发展策略的针对性、有效性，使各重点跨省老区、贫困集中连片老区农业实现了因地制宜特色化发展。

二是红色旅游助推老区乡村发展。首先，从红色旅游整体发展来看，国家旅游局（2018年职责被整合进文化和旅游部）从2015年开始陆续举办了形式多样的长征主题活动，2016年与江西省委、省政府共同主办"重走长征路"红色旅游主题活动，发布"重走长征路"国家红色旅游精品线路，涉及长征沿线15个省份。在建党周年、革命事件发生纪念日等重要时间节点，国家及地方重视筹划红色旅游活动，如举办庆祝中国共产党成立80周年、90周年活动，纪念红军长征胜利80周年红色旅游活动，等等。全国红色旅游出游人次从2004年的1.4亿人次增长到2019年的14.1亿人次，增长了9倍。单从游客数量上来看，红色旅游已占据国内旅游产业逾1/4的份额，成为中国旅游业的核心组成部分之一。整个"十三五"期间，红色旅游在国内旅游市场中的份额维持在

---

① 吴雅雯：《"赣鄱正品"100强正式发布》，《江西日报》2021年12月9日。

11%以上。① 如前所述，红色旅游景点有很大部分位于老区乡村地区，从整体数据看，乡村红色旅游必定获得了较大的发展。其次，从红色旅游与乡村振兴融合发展的微观数据看，各省积极推进"红色文化+乡村振兴"模式，如2019年河源推出6条"红色旅游+乡村旅游"线路，将扶贫村纳入红色旅游精品线路，进一步助推河源脱贫攻坚。② 又如宁夏西吉县利用将台堡红军长征会师纪念园等红色资源，打造地方特色旅游产品，2019年纪念园接待游客约90万人次，累计带动周边5个村庄1300多人实现了脱贫致富。③

三是对接帮扶老区乡村发展工作更加精准深入。首先，央企、国企对接帮扶老区乡村发展更加精准深入。2014年10月，国务院国有资产监督管理委员会、扶贫办决定联合开展中央企业定点帮扶贫困老区百县万村活动，安排68家央企定点帮扶108个贫困老区县的14954个贫困村，利用3年时间，帮助贫困老区县贫困村解决行路难、用水难、用电难问题。④ 其次，驻村"第一书记"帮扶老区乡村发展深入实施。2015年国家发布《驻村第一书记通知》，众多老区村受惠于该政策。但在2015年以前，各地方老区就已经探索通过选派驻村"第一书记"帮扶老区乡村发展。如上所述，福建老区2004年开始就从省直部门抽调干部到重点老区村开展工作。2014年10月，广东省惠州市委选派338名优秀年轻党政机关干部，分赴全市338个行政村担任村党支部"第一书记"，其中有近1/4是老区村。驻村书记帮助老区村建章立制，发展致富产业，创新发展模式，促进老区农民增收。⑤《驻村第一书记通知》发布后，驻村书记对老区乡村的扶持工作进一步规范化。各地方老区还实施了其他各类举措对接帮扶老区乡村发展。其一，发达地区与老区的对接。这既包括省内发达地区与老区的对接，如广东深圳对口帮扶粤北原中央苏区的"特区+

---

① 王金伟主编《中国红色旅游发展报告（2021）》，社会科学文献出版社，2021，第3页。
② 谢少娜、田伟：《河源推出6条"红色旅游+乡村旅游"线路》，《河源日报》2019年12月23日。
③ 国家发展和改革委员会社会发展司、文化和旅游部资源开发司编《红色旅游发展典型案例汇编》，中国旅游出版社，2021，第68~71页。
④ 《央企帮扶贫困老区百县万村》，《老区建设》2014年第19期。
⑤ 感恩、向文：《"第一书记"来了，老区村变了》，《中国老区建设》2015年第12期。

老区"模式①、福建厦门对口帮扶闽西三明老区的"山海协作"模式②，也包括省外发达地区与重点老区的对接，如粤港澳大湾区对接辐射赣闽粤原中央苏区发展的"湾区+老区"模式③。这些对接帮扶均有力地推动了老区乡村发展。其二，社会组织对老区乡村的对口帮扶。近年来，福建大力推进"阳光1+1"活动，提出要组织1000个社会组织对接帮扶1000个老区村发展。④

四是老区乡村振兴稳步推进。各地围绕国家有关文件要求，稳步推进老区乡村各个方面的振兴发展。在产业上尤其注重红色文化引领乡村产业链发展，发挥绿色经济发展比较优势；在人居环境上尤其注重推进生态文明建设；在乡风文明上注重传承优秀传统文化与推进移风易俗；在乡村治理上注重发挥基层党组织的战斗堡垒作用；在生活富裕上以脱贫攻坚为基础、以产业发展为主要收入源泉，使得人民收入稳步提升。以五大跨省重点老区为例，主要地级市（自治州）城、乡居民可支配收入从2012年的19382元、6575元分别提升至2020年的34162元、14990元，分别提升了0.76倍、1.28倍。由此观之，农村居民可支配收入增速快于城镇居民，城乡居民可支配收入比值由2012年的2.95缩小至2020年的2.28。⑤

五是脱贫攻坚取得全面胜利。经过对重点老区的精准扶贫，2017年2月26日，井冈山市在全国率先宣布脱贫摘帽，插下了脱贫攻坚战胜利的第一面旗帜。⑥ 2020年我国脱贫攻坚取得全面胜利，9899万农村脱贫人口中

---

① 《特区"牵手"老区，深汕以基金促协作——汕尾三大市属国有企业和产业发展投资基金管理有限公司揭牌》，深圳市人民政府网站，2020年9月18日，http://www.sz.gov.cn/cn/xxgk/zfxxgj/bmdt/content/post_8121863.html。
② 巫瑞万：《我市扎实推进山海协作对口帮扶工作》，《三明日报》2020年6月17日。
③ 《树牢"湾区思维"为赣州经开区高质量发展注入新动力》，人民网，2020年8月31日，http://jx.people.com.cn/n2/2020/0831/c186330-34262652.html。
④ 《福建省举办"阳光1+1（社会组织+老区村）牵手计划"视频签约仪式》，民政部网站，2020年5月17日，http://www.mca.gov.cn/n152/n168/c81317/content.html。
⑤ 资料来源：本书选取了五大跨省老区中下辖县域均为老区的34个地级市（自治州）作为数据整理样本。数据是根据《中国城市统计年鉴》（2013年）及各地级市（自治州）统计年鉴（2021年）计算整理得到的。34个老区地级市（自治州）分别是：川陕老区的巴中、广元、达州、南充、绵阳、汉中、安康、商洛，左右江老区的百色、河池、崇左、黔西南、文山，赣闽粤原中央苏区的赣州、吉安、新余、龙岩、三明、南平、梅州，陕甘宁老区的延安、榆林、铜川、平凉、吴忠、固原、中卫，大别山老区的六安、安庆、信阳、驻马店、黄冈、随州。
⑥ 凌翼：《井冈山的答卷》，江西人民出版社，2019，第25页。

老区占一半左右。老区的物质基础不断积累，以五大跨省老区 34 个主要地级市（自治州）为例，其 2020 年 GDP 是 2012 年的近 1.9 倍，人均 GDP 从 2012 年的 27000 余元增长至 2020 年的 48000 余元，后者是前者的近 1.8 倍。左右江老区的部分地级市（自治州）GDP 增长非常迅速，如黔西南州 2020 年 GDP 是 2012 年的约 2.9 倍，文山州 GDP 2012~2020 年增长约 1.5 倍。2012~2020 年赣南、闽西地级市 GDP 增长幅度也均在 1 倍以上。[①]

综上，此阶段国家对老区特别是其乡村发展的政策倾斜力度明显加大，以全面脱贫攻坚为核心目的，主要针对重点老区、涉老集中连片特困地区建立了振兴发展、扶贫攻坚的政策体系，并从人才、土地、资金等入手全方位制定有关政策，有效地助推了老区乡村的精准脱贫与振兴发展。

该阶段老区乡村发展的基本经验有以下三条。一是锚定主要矛盾及矛盾的主要方面因地制宜、精准施策。国家出台了老区发展的总体指导意见，同时也发布了针对各个重点老区、涉老集中连片特困地区的分项政策规划，针对老区的各个片区老区采用了不同的帮扶方针与举措，突出了精准性，其中很大一部分政策涉及老区乡村扶贫与发展问题。二是强化辩证思维的运用，进一步促进红绿特色优势发展，加强红色旅游与乡村振兴的深入融合，强调绿色发展的品牌化。三是发挥"外因"的作用，对接帮扶更加精准、深入、全面，针对重点老区的重点县、重点村部署挂钩帮扶，强调发达地区与老区的对口合作，推进社会力量与老区的对接，有力地推进了老区乡村精准脱贫与振兴发展。

第五节　革命老区巩固拓展脱贫攻坚成果衔接推进乡村振兴阶段

虽然我国脱贫攻坚取得了全面胜利，但仍需巩固拓展脱贫攻坚成果，而后者的重点仍在于广大的乡村地区。新发展阶段，畅通国内大循环的重点也在于乡村。老区乡村整体上发展更为落后，又多位于封闭节点，更需

---

① 资料来源：根据《中国城市统计年鉴》（2013 年）及各地级市（自治州）统计年鉴（2021 年）数据计算整理得到。

要实现巩固拓展脱贫攻坚成果与乡村振兴有效衔接，畅通老区乡村发展的痛点、堵点，促进国内大循环，推动实现共同富裕。该阶段对应的时间为2021年至今。

一 巩固拓展脱贫攻坚成果衔接推进乡村振兴阶段的新政策

2021~2024年的中央一号文件要求巩固拓展脱贫攻坚成果，全面推进乡村振兴，加快农业农村现代化，这有利于指导促进很多仍属于欠发达地区的老区的乡村振兴。2021年2月国务院发布《关于新时代支持革命老区振兴发展的意见》，该文件是新时代老区振兴发展的纲领性文件。该文件较多内容涉及老区乡村发展，如指出要实现巩固拓展脱贫攻坚成果同乡村振兴有效衔接；培育壮大老区特色农林产业，鼓励支持老区立足红色、绿色资源等特色资源，加快特色旅游产业发展，推出一批乡村旅游重点村镇和精品线路；促进绿色转型发展，建立健全生态保护补偿机制；等等。自《意见》颁布以来，国家对老区的扶持政策逐步向"1+N+X"政策体系发展。"N"指的是出台实施新时代支持革命老区振兴的"N"项实施方案，探索因地制宜振兴发展之路。"X"指的是制定新时代支持革命老区振兴的"X"项专项政策，精准支持革命老区振兴发展。各省、自治区、直辖市陆续发布了有关新时代老区振兴发展的实施意见，并均在有关政策中明确提出老区乡村振兴的实施方案。2021年4月通过的《中华人民共和国乡村振兴促进法》明确指出，国家加大对革命老区、民族地区、边疆地区实施乡村振兴战略的支持力度。同月发布的《新时代中央国家机关及有关单位对口支援赣南等原中央苏区工作方案》（以下简称《对口支援原中央苏区工作方案》），要求于2021~2030年对口支援江西、福建两省共43个县（市、区）。2021年6月，发布《中央专项彩票公益金支持欠发达革命老区乡村振兴项目资金管理办法》，支持建设欠发达老区乡村振兴示范区，具体涉及28个省份的40个欠发达老区乡村振兴项目，欠发达老区乡村振兴项目由各个省份统筹选定、申报，每个项目获得资金支持5000万元，共计20亿元。同年11月，发布《老区乡村振兴实施方案》，文件要求健全老区脱贫地区长效帮扶机制，集中支持一批老区乡村振兴重点帮扶县；推动老区城乡融合发展；支持老区特色产业发展；等等。同月还发布了《"十四五"特殊类型地区振兴发展规划》，其中就包含对老区振兴发展的规划。2021年12月，《革命文物保护利用"十四五"专项规划》发布，要求加强革命文物保护利用，弘扬革命文化，传承红色基因。如前所述，革命文物很大部分位于老区乡村地区，新时期对革命文物的保护利用规划有利于老区乡村地区红色文化的传承及红色文化产业的发展。2022年3月，国务院批复同意建设赣州、闽西革命老区高质量发展示范区。随后，国家发展改革委印发《赣州方案》以及《闽西方案》，方案中提出推进老区乡村振兴、建设省级乡村振兴重点帮扶县，推进城乡协调发展等。同年5月，国家发展改革委印发《革命老区重点城市对口合作工作方案》（以下简称《对口合作方案》），支持发达城市与赣闽粤原中央苏区（赣州、吉安、龙岩、三明、梅州）等老区20个重点城市的对口合作，对口合作期限为2022~2030年，支持老区巩固拓展脱贫攻坚成果，衔接推进乡村振兴和新型城镇化，激发内生动力和发展活力。2022年5月中共中央办公厅、国务院办公厅发布的《乡村建设行动实施方案》，有利于指导推进老区乡村建设行动。2024年1月，国家发展改革委印发《新时代大别山革命老区协同推进高质量发展实施方案》，支持大别山老区发挥毗邻长三角地区和长江中游城市群的独特优势，激发大别山老区内生动力和发展活力。老区巩固拓展脱贫攻坚成果衔接推进乡村振兴阶段的新政策和法律见表2-5。

国家层面的有关政策重点突出了对欠发达老区乡村振兴的帮扶。较多省份也锚定重点老区推进乡村振兴，如在各省份有关支持老区振兴发展的实施意见中，河北重点支持太行老区振兴发展，支持政策共涉及省内27个县（市、区），大部分为欠发达地区，并对老区内的原国定贫困县实施5年政策照顾；浙江重点支持国家明确纳入浙西南老区规划范围的丽水市全域和永嘉县等5个老区县，以及浙江山区26县范围内的淳安县等4个老区县发展；四川实施乡村振兴重点帮扶政策，专项安排老区原深度贫困县、集中连片特困县、国定贫困县新增建设用地计划指标，对老区原国定贫困县设置5年过渡政策倾斜；海南重点支持海口市琼山区等13个县（市、区）推进乡村振兴。①

---

① 《老区政策》，中国老区网，http://www.zhongguolaoqu.com/index.php?m=content&c=index&a=lists&catid=11，最后访问日期：2024年12月15日。

表2-5 革命老区巩固拓展脱贫攻坚成果衔接推进乡村振兴阶段的新政策和法律

发布时间	新政策（法律）	提要
2021年2月	《中共中央 国务院关于全面推进乡村振兴加快农业农村现代化的意见》	强调实现巩固拓展脱贫攻坚成果同乡村振兴有效衔接等，这有利于指导推进新发展阶段老区乡村振兴
2021年2月	《关于新时代支持革命老区振兴发展的意见》	推动实现巩固拓展脱贫攻坚成果同乡村振兴有效衔接，促进老区乡村特色产业发展，等等
2021年4月	《中华人民共和国乡村振兴促进法》	明确指出国家应加大对老少边地区实施乡村振兴战略的支持力度
2021年4月	《新时代中央国家机关及有关单位对口支援赣南等原中央苏区工作方案》	对口支援赣、闽原中央苏区共43个县（市、区）（2021~2030年），有利于支援原中央苏区乡村发展
2021年6月	《中央专项彩票公益金支持欠发达革命老区乡村振兴项目资金管理办法》	支持欠发达老区乡村振兴示范区建设
2021年11月	《"十四五"支持革命老区巩固拓展脱贫攻坚成果衔接推进乡村振兴实施方案》	推动实现巩固拓展脱贫攻坚成果同乡村振兴有效衔接
2021年11月	《"十四五"特殊类型地区振兴发展规划》	包含对老区的振兴发展规划，指导推进老区乡村振兴
2021年12月	《革命文物保护利用"十四五"专项规划》	加强革命文物保护利用，有利于老区乡村红色文化传承与红色旅游发展
2022年2月	《中共中央 国务院关于做好2022年全面推进乡村振兴重点工作的意见》	指出牢牢守住保障国家粮食安全和不发生规模性返贫两条底线，有利于指导新发展阶段老区乡村振兴
2022年3月	《赣州革命老区高质量发展示范区建设方案》《闽西革命老区高质量发展示范区建设方案》	提出推进老区乡村振兴、建设省级乡村振兴重点帮扶县，推进城乡协调发展
2022年5月	《乡村建设行动实施方案》	有利于指导提升老区乡村宜居宜业水平
2022年5月	《革命老区重点城市对口合作工作方案》	支持发达城市与20个老区重点城市对口合作，强调支持老区巩固拓展脱贫攻坚成果衔接乡村振兴
2023年1月	《中共中央 国务院关于做好2023年全面推进乡村振兴重点工作的意见》	要求举全党全社会之力全面推进乡村振兴，加快农业农村现代化，有利于指导老区全面推进乡村振兴
2024年1月	《中共中央 国务院关于学习运用"千村示范、万村整治"工程经验有力有效推进乡村全面振兴的意见》	提出推进中国式现代化，必须坚持不懈夯实农业基础，推进乡村全面振兴，有利于指导老区全面推进乡村振兴

续表

发布时间	新政策（法律）	提要
2024年1月	《新时代大别山革命老区协同推进高质量发展实施方案》	指导与支持大别山老区乡村振兴和新型城镇化建设取得明显成效

资料来源：根据公开文献资料整理。

二 巩固拓展脱贫攻坚成果衔接推进乡村振兴阶段的发展要求

按照马克思主义乡村发展思想，结合自新中国成立以来老区乡村发展的历史经验，在这一阶段，老区乡村振兴需着重推进以下几个方面的工作。

第一，巩固拓展脱贫攻坚成果。脱贫攻坚是推进乡村振兴的重要基础。《意见》指出老区很大部分仍是欠发达地区，在新发展阶段与疫情的叠加影响下，老区巩固拓展脱贫攻坚成果任务艰巨。要着重推进重点老区、脱贫老区的乡村振兴，在重点老区、脱贫老区之中推进乡村振兴的高质量发展，不仅是巩固拓展脱贫攻坚成果的需要，更是新征程上推进实现共同富裕的需要。本书聚焦于重点老区乡村振兴，重点老区也多为欠发达地区，闽西虽位于东部地区，但其发展水平明显落后于福建乃至东部整体发展水平；在重点老区内部也要注重因地制宜推进乡村振兴的均衡发展，尤其注重对脱贫地区乡村振兴的帮扶。要强化制度保障，建立健全相对贫困治理的长效机制。

第二，因地制宜推进老区乡村特色优势产业发展。马克思主义强调生产力的发展是乡村发展的重要前提。特色优势产业引领的生产力发展是推进老区乡村振兴的基础。其一，使红色资源的经济价值进一步释放。红色资源文化与经济效益的释放属于马克思主义理论中精神生产的范畴。红色资源是老区独有的特色资源，红色资源的首要功能在于弘扬革命传统文化、涵育精神文明建设，此外还可以融入红色文化产业发展，产生经济效益。红色资源引领产业发展的主要要求如下。一是以推动红色文化产业高效发展为重点。进一步挖掘与保护红色资源，将红色文化与旅游相结合，创造红色旅游经济新增长点、提升红色旅游质量；要以教育化人为内核科学推进红色研学、红色教育培训产业发展，更好地实现经济与文化效益融合；有序发展红色文化影视、生产红色文创产品，延长红色文化产业链，创造更多经济价值。二是注重运用辩证思维,有效推动红色文化产业整合发展及差异化、创新性发展。红色资源是老区的特色优势资源,但老区分布较广,各地红色资源分布的集中度、知名度存在差别,部分红色资源还存在跨区域性、零散性。因此,红色资源的活化利用不可千篇一律,要因地制宜推进红色资源经济价值转化。要善于开发新发展模式,充分利用新科技,结合人民群众的需求,推进红色资源的创新性活化,使其释放更多经济价值。三是充分发挥红色文化对经济发展的能动涵养作用。激发红色基因的精神生产能力,有效挖掘、科学认识红色文化与现代发展思想的契合点,发挥红色文化对经济发展的带动作用,将红色文化转化为老区人民群众谋求经济发展的内在驱动精神力量。更好发挥红色基因的社会感召力,更科学有效地推动乡贤、社会组织、机关事业单位等支持构建老区乡村经济发展共同体,有效补齐老区乡村要素资源短板。其二,深刻把握"靠山富山",推进辩证发展,进一步将绿色优势转化为经济发展优势。一是以促进农业现代化、绿色化发展为基本要求。要充分激活老区土地资源,推进农业高效发展。二是促进林业资源的有效开发利用。在政策允许范围内充分挖掘林业资源的经济价值,发展林产品及推进精深加工。依托良好的生态环境,推进老区森林康养、休闲旅游等文旅服务业科学有效发展。探索更多生态产品价值实现模式,包括在老区进一步探索林票及碳票等碳汇商品化新形式,打造中国"两山"转化的老区样本。

第三,优化老区乡村发展动能。一方面,马克思主义经典作家重点突出加强合作社发展优化农业生产经营方式。合作社发展的主要作用在于将分散的农民及其土地资源整合起来,发挥规模优势,提升农业生产效率。老区乡村发展的历程也告诉我们,老区乡村在合作社及农村集体经济发展方面曾起到表率作用。现阶段,将农民组织起来的形式十分多样,如壮大农村集体经济,发展农业龙头企业、家庭农场、农民合作社、"公司+农户",社会资本通过流转取得农民承包地经营权,等等。老区乡村地理位置较一般乡村地区更加偏僻,其人口空心化问题更加严峻,更需要推进农业组织化生产,发展壮大农村集体经济,充分将土地资源转化为现实生产力。现阶段,国家高度重视将老区农民组织起来,但其组织化政策实施效果还与目标要求存在一定差距,要充分吸取老区乡村发展合作社及集体经济中的经验与教训,坚持自愿原则、维护农民物质利益,实现老区乡村生产经营合作化、集体化发展。另一方面，马克思主义经典作家还特别强调科技对乡村农业发展的重要性，科技的发展能够在很大程度上破解农业生产的低效率问题。自新中国成立以来，老区乡村也日益重视通过科技赋能生产力发展，在促进科技下乡等方面取得了一定的成就。现阶段，科技在农业上的应用主要体现为：农产品品种优良化、农业生产机械化、农业生产管理科学化、农产品加工标准化、农产品营销体系化。数字技术等新科技在农业发展中的应用更加广泛、深入。老区乡村多位于边远山区，其资产资源受地理地形因素影响，依靠传统的发展方式难以开发利用，迫切需要依靠数字技术等新科技来破解利用效率低的难题。

第四，激发老区乡村群众的内生动力。马克思主义认为，乡村的发展要立足于激发农民的主体性。受政治与经济因素影响，老区乡村长期受到国家的重视与政策的扶持，但也存在政策扶持的"棘轮效应"，即政策的扶持力度易往上调，而不易往下调；再者，老区乡村群众存在一定的政策依赖性，从而在很大程度上抑制了其主观能动性的发挥。但依据马克思主义基本原理，内因是事物发展的根本因素，外因需通过内因发挥作用，由此，老区乡村发展要注重将政策等外部的有利条件转化为发展的内生动力。自进入新时代以来，对老区特别是其乡村发展的扶持政策高度密集，尤其是在全面建成小康社会后，在不到两年的时间内又密集出台了一系列有关老区特别是其乡村发展的政策。将新阶段的政策扶持优势转化为老区乡村群众的内生动力成为老区乡村振兴的重点所在。

第五，在城乡融合发展中促进乡村振兴。马克思主义认为，城乡的对立最终会在生产力高度发达的共产主义社会转向城乡融合，届时乡村将得到真正的发展，农民将成为全面发展的人。新时代习近平秉承马克思主义乡村发展思想，多次提出乡村振兴要依靠城乡融合发展。[1] 老区的乡村振兴也不例外，但由于地理地形的局限，老区城市、小城镇发展存在不同程度的落后，这对于以工促农、以城带乡的城乡融合发展不利，从而也在很大程度上制约了老区乡村振兴。"双循环"新发展格局也迫切要求打通制约国内大循环的痛点、堵点，实现更多依靠内源动力的"动力转化"，促进乡村要素资源及公共基础设施配套方面的"环境优

---

[1] 习近平：《论"三农"工作》，中央文献出版社，2022。

化"以及城乡之间畅通循环的"空间重构"。①老区要走城乡融合发展之路,一要基于自身发展情况,促进大中小城市与小城镇协调发展,以引领、联动老区乡村振兴;二要促进城乡要素资源流动,使城市要素资源更顺畅地流入老区乡村,以补齐老区乡村要素资源短板;三要促进城乡产业融合发展,推进城市与乡村的优势互补,尤其要重视推动红绿特色优势产业的城乡融合发展;四要促进城乡基本公共服务均等化,让老区乡村群众能够更加公平地享受教育、医疗、养老等基本公共服务,与城市居民的差距不断缩小。

根据唯物辩证法,不仅老区乡村特色优势产业的发展要因地制宜,老区乡村内生动力的激发、城乡融合发展的推进也要因地制宜。自新中国成立以来,老区乡村注重通过改善农业生产经营方式,如集体林权制度改革等推进乡村生产力的发展,新发展阶段老区乡村振兴仍要坚持党的领导与强化制度保障。

---

① 李建平、梅晓光:《"双循环"新发展格局下乡村振兴面临的挑战与对策分析》,《理论探讨》2021年第3期。

第三章 革命老区乡村振兴的闽西实践

闽西是原中央苏区的重要组成部分，位于赣、闽、粤三省交界处，处于山区，具备多数老区尤其是重点老区的典型特征，2022年3月国务院批复同意建设闽西老区高质量发展示范区，以闽西为例研究推进老区乡村振兴，具有显著的代表性、示范性。本章按照乡村振兴战略的总要求，梳理闽西乡村振兴的成效与问题，为进一步分析问题及探寻相应的对策奠定基础。

第一节 革命老区乡村振兴的闽西样本整体考察

本章实证方面的资料来源有两大部分。一是统计年鉴数据。主要包括《中国统计年鉴》，各省份、地级行政区统计年鉴，以及在此基础上形成的各行业统计年鉴等。本章的数据直接来自上述统计年鉴，或是通过对上述统计年鉴中的数据进行整理得到的。二是笔者在老区乡村调查时收集整理的资料。调查研究主要采用的方式方法有以下几种。（1）从表现形式来说，主要有观察法与半结构式访谈。（2）从应用方式来说，采用线上、线下调研相结合的方式，前者主要指的是通过电话等方式进行访谈，后者指的是实地调研。调查研究主要对象为闽西老区所含的龙岩、三明2个地市。对闽西老区的调研跨越5个年度（2020年、2021年、2022年、2023年、2024年），分别在2020年10~11月、2021年7~8月、2022年2~7月、

2023年9月、2024年7~9月进行了调研。另外，笔者于2019年下半年至2020年上半年、2021年下半年、2023年6月、2023年11月、2024年10月还实地调研了闽东、闽北、赣南老区，也发现了老区乡村发展存在的共性问题。在调研中，笔者通过观察法，切身感受老区乡村的地理地形、发展面貌、人文特点，通过参与实施乡村振兴规划深入了解乡村振兴示范点建设的情况及存在的问题，通过半结构式访谈特别是对村干部及村民的访谈获知老区乡村群众的所想所盼。在访谈之前，根据老区乡村振兴的研究主题，结合前期在调研中的经验总结，针对不同类型人群设计了不同的访谈提纲，遵循循序渐进的方式导入问题，并设想访谈对象可能的回答以及需要追问的问题。在访谈初始，明确表明身份及访谈的目的，告知访谈仅为学术之用，并遵循保密规定，依据访谈对象的意愿选择录音或者笔录。访谈中，保持中立态度，鼓励访谈对象如实充分表达。在访谈对象方面，尤其需要指出的是：自2019年以来笔者多次实地走访福建省民政厅老区办、福建省农业农村厅了解福建老区，特别是闽西老区的乡村振兴情况；笔者重点调研了50个老区行政村，重点访谈了政府领导干部、村"两委"、流出人口及村民代表等（详见附录1、附录2）。

一 闽西老区发展现状

闽西老区发展受到党和国家领导人的高度重视，国家及地方政府在政策上予以持续倾斜，推动闽西老区发展取得了突出的成效，但仍然存在发展相对落后的问题。

（一）党和国家领导人殷切关怀闽西老区发展并寄予厚望

自新中国成立以来历代党和国家领导人始终从思想及行动上高度重视对老区及老区人民的回馈。自党的十八大以来，习近平多次强调"饮水思源，勿忘老区"，深入考察各著名老区，深切慰问老区人民，强调要大力弘扬老区精神，不能遗忘老区人民，要求各项扶持政策进一步向老区倾斜。习近平强调全面脱贫奔小康不能落下老区，"全面建成小康社会一定要让为人民共和国诞生作出重要贡献的革命老区发展得更好"[1]。在脱贫攻坚取得全面胜利以后，国家仍高度重视老区巩固拓展脱贫攻坚成果衔接推进乡村振兴。

由于突出的历史贡献，包括闽西老区在内的原中央苏区发展长期受到国家的高度重视。自党的十八大以来，党中央殷切关心福建老区的发展，支持包括闽西在内的原中央苏区发展。习近平分别在2014年、2021年考察福建、到访闽西，在2019年参加福建代表团审议，均强调对福建老区苏区发展的关怀和支持（见表3-1）。

表3-1 新时代习近平总书记对福建老区苏区发展的殷切关怀与嘱托

时间	考察足迹	有关重要论述
2014年10月30日至11月2日	在龙岩古田出席全军政治工作会议，考察福州	我们永远不要忘记老区，永远不要忘记老区人民，要一如既往支持老区建设；福建山区多、老区多；支持和帮助贫困地区和贫困群众尽快脱贫致富奔小康，决不能让一个苏区老区掉队
2019年3月10日	参加十三届全国人大二次会议福建代表团审议	福建脱贫攻坚难啃的"硬骨头"集中在山区，同时也是革命老区；要饮水思源，决不能忘了老区苏区人民；要做好革命老区、中央苏区脱贫奔小康工作
2021年3月22~25日	考察南平、三明、福州	希望福建在全方位推动高质量发展上取得新成效；要推进老区苏区全面振兴；福建是革命老区，党史事件多、红色资源多、革命先辈多，开展党史学习教育具有独特优势

资料来源：根据《人民日报》相关报道整理。

习近平对福建特别是闽西老区的重视可追溯至习近平在闽工作期间。福建是我国著名老区之一，1985年6月至2002年10月，习近平在闽工作17年半，先后在厦门、宁德、福州和福建省委、省政府担任重要职务。其中，1988~1990年，习近平任宁德地委书记。宁德集"老少边岛贫"于一体，过去闽东苏维埃政府就位于宁德福安的柏柱洋，宁德又称闽东，是闽东苏区[2]的主要组成部分。习近平赴任宁德的第二天，就前往福安柏柱洋，瞻仰闽东苏维埃政府旧址，看望烈士后人。[3] 习近平高度重视推进闽东苏区的脱贫工作，他带领闽东干部群众书写了"摆脱贫困"的浓墨重彩新篇

---

[1] 《习近平春节前夕赴江西看望慰问广大干部群众 祝全国各族人民健康快乐吉祥 祝改革发展人民生活蒸蒸日上》，《人民日报》2016年2月4日。
[2] 闽东苏区包含宁德市全境以及福州市罗源县、连江县。
[3] 本书编写组编著《闽山闽水物华新——习近平福建足迹》上，人民出版社、福建人民出版社，2022，第52页。

章。《摆脱贫困》一书中"弱鸟先飞""滴水穿石"等富有创见的理念、观点有利于指导老区山区稳步脱贫。老区的发展并非一蹴而就,其与发达地区的发展差距也不能快速缩小,全面脱贫攻坚取得胜利后老区仍要久久为功、一步一个脚印向前发展。福建老区当中闽西的历史贡献十分突出,习近平在闽工作期间,先后19次到闽西,看望慰问老红军和革命"五老"人员[1],瞻仰革命遗址,追寻革命足迹。他经常深入老区基层调查研究,进村入户,嘘寒问暖。到福建省委工作后,习近平下基层的第一站就选在闽西老区。1996年5月2~7日,他深入永定、长汀、上杭和龙岩(今新罗)等四个县(市)开展调查研究。[2] 由此可见,不论是在闽工作期间还是到中央工作之后,习近平对老区发展,对福建老区、闽西老区都予以高度重视。值得一提的是,习近平在闽工作期间推动实施的若干项重大举措与制度改革都落在闽西、闽北等重点老区地区,这些实践探索有力地推动了老区特别是其乡村的发展。(1) 在龙岩市武平县推进集体林权制度改革试点,将家庭联产承包责任制从山下搬到山上,后来这个创新模式被推广到全省、全国。在592个原国定重点贫困县中,有496个在山区,342个是老区县,林权改革推进"山定权、树定根、人定心",有效激发了林农生产经营的积极性,有助于将老区乡村的"绿水青山"真正转化为"金山银山"。[3] 巩固林改成果、深化林权制度改革,对于新发展阶段推进乡村振兴同样重要。2017年5月,习近平对福建林改作出重要批示,充分肯定福建林改取得的成绩。2018年1月,习近平通过中共中央办公厅对武平县捷文村群众来信作出重要指示,再次体现了习近平对龙岩林改的高度关注和对闽西人民的深情厚谊。2021年3月,习近平到三明市考察时高度肯定集体林权制度改革。[4] (2) 推进龙岩市长汀县水土流失治理,在当时省财政很困难的情况下,习近平还每年给长汀拨款1000万元用于水土保持工作。[5] 在对长汀水土流失问题的治理中形成了"长汀经验",福建省龙岩市

---

[1] "五老"人员即老地下党员、老游击队员、老交通员、老接头户、老苏区乡干部。
[2] 本书编写组编著《闽山闽水物华新——习近平福建足迹》上,人民出版社、福建人民出版社,2022,第52~54页。
[3] 中央党校采访实录编辑室:《习近平在福建》下,中共中央党校出版社,2021,第22页。
[4] 《习近平在福建考察时强调 在服务和融入新发展格局上展现更大作为 奋力谱写全面建设社会主义现代化国家福建篇章》,《人民日报》2021年3月26日。
[5] 中央党校采访实录编辑室:《习近平在福建》上,中共中央党校出版社,2021,第94页。

不断丰富发展"长汀经验",推进水土保持高质量发展。(3)提炼推广南平市科技特派员制度,明确提出乡村在农业经济发展上要依靠科技的思想,推进科技下乡、成果下乡、人才下乡,后这项制度逐渐推广至全省及全国。当然,习近平在闽工作期间还推动了闽西其他事业的发展,如推进三明市万寿岩遗址保护、为包括龙岩市客家土楼在内的福建土楼申报文化遗产等。上述实践均说明了习近平注重协调经济与生态、文化等的关系,尤其重视"生态福建"建设,生态发展、绿色发展的理念传承发展至今。

党中央不仅高度重视福建老区苏区,特别是闽西等重点老区苏区发展,还对闽西等福建重点老区苏区发展给予政策上的倾斜扶持。闽西是原中央苏区重要组成部分,如上章所述,在扶贫攻坚进程中,国家明确将原中央苏区定位为全国老区扶贫攻坚示范区。2020年之后,国家继续加强扶持。2021年发布的《对口支援原中央苏区工作方案》提出对赣南和闽西地区进行对口支援。闽西受援地包括12个县(市、区),其中龙岩市7个,三明市5个。2022年印发《闽西方案》,提出协调上海市、广州市等有关地区加强与三明市、龙岩市的对口合作。2022年的《对口合作方案》明确了上海、广州分别要与三明、龙岩对口合作。

(二)福建省对闽西老区发展的政策倾斜

福建也高度重视对老区的扶持,强化对老区发展的组织保障,2012年成立福建省革命老区扶建领导小组,2017年进一步完善扶建领导小组成员单位会议制度,由副省长挂帅组长,省民政厅(老区办)统筹指导,各部门协调推动老区经济社会发展。2012~2022年福建省出台了与老区发展有关的法规与政策文件20余项,其中一半左右是扶持老区发展的专项政策。2012年福建省出台《福建省促进革命老区发展条例》(2020年修订),成为继湖北、湖南之后第三个出台促进老区发展地方性法规的省份,福建省老区工作进入"有法可依"的时代。2022年11月,福建省发布《福建省红色文化遗存保护条例》,促进红色文化遗存法治化保护。福建省出台的大多数老区发展政策都强调倾斜支持包括闽西老区在内的原中央苏区经济社会发展。2022年2月还出台了《福建省"十四五"老区苏区振兴发展专项规划》(以下简称《福建老区苏区规划》),重点支持原中央苏区、闽东苏区发展(见表3-2)。

表 3-2 福建省针对包括闽西在内的原中央苏区出台的有关政策

发布时间	政策文件名称	涉及闽西老区发展的提要
2011年5月	《关于支持和促进革命老区加快发展的若干意见》	对原中央苏区基础设施、公共服务建设给予倾斜支持,进一步打造闽粤赣区域无障碍红色旅游区,加强上杭、古田等老区小城镇建设,加强对原中央苏区发展的规划和资金支持
2011年10月	《关于加快原中央苏区县和财政特别困难老区县基础教育发展若干措施的通知》	支持原中央苏区22个县推进基础教育发展
2014年9月	《关于贯彻落实〈赣闽粤原中央苏区振兴发展规划〉的实施意见》	从加快建设现代产业体系、完善基础设施、生态环境保护、社会事业发展、城乡协调发展、深化改革开放和区域合作、推动落实扶持政策等方面推动原中央苏区振兴发展
2016年6月	《关于加大脱贫攻坚力度支持革命老区开发建设的实施意见》	以老区内23个省级扶贫开发工作重点县(含闽西老区县)为重点,加大政策支持力度,实施精准扶贫、精准脱贫
2019年5月	《关于做好革命老区中央苏区脱贫奔小康工作的实施意见》	推动原中央苏区特色产业发展、延长实施精准扶贫政策、推动生态优势转化为发展优势等
2019年11月	《"阳光1+1(社会组织+老区村)牵手计划"行动方案》	1000个社会组织对接帮扶1000个老区村(含闽西老区的老区村)
2020年1月	修订《福建省促进革命老区发展条例》	强调重点促进原中央苏区发展,强化发达县域的对口帮扶,加大财政转移支付力度
2022年2月	《福建省"十四五"老区苏区振兴发展专项规划》	重点扶持原中央苏区及闽东苏区发展,强调要"打造原中央苏区振兴区",推动龙岩、三明建设革命老区高质量发展示范区

注:23个福建省级扶贫开发工作重点县的分布情况如下:龙岩3个(武平、长汀、连城),三明5个(建宁、宁化、明溪、清流、泰宁),南平5个(光泽、浦城、顺昌、松溪、政和),宁德6个(古田、柘荣、屏南、周宁、寿宁、霞浦),漳州3个(诏安、云霄、平和),福州1个(永泰)。其中龙岩、三明、南平、漳州所辖重点县均属于原中央苏区范围,宁德所辖重点县隶属闽东苏区,意即有22个扶贫开发工作重点县是福建重点苏区县,而永泰是老区县,福建省级扶贫开发工作重点县均是老区苏区县。

资料来源:依据调研及公开文献资料整理。

龙岩、三明两地市以"十四五"规划建设为契机,强化老区苏区发展定位,突出发展特色亮点,强调推进建设老区高质量发展示范区,要求做足红色文章、生态文章以及因地制宜推进特色发展。龙岩市、三明市"十四五"各专项发展纲要中着重突出了红色经济、绿色经济等老区苏区具有特色优势的经济发展方向。如龙岩市努力建成"红色文化之城、生态康养之城、国际性全域旅游目的地"，要求进一步推进红色旅游、生态旅游发展；规划推进林业发展，加快发展绿色富民产业。又如三明市强调打造三明苏区（革命老区）品牌，提升"中国绿都·最氧三明"品牌影响力；要深化林改，加快推进林业现代化进程，做优做强绿色产业。

福建省对闽西老区实施了较为全面的对口帮扶与共建合作政策。从主要的帮扶与共建合作主体来说，有以下表现。首先，省领导挂钩扶持。持续落实省领导挂钩联系、省直部门挂钩帮扶、经济较发达县（市、区）对口帮扶欠发达老区苏区县制度。其次，推进省内协调共建。促进闽东北、闽西南两大协同发展区建设，健全联络对接机制，协同推进落实一批创新性政策、牵引性改革，建设一批引领性平台。统筹产业分工合作，构建产业跨区域转移激励机制，支持合作共建产业园区、创新创业平台和数字经济合作平台，探索跨市县联合招商，协同抓好重大产业协作链群建设。

（三）闽西老区发展现状分析

闽西老区含龙岩市、三明市全境，截至2024年共包含18个县（市、区）。龙岩市含133个乡级行政单位（乡、镇、街道），1956个村（居）委会（其中村委会1784个）；三明市含141个乡级行政单位，1944个村（居）委会（其中村委会1739个）。龙岩市、三明市面积分别为1.90万平方公里、2.29万平方公里，面积居全省9个地市中的第3、第2名，土地多为山地丘陵，如龙岩市山地丘陵占全市总面积的94.83%。[①] 根据第七次人口普查结果，龙岩市、三明市常住人口分别为272.36万人、248.64万人，常住人口数居全省9个地市中的第7、第9名，闽西老区虽然土地面积较沿海地市大，但人口密度不如省内沿海地市，甚而处于全省垫底位置；相较第六次人口普查结果而言，两地市常住人口占全省常住人口比重均存在不同程度的下降，福州、厦门等非重点老区地区对人口的虹吸效应明显。总体而言，闽西老区所包含的两地市在土地面积、常住人口、地形地貌、乡级行政单位及村（居）委会数量等方面具有较强的相似性。

在发展历程中纵向对比来看，2012~2022年，闽西老区发展取得了突出的成效。在地区生产总值方面，闽西GDP 2012年为2757.34亿元，2022

---

① 数据来源：福建省和龙岩市、三明市2023年统计年鉴。

年增长到6424.62亿元，增长了1.33倍。龙岩市、三明市人均GDP分别从2012年的53539元、53422元增长到2022年的121721元、126044元，分别增长了1.27倍、1.36倍。在产业结构调整方面，龙岩市、三明市第三产业比例均有所提升，2022年较之2012年分别提升16.67个百分点和5.15个百分点，龙岩市产业结构优化尤为显著（见图3-1）。①

在全省内部横向对比来看，闽西老区发展仍存在着滞后性。在地区生产总值方面，闽西GDP占福建GDP的比例2012年为13.66%，2022年降低为12.10%。龙岩市、三明市GDP在9个地市中的排名从2012年的第5、第6名下降到2022年第6、第8名，与排在全省前三的福州、泉州、厦门等地市仍有较大差距，而且差距在不断拉大。2012年闽西GDP是福州市的64.33%，2022年下降到52.20%，下降了约12个百分点；与泉州、厦门两市相比，闽西GDP与两地市GDP比值分别从2012年的57.42%、96.33%下降到2022年的53.08%、82.34%，分别下降了约4个百分点、约14个百分点（见图3-2）。龙岩市、三明市2012年人均GDP均略高于全省平均值；而2017~2022年龙岩市人均GDP均低于全省平均值，三明市人均GDP在全省平均值附近上下徘徊，但均高于全国平均水平。在人均可支配收入方面，2012~2022年，闽西居民人均可支配收入均低于全省及全国平均水平；闽西城、乡居民人均可支配收入的增幅均略高于全省平均水平，城乡居民人均可支配收入比值均小于全省、全国比值，2022年两地市比值均在2以下，而全省比值为2.15，全国比值为2.45，闽西城乡发展差距小，促进城乡协调发展较之全省、全国以及大部分重点老区地市（州）具有相对优势，这也与《闽西方案》中强调闽西要成为老区城乡协调发展的示范区相契合。②

概言之，从纵向发展历程上看，闽西老区在整体经济发展、产业发展以及人民生活方面有较大的改善，不过横向对比来看，2022年，闽西的龙岩市、三明市虽然人均GDP高于全国平均水平（见图3-3），但其GDP在福建省内落后明显，另外闽西产业结构优化程度、人均可支配收入等也均与全省、全国平均水平存在差距。可以说，福建省内发达地区对闽西等重

---

① 数据来源：龙岩市、三明市2013年和2023年统计年鉴。
② 数据来源：中国、福建、龙岩市、三明市2013年、2023年统计年鉴。

点老区苏区经济发展的虹吸效应大大超过其辐射作用，闽西等重点老区苏区发展相对落后的情况没有得到根本改变，与发达地区的发展差距有所拉大。

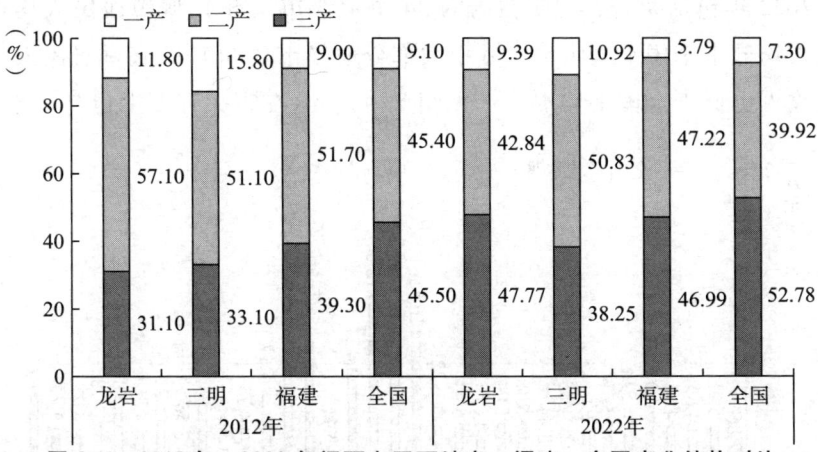

图 3-1　2012 年、2022 年闽西老区两地市、福建、全国产业结构对比

资料来源：根据中国、福建省、龙岩市、三明市 2013 年和 2023 年统计年鉴数据整理并制图。

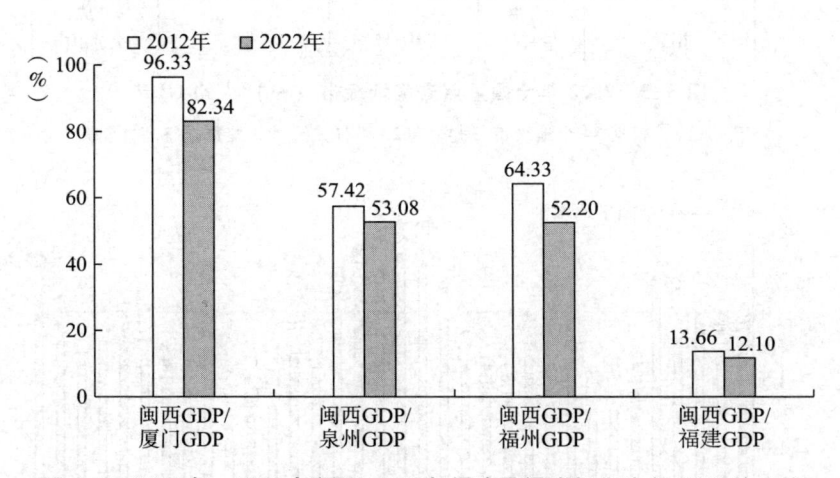

图 3-2　2012 年、2022 年闽西 GDP 与福建及福建部分地市 GDP 的比值

资料来源：根据福建省、福州市、厦门市、泉州市、龙岩市、三明市 2013 年统计年鉴、2023 年统计公报数据整理并制图。

闽西与其他老区发展的共性在于发展水平整体上相对落后，但相对其他老区，闽西经济较为发达。以五大跨省老区为例，在取样的 34 个下辖县域均是老区的地级市（州）（含龙岩市、三明市）中，2022 年，龙岩市、三明市人均 GDP 还位列第 2、第 3 名，是为数不多的人均 GDP 高于全国平均水平的老区地级市。对统计年鉴数据进行整理发现，2022 年这 34 个地级市（州）整体人均 GDP 仅为约 6.24 万元，低于全国平均水平 8.57 万元。2022 年包括龙岩、三明在内的 34 个地级市（州）城镇居民人均可支配收入均低于全国平均水平，其中大部分地级市（州）的农村居民人均可支配收入也低于全国平均水平（见图 3-4）。这在很大程度上也与《意见》

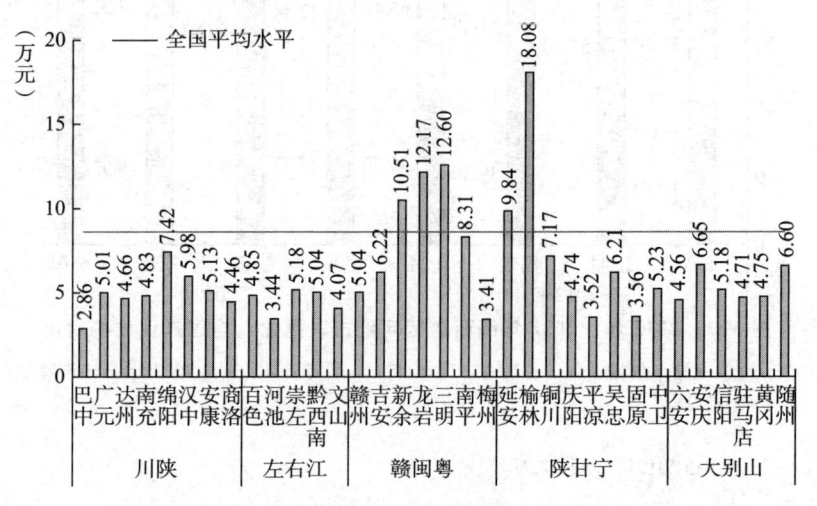

图 3-3　2022 年全国重点老区地级市（州）人均 GDP

资料来源：根据 34 个地级市（州）2023 年有关统计年鉴数据整理并制图。

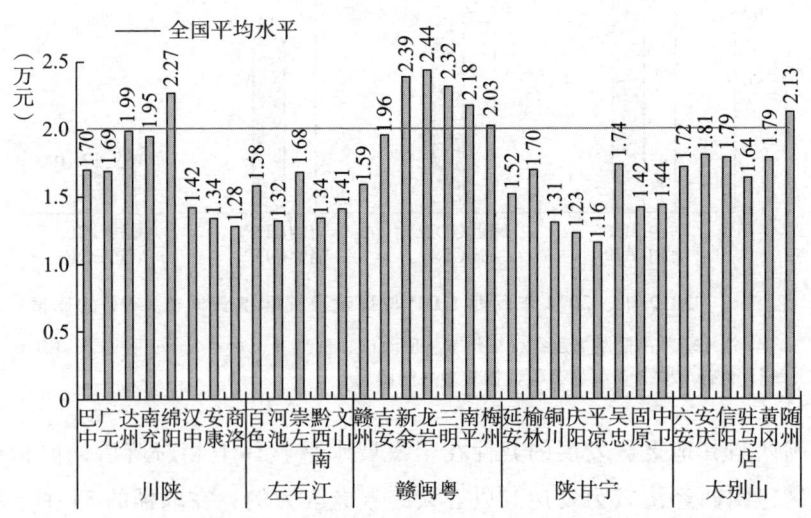

图 3-4　2022 年全国重点老区地级市（州）农村居民人均可支配收入

资料来源：根据 34 个地级市（州）2023 年统计年鉴数据整理并制图。

当中所述说的老区"很多仍属于欠发达地区"是相契合的。在很大部分还是欠发达地区的老区当中，闽西老区经济指标上的优势较为突出，促进闽西老区发展有助于发挥其对老区发展的示范引领作用。因此，以闽西为例研究老区乡村振兴，不仅在政治上，而且在经济上有助于示范引领老区乡村振兴。此外，如《意见》所述，老区多位于省际交界处及边远山区，而闽西老区也具有大多数老区，尤其是重点老区的典型特征。综上，以闽西为例推进老区乡村振兴不仅具备较强的示范性，还具有突出的代表性。

二 闽西老区乡村振兴示范建设稳步推进

国家高度重视推进老区乡村振兴，闽西在老区乡村振兴中颇具代表性。按照国家政策的统一部署，福建省政府也积极推动落实相关政策举措，稳步推进闽西老区乡村振兴示范建设。

（一）福建省支持闽西老区乡村振兴示范建设的主要政策举措

自党的十九大以来，福建省加强乡村振兴规划部署，坚持"五级书记抓乡村振兴"，深化"省负总责，市县抓落实"的工作机制。省委及时成立扶贫开发成果巩固与乡村振兴工作领导小组，领导小组下设办公室，从省直有关单位抽调精干力量集中办公、常态化运行。省、市、县三级全部挂牌组建乡村振兴局，给予编制倾斜、增强工作力量。出台《关于巩固拓展脱贫攻坚成果同乡村振兴有效衔接的实施意见》，颁布实施《福建省乡村振兴促进条例》，接续推进脱贫地区乡村全面振兴。2022年2月，《福建老区苏区规划》要求推进原中央苏区、闽东苏区和其他老区的发展，突出了龙岩、三明、南平、宁德4个地市的发展定位，这4个地市分属于闽西、闽北以及闽东老区，其经济发展水平长期处于福建9个地市中的中后位置。强调对这4个地市的扶持发展，既是由于它们在福建老区苏区建设中的历史贡献突出，也是统筹推动区域协调发展、实现共同富裕的需要。《福建老区苏区规划》要求全面推进乡村振兴，强调对欠发达老区苏区县的长效帮扶。

对推进闽西老区乡村振兴影响比较大的政策举措是2019年颁布《福建省乡村振兴试点示范工作方案》，该方案明确在全省开展50个乡村振兴重点县（市、区）、100个乡村振兴特色乡镇、1000个乡村振兴试点村的示范创建工作，平均每个村4年（2019~2022年）奖补800万元。闽西共有12个乡村振兴重点县（市、区），占比为24%；共有24个乡镇入围省乡村振兴特色乡镇，占比为24%；共有220个建制村入围乡村振兴试点村，占比为22%（见表3-3）。

表3-3 闽西老区省级乡村振兴重点县、特色乡镇、试点村

地级市	县（市、区）	特色乡镇、试点村
龙岩（5个重点县、12个特色乡镇、110个试点村）	新罗区☆	江山镇山塘村等17个试点村；适中镇、雁石镇2个特色乡镇
	永定区	堂堡镇下村村等16个试点村；湖坑镇、下洋镇2个特色乡镇
	上杭县☆	旧县镇兰田村等20个试点村；湖洋镇、古田镇2个特色乡镇
	武平县★	万安镇捷文村等13个试点村；城厢镇、岩前镇2个特色乡镇
	长汀县★	南山镇中复村等18个试点村；策武镇、新桥镇2个特色乡镇
	连城县★	北团镇石丰村等15个试点村；朋口镇1个特色乡镇
	漳平市	双洋镇东洋村等11个试点村；永福镇1个特色乡镇
三明（7个重点县、12个特色乡镇、110个试点村）	三元区	原梅列区：陈大镇陈墩村等5个试点村；洋溪镇1个特色乡镇
		原三元区：岩前镇岩前村等5个试点村；岩前镇1个特色乡镇
	永安市☆	上坪乡大进村等10个试点村；小陶镇1个特色乡镇
	明溪县★	瀚仙镇龙湖村等10个试点村；夏阳乡1个特色乡镇
	清流县★	赖坊镇南山村等10个试点村；嵩溪镇1个特色乡镇
	宁化县★	泉上镇谢新村等10个试点村；石壁镇1个特色乡镇
	建宁县	濉溪镇圳头村等10个试点村；里心镇1个特色乡镇
	泰宁县★	杉城镇际溪村等10个试点村；梅口乡1个特色乡镇
	将乐县☆	水南镇乾滩村等10个试点村；高唐镇1个特色乡镇
	沙县区	虬江街道柱源村等10个试点村；夏茂镇1个特色乡镇
	尤溪县	联合镇吉木村等10个试点村；西城镇1个特色乡镇
	大田县	上京镇梅林村等10个试点村；桃源镇1个特色乡镇

注：标了★与☆的是乡村振兴重点县（市、区），其中标★的是省级挂钩联系县，标☆的是市级挂钩联系县（市、区）。

资料来源：根据调研及公开资料整理。

（二）闽西老区乡村振兴主要经验与做法

在政策的有力支持下，闽西老区乡村振兴示范建设稳步推进。闽西龙

岩、三明两地市分别探索实施"一县一片区"建设、"六大行动",推进乡村振兴示范建设。

1. 龙岩市推进"一县一片区"建设,打造乡村振兴新模式

在脱贫攻坚取得全面胜利后,龙岩市着力推进巩固拓展脱贫攻坚成果与乡村振兴有效衔接,按照"串点连线成片"的思路,在全市创新实施乡村振兴"一县一片区"建设,每个片区聚焦3~5个村,每村每年投入不低于1000万元,通过2年时间,建设成比省级试点村标准更高的精品示范村,形成片区融合发展的新格局。每个县域乡村振兴突出主题特色,7个县(市、区)依托资源禀赋、独特优势,打造特色片区,涉及13个乡镇47个村。新罗区依托省级经济开发区厦龙山海协作经济区"工旅新城、富美银雁"的发展战略,重点打造银雁片区;永定区围绕"文化瑰宝·土楼人家"特色,重点打造"土楼十里长廊"片区;上杭县以古田会议会址为核心,按照"农村景观化、产业融合化、全域景区化"的思路,重点打造红古田片区;武平县以"环梁野山""环千鹭湖""环六甲水库"三大乡村振兴示范片的示范村建设为中心,重点打造"环梁野山"片区;长汀县突出水土流失治理"长汀经验",重点打造"红旗跃过汀江·两山实践走廊"片区;连城县重点打造涵括项南故居的"红土朋口·项公故里"片区;漳平市围绕台湾农民创业特色,重点打造"台湾小镇"片区。2022年、2023年,龙岩市连续两年在福建省乡村振兴实绩考核中排名第一。① 部分县(市、区)乡村振兴工作在全国具有突出的代表性,如:龙岩市永定区乡村红色旅游工作突出,2021年,全国乡村旅游工作现场会在龙岩市永定区召开;龙岩市上杭县入选全国农村创业创新典型县,农村人居环境整治工作获国务院办公厅通报激励;龙岩市武平县入选全国水系连通及水美乡村建设试点县;漳平市闽台农业融合发展走在全国前列,截至2023年,漳平台湾农民创业园在国家级台湾农民创业园建设发展考核中已连续多年位居全国第一。近年来,龙岩市也积极申报国家级传统村落、历史文化名村、乡村旅游重点村,取得突出成效。②

近年来,龙岩市印发的《关于做好全面推进乡村振兴重点工作的实施

---

① 郑嘉雯:《2023年度福建省乡村振兴实绩考核结果公布 龙岩蝉联全省第一》,《闽西日报》2024年4月24日。
② 资料来源:根据2023年9月、2024年7~9月实地调研龙岩市获取的资料。

意见》强调，切实抓好乡村振兴试点示范工作。以项目化促进乡村振兴，持续抓好乡村振兴"一县一片区"建设，继续按照串点连线成片、片区化打造的思路，推动各县（市、区）加快实施片区项目，在乡村振兴"一县一片区"建设中提高产业项目投资比例。增加乡村振兴投入，预算内投资进一步向农业农村倾斜，压实政府投入责任。① 2021年至2024年7月，龙岩市共实施乡村振兴"一县一片区"建设项目421个。2023年"一县一片区"建设经验做法获得福建省委领导批示肯定，在国家乡村振兴简报刊发推广。②

2. 三明市实施"六大行动"，全力打造乡村振兴示范区

三明市开展特色现代农业发展提升、乡村人才培育、文明乡风塑造、美丽乡村建设、农村党建引领、脱贫攻坚成果巩固拓展等"六大行动"，全力打造福建省乡村振兴示范区。③ 统筹部署做实"四篇文章"，即红色三明、工业三明、绿色三明以及文明三明，其中，"红色三明"着重体现为建设长征国家文化公园等红色标志性项目，推进红色文化传承与红色文化产业发展，"绿色三明"体现了三明市绿色底色及生态文明示范建设优势，红绿色文明建设有利于彰显与强化老区特别是其乡村发展的特色优势。建宁县现代种业产业园获批创建国家现代农业产业园，沙县区、泰宁县被列入国家武夷岩茶优势特色产业集群项目县（区），大田县入选全国首批国家数字乡村试点地区，尤溪县建立了国家农村产业融合发展示范园；"一革命五行动"加快推进，重视推进省级重点特色乡镇、美丽乡村示范村、乡村振兴实绩突出村建设，清流县获评全国村庄清洁行动先进县。三明市党建跨村联建的做法有利于整合共享资源，得到推广。④ 一方面，随着乡村人口空心化的发展，各个乡村劳动力资源有限，发展的内生动力欠缺；另一方面，乡村发展也存在着不平衡性，如何使发展较好的乡村联动发展相对缓慢的乡村实现共同富裕，成为老区乡村发展的现实难题。党建跨村联建的方式能有效统筹村级组织发展资源，促进农村区域化协同发展，实

---

① 曾俊钦、石芳、郑嘉雯：《做好"三农"工作 全面推进乡村振兴》，《闽西日报》2022年4月21日；刘菲菲：《着力打造乡村振兴龙岩样板》，《闽西日报》2024年1月12日。
② 《筑梦乡村绘新景——我市高质量推进乡村全面振兴》，《闽西日报》2024年7月30日。
③ 罗鸣灶、刘岩松：《全力打造全省乡村振兴示范区》，《三明日报》2021年10月13日。
④ 陈晓宏：《乡村振兴背景下农村基层党建模式创新——以福建省三明市"跨村联建"为例》，《中共福建省委党校学报》2018年第12期。

现邻近村庄抱团发展、优势互补、共同发展，着力做大做强"红色"和"绿色"等产业。

在 2021 年中央专项彩票公益金支持的 40 个欠发达老区（县域）乡村振兴示范区建设项目中，三明市建宁县乡村振兴示范区建设项目是福建省唯一获批的项目。建宁县乡村振兴的典型做法有：（1）建立农村人居环境整治小型工程建设"1233"机制，"1"是开好整治工作的一次工作会议，"2"是成立整治工作的两个领导小组，第一个"3"是做实整治工程三项公开工作，第二个"3"是在整治工作前、中、后阶段采取三方面监督；（2）均口镇隆下村建立"五共机制"，前期规划"村民共谋"，项目实施"村企共建"，环境治理"巾帼共管"，靓丽庭院"全民共评"，幸福指数"大家共享"；（3）濉溪镇大源村建立"五联五美"机制，庭院联建夯实产业美，环境联创提升生态美，干群联心描绘乡风美，网格联治创新治理美，成果联享促进生活美；（4）发展庭院经济、助力环境整治，建宁县结合农村人居环境整治大力推进庭院经济试点工作，引导村民发展庭院种植经济，改善村容村貌，既有利于塑造美丽乡村，又能给村民带来一定的经济收入。

整体上看，老区乡村振兴受到省农业农村厅及省民政厅的扶持，较之一般的乡村地区受到更多的政策照顾及资源倾斜。具体来看，龙岩市强调以县为单位打造片区特色，能够有效化解特色化不成规模、规模化又失去特色的难题，有助于统筹规模化发展与特色化发展，也能够以点带面、辐射带动连片发展。三明市推进"六大行动"，重视机制创新与总结推广，尤其是创新发展党建跨村联建机制，助推乡村振兴示范建设，凸显了马克思主义乡村发展思想所强调的制度保障的重要性。

第二节　闽西革命老区乡村振兴取得的成效

在国家及地方政府的高度重视与政策持续倾斜之下，按照乡村振兴战略的总要求，结合老区乡村的特点，闽西老区乡村振兴成效显著，体现在红绿色引领产业多元化发展、生态环境建设成效凸显、红色文化涵养精神文明建设、红色基因涵育党建引领基层治理、城乡居民收入差距持续缩小等方面。

一 红绿色引领产业多元化发展

马克思主义认为乡村发展的基础是生产力的发展，生产力发展水平主要体现在产业发展上。而推进老区乡村产业的发展要突出特色优势性，矛盾的特殊性"构成一事物区别于他事物的特殊的本质"①，红色资源是老区特有的资源，活化利用红色资源兼具政治、经济及文化意义。老区乡村发展需要更好地对红色资源进行创造性转化。绿色资源也是老区乡村的相对优势资源。发挥红绿色资源经济价值是老区乡村产业振兴的题中之义。虽然各老区乡村还有有利于推动产业振兴的其他特色优势资源禀赋，但为了聚焦重点与共性，这里着重研究红绿特色产业的成效，后续在对问题及其解决路径的探讨中也聚焦红绿特色优势产业发展。老区乡村产业多元化发展可分为产业发展类型多元化以及产业经营主体的多元化，政策倾斜为老区乡村产业发展提供人才支援。

（一）产业发展类型多元化

闽西老区乡村不仅稳步推进红色文化产业多元化发展，还有效促进绿色产业多元化发展。后者主要体现在农业及林业的多元化发展上。红绿色引领的产业发展类型多元化是推进老区乡村振兴的重要力量。

1. 红色文化产业多元化发展稳步推进

本书所说的红色文化产业主要包括三类：一是红色教育培训产业，主要指的是以革命文化为培训题材的红色教育、红色研学等；二是红色文化与旅游融合的产业，简称红色文旅业，也被称为红色旅游，这是学界在老区研究中最为关注的一个领域；三是红色文化与影视、艺术的融合产业，简称红色文创产业，如以革命传统文化为主题的影视拍摄项目建设、红色文创产品设计等。在后文叙述中，将红色文化产业简称为红色产业。

老区最为宝贵及最具特色的资源就是红色资源。红色产业的发展有利于将红色资源转化为现实生产力，同时也能有效弘扬革命精神。红色文化的传承与经济价值开发是辩证统一的。红色文化及其产业属于马克思主义

---

① 《毛泽东选集》第1卷，人民出版社，1991，第309页。

理论中精神生产的范畴，思想观念及诸种社会意识形式的生产均是精神生产，而"文化的两个效益——社会效益与经济效益的指认，是可以适用于精神生产的"①。

随着乡村振兴的深入推进，乡村的红色资源也被广泛激活。闽西乡村红色产业以上杭县古田镇为核心。古田旅游区是国家 5A 级旅游景区、全国红色旅游经典景区、全国十大优秀爱国主义教育基地之一，是全国老区中第一个红色旅游亿元镇。据统计，自党史学习教育开展以来，截至 2022 年 3 月，古田会议旧址群累计接待学习团队、培训班 5466 批次约 25 万人次。② 在调研中，古田镇众多乡村红色产业发展特色突出，例如，古田吴地村按照历史场景建造"红军小镇"，采取情景教育、体验教学等方式，成为古田干部学院党性教育课程的重要实践地点；苏家坡村近年来基于红色景点、贵妃鸡养殖基地、百香果等果蔬种植产业、畲族风情，分别打造红色教育基地、绿色养殖体验研学基地、采摘体验基地以及民俗旅游体验小寨，促进"红+绿+古"的有机结合，形成了特色优势旅游产业链；竹岭村注重深挖红色文化，通过发展红色游、研学游，推进"研学小镇"乡村红色旅游品牌建设，同时结合生态优势，大力招商引资，推进农旅发展，有效实现"红+绿"的融合发展。长征国家文化公园（福建段）建设是闽西红色文化传承与产业发展的又一重要组成部分，龙岩市长汀县和三明市宁化县都是长征出发地，也是长征国家文化公园（福建段）建设的重点县域。长征国家文化公园（福建段）的建设注重科学引导红色旅游发展和乡村振兴相结合，如作为长征第一村的中复村近年来也得到了更快更好的发展。当地政府多年来利用中复村的红色资源持续打造红色旅游产业，陆续完成一批红色遗迹的修缮工程。红色旅游的发展与教育的融合，使中复村成为远近闻名的红色教育基地。

2. 农业多元化发展成效明显

本书所说的绿色产业主要是基于绿色资源发展的产业。绿色资源在这里是广义的，包括两类：一类是森林资源、自然景观，这也是狭义上人们所通常认识的绿色资源，老区乡村较之一般乡村整体上森林资源比较丰

---

① 黄力之：《马克思精神生产理论中的文化价值问题》，《上海师范大学学报》（哲学社会科学版）2009 年第 3 期。

② 马跃华、高建进：《福建古田探索红色旅游发展新路径》，《光明日报》2022 年 4 月 1 日。

富、自然景观更加秀丽；另一类是基于良好的生态底色所形成的环境资源，老区乡村多位于边远山区，环境受现代工业污染少，林地、耕地等资源均可被视为绿色资源。而基于绿色资源的绿色产业则主要体现为农业及其延伸出来的产业。习近平指出："农业是个生态产业，农村是生态系统的重要一环。"① 农业主要是在与工业相比时会凸显出其绿色，可被视为"浅绿色"产业，如休闲农业，农业也可向"深绿色"发展，如有机农业、生态农业；林业及其延伸出来的产业是较为典型的"深绿色"产业，其与农业相比基本没有污染或污染较少，如天然林、林下经济或森林康养等。

在马克思主义看来，农业发展是人类生存的基础，同时也是其他产业发展的前提。从老区现有的产业结构来看，与全国平均水平相比，农业占比较高。根据对统计年鉴数据的整理，2022年龙岩市、三明市三次产业比例分别为9.39∶42.84∶47.77、10.92∶50.83∶38.25，同期福建全省为5.79∶47.22∶46.99，全国为7.3∶39.92∶52.78，闽西老区一产占比明显偏高；而对五大跨省老区中被本书选为样本的34个地市数据进行整理，发现大多数地市一产占比远高于国家平均水平，部分地市一产占比超过两成，如川陕老区的巴中市，左右江老区的崇左市、文山州，赣闽粤原中央苏区的梅州市，陕甘宁老区的平凉市、固原市，大别山老区的黄冈市。这也验证了老区农业的占比较高。"十三五"期间，龙岩市、三明市农林牧渔总产值年均增长率分别达到10.87%、7.17%。龙岩市持续提升闽西"八大干""八大珍""八大鲜"② 品牌，大力发展畜禽、蔬菜、果茶、薯业、林竹花卉、食用菌、渔业等七大特色优势产业，截至2024年7月，全市七大特色优势产业实现全产业链产值1070亿元。③ 近年来，三明市围绕现代种业、高效林业、精品果茶、生态养殖、优质烟叶等五大主导产业，打造三明市乡村产业发展新格局。④ 三明不仅是福建省的"米袋子"，也是

---

① 习近平：《论"三农"工作》，中央文献出版社，2022，第13页。
② 闽西"八大干"为长汀豆腐干、连城地瓜干、武平猪胆干、上杭萝卜干、永定菜干、明溪肉脯干、宁化田鼠干、清流闽笋干；闽西"八大珍"为漳平水仙茶、武平绿茶、武平金线莲、龙岩咸酥花生、永定万应茶、冠豸山铁皮石斛、龙岩山茶油、杭晚蜜柚等；闽西"八大鲜"为河田鸡、连城白鸭、上杭槐猪、通贤乌兔、永定牛肉丸、龙岩蜂蜜、汀江大刺鳅、漳平毛蟹。
③ 《筑梦乡村绘新景——我市高质量推进乡村全面振兴》，《闽西日报》2024年7月30日。
④ 卢素平、陈龙：《我市全力推动乡村产业提质增效》，《三明日报》2024年4月4日。

全国杂交水稻种子生产优势产区,2023年三明市杂交水稻制种产量约占全国的1/4。①

3. 林业多元化发展特色突出

老区多位于山区,山区的乡村地区森林资源较为丰富,老区乡村发展林业具备一定的优势,老区乡村林业发展之中又以闽西地区较为突出。龙岩市、三明市森林覆盖率均位于全省乃至全国前列,接近80%。"靠山富山",林业成为闽西老区发展重要的经济来源。闽西林业经济的发展是马克思主义强调的人与自然和谐共生的生动体现,人要靠自然界获取生存所需的物资,同时也要注重与自然界和谐相处。习近平继承发展了马克思主义生态文明思想,强调保护自然并促进"两山"转化。林业产业多元化发展离不开党中央的重视与改革发展的深入推进。习近平在闽工作期间推动了闽西林改,到中央工作后仍十分关心闽西林改的情况,在习近平的关心指导下,闽西林业改革走在全国前列。三明市被确定为全国集体林业综合改革试验示范区。

一是林业三次产业加快融合发展。其一,初级林产品及林下经济发展稳步推进。竹材是闽西老区农民的主要收入来源之一。在严格执行森林采伐限额管理制度的情况下,闽西森林资源并不能直接有效地为农民增收。但丰富的森林资源为发展林下经济提供了优越条件。近年来,闽西老区大力发展林下经济。2018年习近平在对捷文村群众来信的重要指示中也强调发展好林下经济。② 2021~2023年龙岩市实现林下经济产值稳步提升,这3年的产值分别为204亿元、252亿元、261.49亿元,每年带动10多万户农户参与。其二,林产品加工业加快发展。由于森林限伐,林产品加工比较单一,主要体现为竹产品的加工。闽西竹加工业的发展取得较好的成效:龙岩市推进永定区鑫竹海竹缠绕复合管生产、长汀县闽赣竹制品精深加工等7个重点产业项目建设,大力推进漳平市木竹产业园区建设,漳平市德诺林业入选第四批国家林业重点龙头企业。其三,森林旅游、康养等服务业加快发展。森林康旅发展既符合"不砍树"的原则,又能够充分利用森

---

① 卢素平、刘倩:《融出好"丰"景 合出"兴"动能——我市以"千万工程"经验为钥开启乡村全面振兴侧记》,《三明日报》2024年7月3日。

② 本书编写组编著《闽山闽水物华新——习近平福建足迹》上,人民出版社、福建人民出版社,2022,第305页。

林资源优势。闽西老区高度重视推动森林康旅发展。截至 2024 年 8 月，龙岩市有"森林人家"322 家，全市森林旅游每年累计接待游客逾千万人次、直接收入超 10 亿元。三明在全国设区市中率先出台《发展全域森林康养产业的意见》，着力招商引资，签约森林康养项目。①

二是闽西在深化林业金融改革，推进林票、林业碳票等制度改革方面成效突出。其一，在林业金融改革方面，龙岩市在全国率先推出用林权证直接抵押贷款的林业普惠金融产品"惠林卡"；全国首单"林业碳汇指数保险"落地龙岩新罗区，森林综合保险在龙岩实现全覆盖。同样，三明市也开发了"福林贷""益林贷""金林贷"等普惠林业金融产品，惠及千余个农村。其二，在推进林票制度改革方面，通过这一改革，闽西当地实现了资源资产化、股权林票化、林农股东化。林票是一种股权凭证，国有林企与村集体共同出资经营集体林场，投资份额按股计算，村民也可认购。闽西老区的林票发行交易流程如图 3-5 所示。林票的推行相当于把集体的股份分到村民个人身上，村民可直接将其用来抵押。其三，在林业碳票制度改革方面，近年来，三明营造全国首片碳中和林，设立全省首个碳汇专项基金，成立全省首家碳汇服务机构，进一步破解生态产品难抵押、

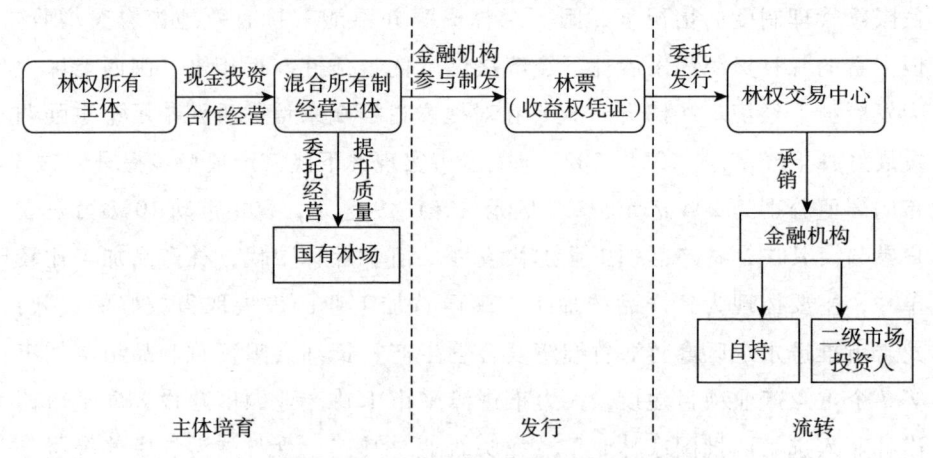

图 3-5 闽西老区林票发行交易流程

资料来源：王玮彬、李珊《福建省三明市林票制度改革实践与探索》，《林业资源管理》2021 年第 4 期。

---

① 数据来源：根据公开资料整理。

难交易、难变现等难题。全市林业碳汇经济价值逐步显现，截至2024年4月，三明市林业碳汇项目累计交易金额2942万元，林业碳汇产品交易量和交易金额均为福建省第一。①

（二）产业经营主体多元化

产业经营主体虽仍以农户为主，但已经向家庭农场、农民合作社、企业等多元化方向发展。

一是以普通农户为主体。自改革开放初期实施家庭联产承包责任制以来，家庭农户成为农业生产经营的主体，其生产经营方式主要表现为马克思、恩格斯笔下的"小农"经济。目前，闽西老区农业经营的主体也仍然是农户。

二是鼓励发展农民合作社。马克思、恩格斯在探索小农经济的出路时，强调在无产阶级取得政权以后运用合作社的形式对农业生产方式进行改造。中国共产党人在新中国的建设历程中也不断探索丰富合作社的发展方式。特别是随着城镇化的发展，乡村空心化日益严重，乡村土地闲置现象日益突出，发展合作社有利于推进土地资源有效利用、提升规模化效益。"十三五"期间，龙岩市国家、省、市级农民合作社示范社各新增24家、132家、241家。同期，三明市培育123家市级及以上农民专业合作社示范社。②

三是支持发展家庭农场。家庭农场与上述家庭农户一样都基于家庭经营，但更突出适度规模、市场化经营和企业化管理等特征。"十三五"期间，龙岩市省级家庭农场示范场数量增至194家，新增172家；市级家庭农场示范场数量增至373家，新增262家。同期，三明市培育174家市级及以上家庭农场示范场。

四是发展乡村企业。在农业产业化进程中，龙头企业是乡村企业的生力军，"十三五"期间，闽西大力培育国家、省、市各级农业产业化龙头

---

① 陈渴、姜光伟：《在双向奔赴中"碳"路前行——三明林业碳汇制度创新探访报道之一》，《三明日报》2024年4月16日。
② 《龙岩市"十四五"规划文件》，龙岩市政府网站，http://www.longyan.gov.cn/gk/zdlyx-xgk/sswgh/ghwj/；《三明市"十四五"规划文件》，三明市政府网站，http://www.sm.gov.cn/zw/ztzl/sswgh/，以下有关闽西老区"十三五"期间的数据均来自以上两个官网。

企业。同时，注重农业产业园示范建设，三明市建宁县和尤溪县获评国家农村产业融合发展示范园，尤溪县闽中电子商务产业园被评为全国农村创新创业园区，闽赣省际（建宁）电子商务产业园入选福建省农村创业创新示范园区，大田县被列入全国首批国家数字乡村试点地区。

（三）政策倾斜为产业发展输送人才

马克思主义强调劳动是创造价值的唯一源泉，注重农民思想及素质的优化。人才是产业发展的第一资源，而老区乡村人才的培育优化得益于国家及地方的政策倾斜扶持。

一是组建老区乡村专家顾问"帮扶团队"。习近平在闽工作期间推广的科技下乡、成果下乡、人才下乡制度，尤其是科技特派员制度在助力新发展阶段老区乡村振兴中得到了进一步的传承发展。例如，龙岩市开展"百名专家下乡入企"帮扶活动和"银色人才"服务乡村、服务产业行动。推荐乡村实用人才、高技能人才担任科技特派员，组成"帮扶专家团"，开展"一村一品一专家"帮扶活动，组织专家对家庭农场、合作社开展对接帮扶。三明市进一步做好省级科技特派员推荐工作，推动县级科技特派员选认工作全面开展，实现省、市、县三级科技特派员服务范围覆盖全市所有行政村，为乡村振兴和产业转型提供科技人才支撑。三明市大力实施"人才回引"工程，开展"三个一批"回引工作，即任用一批退休或离退休"老骥"、充实一批大学生"头雁"、扶持一批返乡"创客"；其中尤以任用"老骥"成效突出，三明市以退休或退居二线公职人员为重点，建立"一对一"联系机制，采取登门拜访、组织返乡考察等方式，共动员"老同志"担任乡村振兴指导员或村（联村）党组织第一书记。在调研的闽东、闽北等福建重点老区苏区乡村中，也均看到高校教师等群体对乡村振兴的帮扶，不仅从高校教师中选派深谙农技的专业性科技特派员，还鼓励党建、艺术设计等领域的教师队伍与老区乡村建立长期的共建合作关系，持续为老区乡村振兴发力。①

二是加强闽台乡村产业人才交流。如龙岩市依托漳平台湾农民创业园，举办两岸农民共庆丰收节、闽台乡村特色产业融合发展与交流、闽台

---

① 资料来源：2024年7月实地调研三明市农业农村局获取的资料。

农业合作推介会、海峡两岸农业交流大会等活动，邀请台湾社团、台胞台企到园区考察交流。龙岩市还依托海峡两岸青年就业创业基地、农村创业创新园区（基地），打造岳山、九德、来福等一批台湾青年创业示范营（点、场），辐射带动更多台湾农业人才来龙岩创业。三明市借助成为"海峡两岸乡村融合发展试验区"（2022年12月设立）的重要契机，进一步扩大海峡两岸林业博览会暨投资贸易洽谈会的影响力，吸引台胞台企来闽创业就业。[1]

二 生态环境建设成效凸显

马克思主义强调推进人与自然的和谐发展，"人直接地是自然存在物"[2]。老区乡村相较于其他乡村来说，其生态环境绿色基底更突出，加之高度重视维护生态环境，注重推进村居生态环境建设，其生态环境建设成效更加突出。

（一）生态环境绿色底色显著

老区乡村生态环境具有一定的基础优势。在土地革命和抗日战争时期，党和人民军队大多选择农村、山区、偏远地区作为革命根据地，因而老区生态环境有着天然的基础优势。如原中央苏区，其包含赣西南、闽西等地区，该区域三面环山、崇山峻岭、河谷盆地交错，地理形势险要而复杂，具有可进可退可守的战略意义。[3] 其他重点老区，如大别山、左右江等老区绿色底色也十分突出，片区内森林覆盖率高，是国家生物多样性重要宝库。罗霄山区、武陵山区、燕山-太行山区等涉老集中连片特困地区森林覆盖率也较高，自然景观独特，五台山、恒山、太行山等名山享誉海内外。新中国成立以后，老区受制于地理条件，开发建设缓慢，由经济发展造成的自然环境破坏现象相对较少，生态环境的维护情况相对较好。

---

[1] 资料来源：2024年7~9月实地调研龙岩市、三明市获取的资料。
[2] 《马克思恩格斯文集》第1卷，人民出版社，2009，第209页。
[3] 中共福建省龙岩市委党史研究室：《闽西人民革命史》，中央文献出版社，2001，第4页。

（二）重视推进生态环境建设

从整体上来看，老区乡村生态环境具有相对的基础优势，加上其多处于多省交界处、地形险要、地理位置偏僻，形成天然的生态保护屏障，老区特别是其乡村的生态地位重要性突出。但是，局部区域特别是西部、北部老区较之东部、中部老区生态环境更为脆弱，而且随着城市化、工业化的发展，老区整体的生态环境也需要维护。自新中国成立以来，闽西老区饱受水土流失困扰，但经过长期治理，已形成了水土流失治理的典范。龙岩市长汀县曾是我国南方红壤区水土流失最严重的县份之一。如前所述，习近平在闽工作期间就十分重视推进长汀县水土流失治理，在省财政较为困难的情况下仍旧每年坚持拨款1000万元专项资金用于治理长汀水土流失。自20世纪90年代以来，长汀不断改革创新技术，坚持不懈推进治理，取得越来越好的成效，从2019年开始，在水土流失区分别选择生态林、天然林、商品林开展马尾松改造提升试点，全县现已形成以马尾松为主要树种的森林群落，截至2024年，全县森林覆盖率为80.31%。[①] 2020年1月，武平县捷文村、长汀县被列入全省"践行习近平生态文明思想"示范基地。近年来，龙岩市水土保持率稳定在94%以上，长汀县被列入全国水土保持高质量发展先行区。长汀县突出推动水土保持与乡村振兴有效融合，推动生态保护与生态产品价值协同发展，全方位推进水土保持高质量发展。三明市泰宁县、宁化县也被分别列入国家生态综合补偿试点县、国家水土保持示范县，积极发挥生态优势，使其与全面实施乡村振兴战略紧密结合，真正让绿水青山成为百姓的金山银山。

（三）生态环境优势明显

基于先天的优势及后天的治理，老区特别是其乡村生态环境优势凸显。龙岩市、三明市森林覆盖率居福建前两名，位居全国前列。两地市均荣获国家生态文明建设示范区、"绿水青山就是金山银山"实践创新基地、国家森林城市、全国林业改革发展综合试点市等荣誉称号。两地市多县获

[①] 《长汀县情简介》，龙岩市长汀县人民政府，http://www.changting.gov.cn/zjct/ctgk/，最后访问日期：2024年12月15日。

评国家生态文明建设示范县。截至2023年，三明近九成的乡镇达到国家级生态乡镇标准。

此外，闽西老区也高度重视推进人居环境整治。通过"两治一拆"行动，全面开展治理空心房、治理裸房、拆除违法建筑的工作，落实村庄"五清楚"（扫清楚、拆清楚、分清楚、摆清楚、粉清楚），引领农村人居环境整治工作向纵深推进。大力推进乡村厕所革命、污水治理，健全城乡一体化垃圾处理体系，提升门前容貌、建设美丽庭院，落实绿化改造、基础配套、公共照明等工作，使老区乡村人居环境进一步优化。龙岩市所有行政村完成了"两治一拆"专项行动各项目标任务并通过了市级验收，村容村貌持续提升。

三 红色文化涵养精神文明建设

文化属于马克思主义理论中精神生产的范畴，而红色文化是富有中国特色的先进文化，蕴含着丰富的革命精神和厚重的历史文化内涵。红色文化的传承发展有利于发挥思想意识的能动作用。在纷繁多样的乡村文化中，红色文化是老区乡村独特的精神文化，是推动老区乡村精神文明建设的强大力量。

（一）挖掘红色文化内涵，涵育乡风文明新风尚

乡风正，人心才能齐，文化氛围才能浓，挖掘红色文化内涵，涵育乡村文明新风尚，已然成为推动乡村振兴的重要保障。近年来，闽西老区在乡村精神文明建设中，以传承发展红色文化为核心内容，高度重视红色土地、红军故乡、红旗不倒"三红"精神的传承和发展，通过建设好"红军路"等基础设施、创造富有乡村特色的红色文艺作品，充分利用红色资源开展乡村群众的教育活动。闽西老区还高度重视运用乡村红色资源推进未成年人思想道德教育，2021年5月，上杭县被列为全国50个乡村"复兴少年宫"建设试点县（市、区）之一，龙岩市以此为契机推动实现全市乡村学校少年宫"一宫一品"特色创建有效覆盖，推动上杭县26所乡村

"复兴少年宫"试点建设,实现服务阵地向广大乡村延伸。① 龙岩市加强未成年人美育和"传承红色基因 弘扬三红精神"系列教育,广泛深入开展"青少年心向党"等主题教育实践活动,使红色基因薪火相传,持续打造红色文化教育"龙岩品牌"。

(二)厚植淳朴民风,推动红色文化融合发展

红色文化不仅是老区乡村振兴的主要催化剂,还通过与乡村特色传统文化的有效融合、与移风易俗工作的深入结合,共同推进老区乡村精神文明建设。闽西老区通过以传承发展红色文化为主体,融合闽西客家文化、生态特色文化,不断开发和完善"百里红色旅游文化长廊",有效涵育乡村文明新风尚。群众在乡村特色文化的沐浴与不断传承开发之下自豪感倍增。

> 一名村民说道:"我们村是很厉害的,红色文化特别突出,加上祖先给我们留的宝贵财富(客家文化),我们心里感觉非常自豪。"(访谈编号:MC1-20210715)

此外,闽西在坚持以传承发展红色文化为主线的同时,注重推进移风易俗,共筑文明家园。老区乡村也十分注重乡村文明建设的组织保障及体制机制优化建设:加强党员干部的引领示范,加强乡风文明新思想宣讲,加强面向乡村群众的党的政策方针解读,引领乡村群众践行文明、崇德向善;积极引导村民参与乡风文明建设,开展文明评选,充分挖掘村民身上真、善、美的道德品质,积极开展"星级文明户""道德模范"等评选活动,让身边的榜样去发挥引领示范作用。

四 红色基因涵育党建引领基层治理

中国共产党代表的是广大人民的根本利益,推进乡村治理需坚持党的

---

① 阙国豪、廖建华、邓婷:《红土文明耀闽西——2021年龙岩市精神文明建设工作综述》,《精神文明报》2022年1月31日。

领导。而以红色基因涵育的党建引领老区乡村基层治理更能彰显中国共产党的领导责任与优势。

（一）红色基因涵育党组织队伍建设

红色文化时代特色鲜明，社会影响十分广泛，特别是对建强党组织战斗堡垒具有特殊意义和独特作用。近年来，老区乡村着眼基层党组织建设，坚持运用红色资源整合各方力量，确保建强基层战斗堡垒，让红色动能推进乡村组织振兴。一方面，如前所述，基于红色基因的政治优势，国家及地方政府通过党政领导挂钩、选派驻村"第一书记"、选聘大学生村官、组织大学生志愿者服务乡村等方式不断优化乡村党组织队伍。另一方面，由于长期接受红色基因的直接熏陶，老区乡村党组织传承红色基因与促进乡村发展的使命意识尤为强烈，无形中进一步强化了乡村党组织队伍建设。

一名镇党委书记说道："我们直接在毛主席的光辉照耀之下，深受红色基因的熏陶，深感推进老区乡村振兴的责任重大，我们一定要把红色文化进一步传承发展，带领更多的老区人民取得更好的生活。"（访谈编号：MZ1-20210715）

基于政治上的优势以及扶持老区发展的需要，国家及地方政府不断为老区输送人才，壮大老区乡村党组织队伍。一是为老区乡村输送驻村"第一书记"。选派党员干部驻村任职，是习近平在闽工作期间亲自倡导、推动的一项重要工作。截至2023年，福建已下派六批驻村书记，累计选派近2万名优秀党员干部担任驻村书记。驻村书记由省、市、县三级选派，主要被派驻到重点乡村，重点乡村就包括老区苏区所在的原省定贫困村。[1]龙岩市第六批驻村"第一书记"共618人，是历次选派人数最多的，实现了脱贫村、易地扶贫搬迁安置村、党组织软弱涣散村以及各类试点示范村全覆盖。二是为老区乡村输送"三支一扶"高校毕业生。近年来，福建省加强对闽西、闽北、闽东等重点老区苏区乡村地区的人才支持，如在

---

[1] 资料来源：2024年6月27日实地走访福建省农业农村厅获取的资料。

《2022年福建省大学生志愿服务欠发达地区计划实施方案》中，提出招募300名大学生志愿者到福建三明、南平、龙岩、宁德四个地市欠发达地区纳入县级基本财力保障范围的县（市、区）的乡镇开展为期两年的农业科技、医疗卫生、基础教育、基层青年工作等方面的志愿服务，其中去往闽西的志愿者占到近一半。近年来，龙岩市持续招募"三支一扶"毕业生、大学生志愿者服务欠发达地区，安排党政类引进生到乡镇挂职锻炼。此外，龙岩市设立乡村振兴人才驿站，并在市级"三支一扶"招募计划中专设乡村振兴岗位，选派优秀高校毕业生专职在驿站工作，负责摸清当地经济社会发展人才需求，多渠道输送高层次人才、紧缺急需人才、海外优秀青年人才。①

（二）红色基因涵育党建示范建设

由于具备红色资源优势，老区乡村能够更为便捷、高效地运用红色资源开展党建活动，如将红色资源优势融入"三会一课"、组织生活会、主题党日等活动中，不断激活乡村振兴的各类资源要素，强化基层党建引领。在推进乡村振兴的进程中，由于红色基因的感召优势，众多政府部门、企事业单位、非重点老区乃至非老区地区党组织开展了与老区乡村的党建共建活动。如龙岩市林业局党建挂钩上杭县中都镇兴坊村，龙岩市新罗区烟草专卖局（分公司）党委与新罗区后田村党支部共同开展"村企结对·党建联建"主题活动，龙岩市联通漳平党支部与象湖镇下德安村签订共建协议；福建省内高校与闽西乡村开展了形式丰富的党建共建活动，甚至部分省外的高校都与闽西老区乡村开展党建共建。另外，如前所述，近年来，三明市探索党建跨村联建活动，打造区域化党建联盟，推动了产业统筹发展、人才双向联培、资源要素联用，促进了乡村振兴协同发展。

五 城乡居民收入差距持续缩小

农民是乡村发展的主要推动者。正因为农民是乡村发展的主体，马克思主义强调乡村发展根本目的在于促进农民的发展，社会主义制度的建立

---

① 资料来源：2024年7~9月实地调研龙岩市、三明市获取的资料。

应"给所有的人提供充裕的物质生活"①，脱贫致富是农民发展的物质基础及具体呈现。马克思早在主编《莱茵报》时就表现出对农民贫困问题的高度关注。老区乡村振兴的落脚点也在于实现老区乡村群众的脱贫致富。老区脱贫攻坚取得全面胜利为新发展阶段推进乡村振兴奠定了基础。福建省于2019年底实现了现行标准下农村建档立卡贫困人口45.2万人（老区苏区占99.5%）全部脱贫，2201个建档立卡贫困村（老区苏区占99.3%）全部退出，23个省级扶贫开发工作重点县（老区苏区占100%）全部摘帽。② 其中就包含了闽西贫困村的脱贫。龙岩、三明两地市全体居民人均可支配收入分别从2013年的16991元、16895元上升至2022年的35385元、34994元，分别增长了1.08倍、1.07倍，说明人民生活水平稳步提升。龙岩市、三明市城镇居民人均可支配收入、农村居民人均可支配收入分别从2013年的23788元与10842元（龙岩市）、22890元与10530元（三明市）上升至2022年的45990元与24407元、44627元与23228元，城镇居民人均可支配收入分别增长了0.93、0.95倍，农村居民人均可支配收入分别增长了1.25、1.21倍，说明农村居民收入增速高于城镇。城乡居民人均可支配收入比值分别由2013年的2.19、2.17下降到2022年的1.88、1.92，说明城乡发展差距显著缩小（见图3-6）。③

综上，闽西老区乡村振兴在省委、省政府的政策扶持与统一部署下，注重推动"市-县-乡（镇）-村"四级统筹发展，市一级擘画了"一县一片区""六大行动"的发展蓝图，县一级按照市的部署推进分片差异化发展，乡镇一级注重推进部分特色乡镇发展，村一级注重推动示范试点村发展。在具体举措方面，重视以制度改革推动乡村振兴，如林改等制度创新有效地促进了生态产品价值实现；重视基层治理创新，增强红色基因涵养作用，以党建跨村联建的方式实现了各村资源整合优化，有利于乡村振兴的协同推进。闽西乡村振兴立足于自身发展特点，充分利用红绿特色优势资源，在推进红色文化的传承发展与农林业的发展方面取得较为明显的成效。

---

① 《马克思恩格斯全集》第28卷，人民出版社，2018，第652页。
② 本书编写组编著《闽山闽水物华新——习近平福建足迹》上，人民出版社、福建人民出版社，2022，第72页。
③ 数据来源：根据龙岩市、三明市2014年、2023年统计年鉴数据整理。

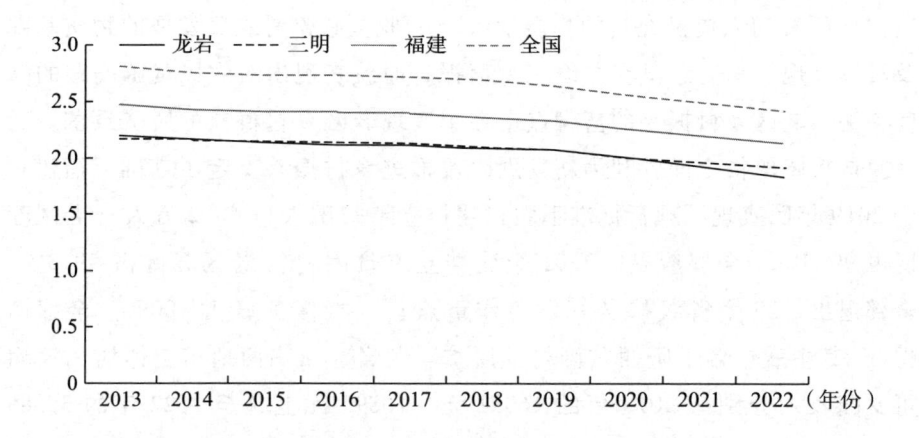

图 3-6　2013～2022 年闽西老区两地市、福建、全国城乡居民人均可支配收入比值

说明：因 2013 年开始城乡居民可支配收入采用新口径统计，故该项数据统计时间从 2013 年开始。龙岩市、三明市城乡居民人均可支配收入比值极为相近，因此，在图中两条线几乎重叠。

资料来源：根据中国、福建省、龙岩市、三明市 2014～2023 年统计年鉴数据整理并制图。

第三节　闽西革命老区乡村振兴存在的问题

按照乡村振兴战略的总要求，结合老区乡村的特点，闽西老区乡村振兴取得了一定的成效，但也存在着红绿色产业发展水平尚需提升、人居环境质量亟须提升、红色文化传承发展尚待创新、基层自治活力亟待激发、脱贫攻坚成果有待巩固拓展等主要问题。

一　红绿色产业发展水平尚需提升

产业是生产力发展的重要载体，产业发展的质量也直接体现了生产力发展的效率。红绿色引领老区乡村产业多元化发展取得了突出的成效，但是发展的质量与水平还有待提升。

（一）红色产业发展水平尚需提升

红色文化属于马克思主义理论中精神生产的范畴，红色产业发展的水平直接影响精神生产的质量，而精神生产的质量也会反向影响物质生产。

一是红色教育培训经济价值有待进一步发挥。红色资源通常被用于旨在加强思政教育、提升素质能力等的研学活动中。爱国主义教育基地是推进研学及文旅发展的重要载体，但老区乡村在运用爱国主义教育基地等红色资源发展研学文旅的过程中，还存在受众群体被动较多、主动较少的问题。如调研中发现，闽西老区乡村红色研学中官方组织的较多，政府部门、学校开展的党建、团学活动较多，由社会自主组织参与的较少。这就导致老区乡村红色教育培训针对的人群有限，市场化发展能力较弱；马克思、恩格斯高度强调人主观能动性的发挥，由于受众群体"被动"参与研学教育的情况较多，培训难以调动受众群体的学习热情与积极性，影响了学习效果，也在很大程度上弱化了培训效果。同时，以老区乡村为主要研学基地的红色教育培训企业、机构习惯依赖于"官方"的资源，相对忽视自身教学能力的提升以及教学方式的优化，如此又进一步制约了老区乡村红色教育培训产业的市场化发展。由此，老区乡村红色教育培训产业发展主客体在发挥积极性、能动性方面都存在不同程度的问题且两者之间缺乏良性互动，影响了产业效益的提升，甚而使产业发展质量有所下降。

二是红色产业联动增收能力亟待提升。"联动"是系统思维运用的体现，红色产业发展尚缺乏对关于联系的辩证思想的充分运用。部分著名的老区乡村红色景区人流量较大，但多以门票作为主要收入来源，未能将人流量优势充分转化为经济效益，带动的其他附加经济效益的提高较少；大部分老区乡村红色景点没有门票收入，仅作观光之用。毋庸置疑，红色产业发展首先是为了获得社会与文化效益，但也不可忽视提升流量优势的经济效益转化率。其一，成熟的老区乡村红色旅游景点还存在较大的联动发展空间。开发已久的乡村红色旅游景点大多只适于"白天游""一日游"，不能有效带动"过夜游"；很好地带动了"门票经济"，但是缺乏科学有效的"伴手礼"消费联动设计。红色与绿色的融合发展水平还有待进一步提升，运用红色景点的流量优势带动消费还有很大的发展空间。其二，新开发的红色旅游景点未能有效统筹农业联动发展。部分老区村在乡村振兴推进中，注重对红色景点的修复和对村庄景观的改造，但忽视了对农村产业，特别是对农业的整体规划。如闽西 XF 村、FL 村、PY 村因开发建设红色景点，吸引了不少客流量，但对本地特色种养业的规划不足，导致缺乏足量的农产品销售供给，影响了农业的进一步发展。

（二）绿色产业发展水平尚需提升

老区绿色资源丰富主要体现在广大的乡村地区，一是耕地资源丰富，二是林地资源丰富。对绿色资源的科学应用是马克思主义人与自然和谐思想的重要体现。对耕地资源的利用主要体现在种植农作物、发展观光休闲农业等方面，对林地资源的利用主要体现在开发林产品、发展林下经济、拓展森林康旅产业等方面。闽西老区在推进林地、耕地资源高效利用方面已取得了一定的成效，但仍然存在着未能"物尽其用""物善其用"的问题。

1. 绿色农业发展竞争力不足

绿色农业发展竞争力不足主要表现在两个方面：耕地资源规模化利用效率尚需提升、农业的绿色发展效率有待提升。

一是耕地资源的规模化利用效率尚需提升。老区乡村存在耕地资源大量闲置的现象。根据第三次全国国土调查数据，截至 2019 年 12 月 31 日，闽西共有耕地面积 421.52 万亩（龙岩 176.16 万亩，三明 245.36 万亩），闽西、闽北老区下辖三地市耕地面积最大，占全省耕地的 51%。① 其中，闽西人均耕地面积为 1.04 亩，虽低于全国平均水平 1.36 亩，但是远高于福建省平均水平 0.34 亩。② 因此，福建重点老区耕地资源相对于福建全省来说具有显著优势。而根据实地调研的情况看，闽西、闽北、闽东等重点老区苏区农田闲置情况较为常见。通过深入走访观察，访谈村干部、村民，发现耕地闲置率平均在 30%～40%，偏远革命基点村的耕地闲置率普遍在 60% 以上。农田闲置说明土地资源未得到有效利用，农业发展的规模效益尚未有效提升。闲置的土地资源若能得到有效开发，将能为老区乡村

---

① 《福建省第三次国土调查主要数据公报》，福建省自然资源厅网站，2021 年 12 月 27 日，http://zrzyt.fujian.gov.cn/zwgk/zfxxgkzl/zfxxgkml/tdgl_19753/202112/t20211231_5805488.htm。

② 数据来源：根据第七次人口普查常住人口数据及第三次国土调查数据计算整理。

带来更多经济价值。

二是农业绿色发展效率有待提升。资源的投入产出比反映了绿色发展效率，闽西老区农业绿色发展效率虽高于福建省平均水平，但与全国平均水平仍有较大差距。2022年，从每万亩耕地使用化肥量来看，闽西老区约为497吨，福建平均约为656吨，全国平均约为265吨，闽西老区约为全国平均水平的1.9倍；从每万亩耕地使用农药量来看，闽西老区约为21吨，福建平均约为29吨，全国平均约为18吨，闽西老区略高于全国平均水平（见图3-7）。从老区农业绿色发展产出来看，不足之处主要表现为：老区农业绿色发展的品牌影响力还比较弱，农产品"三品一标"① 在数量上虽有一定的优势，但与农产品总量相比仍有提升的空间，在质量上则仍需优化。

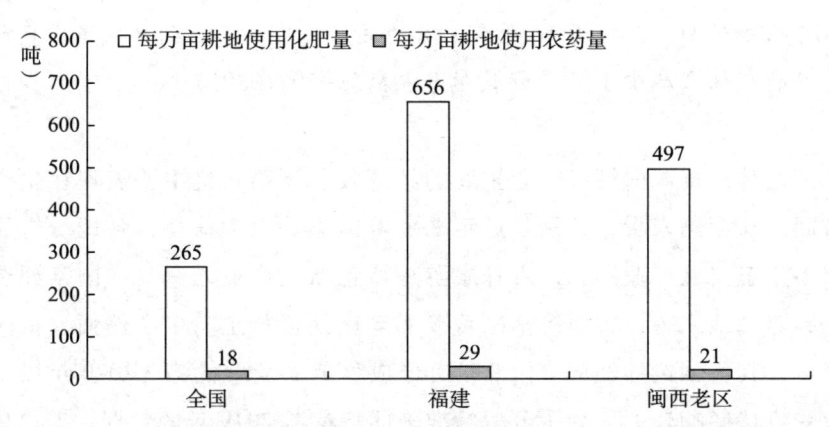

图3-7 2022年全国、福建、闽西老区耕地使用化肥、农药情况

资料来源：根据中国、福建省、龙岩市、三明市2023年统计年鉴数据整理并制图。

2. 林业发展竞争力不足

林地资源向第一、第二、第三产业拓展的不足是林业发展竞争力不足的主要表现。

一是林地资源向第一产业拓展有待优化。发展林下经济是林地资源经济价值实现的有效方式，闽西等老区苏区积极发展了许多形式的林下经济，诸如金线莲、红菇种植等，但在实际调研中也发现不少农户因缺乏林

---

① 绿色农产品、有机农产品、地理标志农产品和达标合格农产品统称"三品一标"。

下种植技术而存在亏损的情况。林下种植较之一般的农作物种植对生态环境和农技的要求更高,而且林下农作物价格涨跌起伏较大,市场需求稳定性不强,部分农户在林下农作物收获的时候会遇到滞销或销售价格断崖式下跌的情况。

二是林地资源向第二产业拓展有待升级。一方面,林业加工业发展较少,农民一般只参与第一产业的分工及利益分成,关于向加工业拓展的思想优化与能力提升不足。另一方面,林业第二产业不断迁徙、外移,导致老区乡镇林业加工业日益萎靡。近年来众多老区乡镇林业加工业企业不断向县城迁移发展。

> 闽西一名乡镇干部说道:"10 年前(2011 年左右),我们这里还有很多竹制品厂,近 10 年来,有的关了,有的都迁到县城了,目前镇里的厂越来越少了。"(访谈编号:MZ3-20210805)

三是林地资源向第三产业拓展的经济效益不高。这主要表现在生态文旅方面。从全国来看,特别是近年来随着国家的大力扶持,各地纷纷涌现出众多生态文旅产业形态,森林旅游是特色新兴产业之一。在国家评选的森林康养基地之中,闽西等全国著名的老区地区榜上有名。然而,横向对比来看,其所创造的经济价值并没有形成显著的竞争优势。2020 年以来文旅业受疫情影响较大,为了分析的准确性特参考 2019 年的数据。据福建省林业局统计,2019 年龙岩市、三明市的森林旅游收入分别为 117 亿元、103 亿元,低于泉州的 172 亿元、福州的 159 亿元、厦门的 124 亿元。[①] 福建省重点老区苏区森林旅游收入并未明显地高于非重点老区地区,反而凸显了发展的劣势,除了南平与泉州并列取得 172 亿元森林旅游收入,其他老区苏区森林旅游收入较低,全域皆为老区苏区的宁德仅获得 78 亿元旅游收入,与全域皆为老区的莆田并列垫底。

3. 农林业经济发展效率不高

闽西虽然耕地面积、林地面积占比较高,但是农林业经济发展效率并

---

① 《2019 年我省林业经济保持较快增长》,福建省林业局网站,2020 年 3 月 26 日,http://lyj.fujian.gov.cn/zwgk/jhtj/tjxx/tjjd/202003/t20200326_5223354.htm。

不高。农业发展主要基于耕地资源，而林业发展主要基于林地资源。根据第三次全国国土调查与统计年鉴数据测算可知，2020年闽西耕地面积约为421.52万亩，林地面积约为5230.15万亩，农业、林业生产总值分别为397.68亿元、150.22亿元。同期，福建省耕地、林地面积分别为1397.99万亩、13217.03万亩，农业、林业生产总值分别为1818.18亿元、390.57亿元。为了测算农林业发展效率，用农林业生产总值除以耕地、林地面积分析可知，闽西农业经济发展效率并不高，农业单位产值仅为全省的六成多一点（见图3-8）。闽西得天独厚的森林资源也未充分彰显经济价值优势，其林业单位产值与全省平均水平相差无几，且如上所述，森林资源的衍生产业并未凸显竞争优势。

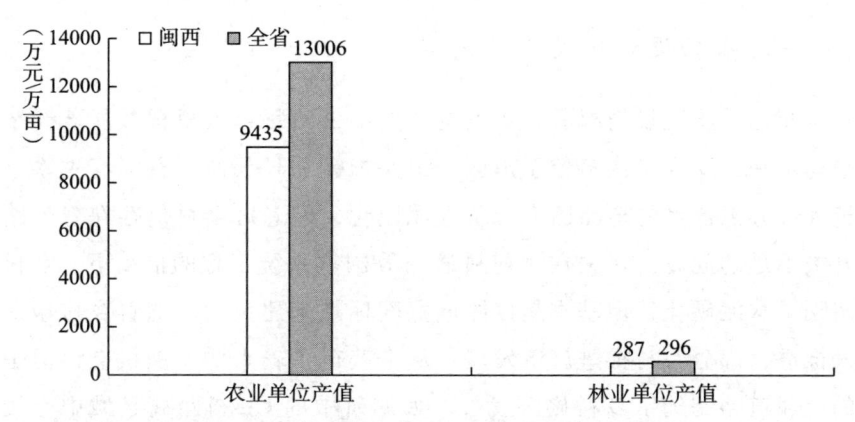

图3-8　2020年闽西老区及全省农业和林业单位产值

资料来源：根据第三次全国国土调查数据，福建省、龙岩市、三明市2021年统计年鉴数据整理并制图。由于第三次全国国土调查数据以2019年12月31日为标准时点汇总数据，为了数据的一致性，上述主要数据采用2020年的数据，未能更新为2021年以来的数据。

二　人居环境质量亟须提升

乡村振兴中对"生态宜居"的要求，可以分为"生态"与"宜居"两方面，是两者的有机统一。[①] 前者突出居住环境的生态性，后者突出生

---

① 孔祥智、卢洋啸：《建设生态宜居美丽乡村的五大模式及对策建议——来自5省20村调研的启示》，《经济纵横》2019年第1期。

活的便利性。马克思批判资本主义生产方式下城市发展带来了环境、卫生等方面的诸多弊端,但同时也指出城市的发展聚集了人们的需求与享受,各行各业的人都搬到聚集地来,交通条件日益改善,城市发展得越大,"定居到这里就越有利"①。相较而言,乡村生活存在诸多不便利性。老区乡村的生态环境保护与建设成效凸显,但在居住便利性方面还存在着明显的不足。老区大多位于偏远地区,老区乡村地理位置更加偏远。有学者通过构建指标体系对福建省的县域乡村生态宜居水平进行评价,指出闽西北乡村生态建设虽处于优势,但生活宜居水平在全省处于较低水平。② 闽西乡村不仅地理位置较为偏远,而且多为山区,乡村道路弯曲狭窄,直接影响了居住的便利,并且基础设施建设及公共服务供给存在较多的困难。

(一)基础设施建设亟须完善

从交通设施建设情况看,重点老区地市公路每万人里程数显著高于全省平均水平,这与老区多位于山区,山路蜿蜒加长公路里程大有关系。虽然绝大部分老区乡村道路已完成了水泥硬化,但老区乡村仍存在着道路拓宽升级不足的问题。过去在"村村通"等国家系统工程的推动下,乡村道路实现了水泥硬化,但基本是按照低宽度标准来建设的。随着乡村振兴的深入推进,部分乡村推进旅游发展,从中获得了较大的发展机会,但是狭窄的交通道路制约了乡村旅游发展。如调研中的 CL 村距离县城中心较近(约 8 公里)且具备一定的产业基础及观光旅游资源,但在推进乡村振兴试点建设的过程中面临着道路狭窄、旅游大巴车进村难的问题;LF 村是革命基点村,地理位置偏远,因红色资源较为突出,被作为县域重要的红色研学培训基地,但仍然存在着村内部分道路十分狭窄、道路两侧缺乏防护栏的问题,小轿车行驶存在较大的安全隐患。如马克思所言,交通情况的改良"会绝对缩短商品的移动期间"③,老区乡村道路建设、物流发展水平提升不足会影响商品的流通。随着数字经济在老区乡村地区的发展,部分农业大户也开始了农产品电商经营。在调研中,部分农业大户抱怨冷链物

---

① 《马克思恩格斯文集》第 1 卷,人民出版社,2009,第 406 页。
② 蔡雪雄、苏小凤、许安心:《基于 AHP-熵值法的乡村生态宜居评价研究——以福建省为例》,《福建论坛》(人文社会科学版)2021 年第 9 期。
③ 《马克思恩格斯文集》第 6 卷,人民出版社,2009,第 277 页。

流不完善，导致新鲜农产品运输过程中损耗严重，与客户产生诸多纠纷，顺丰物流速度较快，但是与边远地区对接不足，且物流成本过高。此外，乡村基础信息设施建设有待完善。发展数字经济是跨越物理空间发展障碍的有效方式，多位于边远山区的老区乡村更应通过发展数字经济与外界连接，但现今基础信息设施等有待进一步检修，部分老区乡村信号弱的问题依旧存在，这也很大程度上影响了老区乡村入网的便捷度。随着数字经济的迭代升级，老区需要加快5G新基建在乡村地区的布局。

（二）公共服务配套亟须健全

老区公共服务在医疗方面的问题主要体现在以下两方面。一是看病不方便。尽管闽西老区积极推进乡村三级医疗卫生服务网络建设，但其基础十分单薄，乡镇卫生院发展滞后，村卫生室设置不健全、卫生服务功能低下，不能充分满足农民就医需求。表3-4显示了部分年份闽西老区乡村的村级卫生组织情况。通过走访发现，很多村民反映村庄没有卫生室，到大的中心村才能看病，去卫生室看病最远的要走4公里。而且老区乡村老龄化严重，村民反映60岁左右还能"走得动"，但是七八十岁及以上年龄老人、部分行动不便的老人看病十分困难。二是乡村卫生所缺乏急救条件。老区乡村留守人口中大多为老年人口，常发生一些突发疾病，如心肌梗死、高血压等，若抢救及时可以挽救生命，但部分老人因县城120急救中心派车至乡村要近1个小时而耽误了最佳抢救时间。

表3-4 部分年份闽西老区乡村村级卫生组织情况

单位：个，人

地级市	项目	2010年	2015年	2016年	2018年	2020年	2022年
龙岩市	已设置医疗点村数	1463	—	—	—	1594	1617
	村设置医疗点数	2488	2530	—	—	2169	1617
	乡村医生和卫生人员数	3154	2910	—	—	1922	1687
三明市	村卫生室	—	—	1812	1772	1761	1749
	村卫生室在岗职工数	—	—	1655	2424	2137	2046

注：2015年龙岩市卫生部门无"已设置医疗点村数"相关统计数据；2016年之前三明市统计年鉴无"村卫生室"相关统计信息。

资料来源：龙岩市、三明市有关年份统计年鉴。

老区公共服务在教育方面的问题主要体现在教育服务配套不健全、教育资源质量不高上。随着老区乡村人口空心化的发展，教育服务供给也日益减少。教育资源的日益减少，又进一步加剧了老区乡村人口的空心化。根据调研发现，许多成家的中青年外出务工的很大一部分原因在于为孩子寻求更好的教育资源。部分职业农民为了孩子的教育，选择频繁在县城与乡村之间往返，但前提条件是乡村距离县城不远（不超过10公里）。

一名外出务工青年道出了心声："我们现在的夫妻只有一两个孩子，做一切都是为了孩子。为了孩子能够有好的教育资源，就是背井离乡也愿意。不去县城打工赚钱，就只能在乡镇念书，镇里的教育资源与县城没法比。"（访谈编号：MY1-20201013）

另一名外出青年妇女说道："为了孩子读书，我们把地都荒了，来到县城，但是孩子接送很麻烦，不得不专职接送，现在就主要靠孩子爸爸赚钱养家。虽然现在学校也有托管服务，但是还不成熟。"（访谈编号：MY5-20220714）

一名留守老人说道："我有3个儿子，每个儿子都成家了，他们为了孙子孙女的教育，都到县城打工了，一般只有春节的时候回来。"（访谈编号：MC14-20210816）

老区乡村交通物流服务水平有待提升。通过对大量村民、快递服务人员的走访调研发现，快递收寄服务在老区乡村普及程度还不是很高。针对老区乡村居民收件加收"服务费"的现象比较普遍，快递时效性保障不强。据邮政快递公司经理介绍，老区乡村居民寄件服务费用远高于老区城镇地区，而其他大中小城市寄件往往会更加优惠。

三　红色文化传承发展尚待创新

马克思的精神生产思想指出，精神生产具有能动的反作用。红色文化是老区独特的精神生产产品，促进其创新发展有利于更好地发挥其现代价值。但红色文化叙事大多停留在近代革命时期的传统语境里,群众未能从红色文化的学习中汲取推动现代发展的精神力量;同时,红色文化的传承发展也较少采用群众喜闻乐见的方式,使得群众学习传承红色文化缺乏积极性,吸收效果欠佳。

(一)红色文化叙事欠缺当代语境

红色文化产生于近代革命时期,有其特殊的产生背景,深刻的民族危机、沉重的封建压迫及官僚主义压制,激发了人们的爱国主义情怀、勇于挑战封建传统的斗志,鼓舞人们为实现自由解放而团结一致、不怕牺牲。而当今时代国内环境和谐稳定,红色文化传承发展需要寻求更好的切入点。在封闭环境及农耕文化的长期熏染下,老区乡村缺乏自我变革的精神文化。时代发展呼唤改革、创新、开放的现代文化,现代文化是老区乡村突破封闭枷锁的精神引领。侧重于以史勉励人们的红色文化与侧重于满足时代需求的现代文化的融合发展,是乡村振兴视域下促进老区乡风文明建设的内在要求。但从现实观之,老区乡村红色文化与现代文化存在一定程度的断裂,在"四史"学习教育中注重对红色历史的宣讲,而相对忽视从红色历史出发对现实的观照;在现代文化的传播学习当中,缺乏红色基因的内在驱动,尤其是拜金主义、消费主义等现代不良思潮不仅在城市筑巢,还蔓延至乡村地区,强化红色基因传承教育以抵御这些现代不良思潮,成为老区乡村文化振兴的重要任务之一。

(二)红色文化传承发展较少采用乡村群众喜闻乐见的形式

红色文化的传承发展也需要用现代化的方式才能让红色文化为乡村群众所有效地吸收。这样的现代化首先表现为采用农民所喜闻乐见的形式,其次才是运用更具有传播性、覆盖面更广的现代化手段。通过对闽西老区的调研发现,现有老区乡村红色文化的传承发展方式主要有:在乡村宣传栏、革命旧址内饰中进行图文展示;在特殊节点开展宣讲活动,如建党百年之际,诸多高校宣讲团下乡宣讲红色文化;部分有条件的乡村印发红色文化宣传手册;等等。但以上红色文化传承发展方式欠缺生动性,不易入脑入心;多为线下,欠缺灵活度,且随着老区乡村人口空心化加剧,部分乡村居民往返于城乡之间,这样的传承发展方式缺乏受众;下乡宣讲等方式侧重于"灌输",缺乏与老区乡村群众之间的交流互动,乡村群众"被安排"参加宣讲活动的情况较多,难以调动老区乡村群众学习红色文化的积极性;印发手册等方式增加了老区村财负担,而且也难以让乡村群众深入学习红色文化。众多老区都建设有相应的网络平台宣传自身的红色文化品牌,但未能有效辐射老区乡村文化建设或难以得到老区乡村群众的关注。

四 基层自治活力亟待激发

国家对老区乡村发展给予了倾斜性的政策支持,特别是从党的十八大以来,形成了政策体系,脱贫攻坚取得全面胜利后,国家又陆续颁布了一系列政策扶持老区特别是其乡村发展。如前所述,社会力量也给予老区乡村发展各方面的支持。依据内外因的辩证关系,外因要通过内因发挥作用,外在条件的优化要转化为内在的发展动力。红色基因本可以鞭策老区乡村群众勇于拼搏、勤劳致富,政府及社会力量的支持本应转化为内生发展动力,但现实是老区乡村群众对红色基因产生的红利存在较强的依赖,老区乡村群众参与基层治理的活力需要进一步激发。

(一) 群众参与老区乡村振兴积极性不足

群众参与乡村振兴规划与实施的不足是群众参与积极性不足的两大主要表现。

一是群众参与老区乡村振兴规划的不足。村(居)民委员会在法律上被定位为"基层群众性自治组织",但在实际中"自治"效能发挥甚微,村委会通过召开村民代表会议、妇女议事会等方式商讨乡村发展决策的较少。老区乡村振兴规划涉及老区乡村群众的切身利益,乡村群众尤其是年迈的村民对乡村资源状况更为了解,特别是对红色历史的了解更多、更透彻,对资源的利用更为高效,对振兴规划理应具有参与的积极性。[①] 乡村常住居民的日益减少,使基层自治推进更加困难。

---

① 庞增霞、尚智丛:《科技决策视阈下的公众参与——"专家知识"与"外行视角"的协同分析》,《自然辩证法通讯》2020年第9期。

一名镇长说道:"老区乡村比较突出的问题之一是村民普遍有'等、靠、要'的心态,只关心结果,而不太想付出。"(访谈编号:MZ2-20210715)

一名村民说道:"我们村发展的规划就是上面定好的,村委会有召开好几次讨论,村民代表也没有什么意见,上面说怎么做就怎么做。"(访谈编号:MC13-20210815)

二是群众参与老区乡村振兴实施的不足。老区乡村群众在发展规划中的参与将增强其参与规划执行的积极性;而在发展规划中欠缺参与则会弱化其参与乡村振兴推进的积极性。老区乡村群众本是推进乡村振兴的主体,实际上却成为"配角"。基于老区的历史贡献以及老区发展的相对落后,对老区发展予以人、财、物等方面的倾斜支持本意是为了促进老区更好发展;但由于长期缺乏对老区内生动力的培育,换言之,重视"输血"而轻视"造血",因而老区人民的就业生活能力并没有得到质的提升。如上所述,国家及各地方通过制定政策,派驻人才助力老区乡村振兴。派驻人才的根本目的是促进老区乡村内生发展动力的生成,但部分老区乡村群众陷入政策依赖的"棘轮效应"中,在一定程度上将此视为理所应当的回馈,丧失了培养与提升自我解决问题能力的动力,遇到问题习惯性地寻求外源帮助。这一方面说明老区人民对政府派驻人员的信任,但另一方面也在很大程度上透露出老区乡村群众对外源支持的依赖。诸多问题可以由村委牵头化解,可乡村群众往往依赖于驻村书记等外源力量的帮助。对老区乡村的政策扶持本是为了使老区人民生活更加富裕,但老区乡村群众未能充分有效地参与乡村振兴具体工作,必然会使部分乡村振兴政策、项目在很大意义上成为"昙花一现"的政绩工程,政策、项目及外源人才的支持未能有效提升老区乡村群众的致富能力,产业发展也未能有效进入良性循环,老区乡村振兴的可持续性受到削弱。长此以往,老区乡村群众的生活水平反而将与其他地区拉开更大差距。

(二)老区乡村群众对政府扶持存在一定的依赖性

在调研访谈中,无论乡村发展中是否缺资金,村"两委"及普通群众反映最多的问题都是"能不能让政府再拨点钱"。

  一个村财为负资产的村庄，其村支书反映的问题是："能否让政府帮忙垫付一下欠款，我们村因为欠钱，没有村财，很多事情根本没法展开，有时候村财钱一到账户，就被划走还款了。"（访谈编号：MG1-20210717）

  这个欠款是村集体经济发展中的历史遗留问题，部分历史遗留欠款问题确需政府帮忙协调解决，但面对大部分历史遗留欠款应激发村集体内生偿还能力，如果过多依赖政府"买单"，老区乡村在发展过程中将丧失自我承担风险的意识与能力。如果说发展相对落后的老区乡村确需政府及社会力量支持，那么发展相对较好的老区乡村理应可以更多依靠自身力量实现良性发展。

  一个拟作为县域乡村振兴示范点的村庄的村支书反映的问题是："需要政府再拨点资金给我们，没钱做不了事情，我们村很多项目还是很缺钱。"（访谈编号：MG2-20210717）

  根据上面案例中村支书的自述，近两年来该村从政府、社会层面获得的资金奖励或者帮扶总额已达618万元（其中，企业帮扶资金达250万元），该村的人口规模仅300人左右。这些钱对推进基础设施建设来说确实"不算多"，甚至与所需金额还存在着一定的差距，但问题是该村道路、水利等基础设施已建设得相当完善。获得如此"高额"资助的乡村尚且如此依赖政府帮扶，那一般的乡村呢？或者说，一般的乡村或更落后的乡村是否更需要帮扶？显然，政府财力有限，也无法进行广覆盖、长期性的支持。质言之，调研中的部分老区乡村居民，不论是一般群众，还是村"两委"，都存在着不同程度的"等、靠、要"思想，自我发展、自我治理的活力尚待激发。

五 脱贫攻坚成果有待巩固拓展

马克思早就提出"绝对贫困"与"相对贫困"这一对富有辩证性的范畴,老区虽摆脱了绝对贫困,但仍然面对着巩固拓展脱贫攻坚成果、长效推进相对贫困治理的艰巨任务。如前所述,2013~2022年,龙岩市、三明市农村居民人均可支配收入分别增长了1.25、1.21倍,略大于全省及全国农村居民人均可支配收入的增幅。但实际上老区农村居民人均可支配收入的跃升受各类帮扶政策的影响较大。2018~2022年,龙岩市、三明市农村居民人均可支配收入中工资性收入的占比在36%~40%,而福建在44%~46%,全国在41%~42%(见图3-9),这说明闽西老区农村居民工资性收入占比较低,同时也折射出闽西老区农村居民非工资性收入的比例更高。特别是福建原省定贫困村大多受政策照顾较多,在脱贫攻坚过程中受到政府财政拨款资助也较多,依靠自身"造血"脱贫致富的能力还有待提升。贫困村摘帽的一个重要标准是村财年收入达到10万元,但根据调研得知,实际上很多老区村无力通过自身"造血"获得脱贫能力,更多的是依靠政府的"输血"或社会资助脱贫的。倘若不能科学有效引导村集体经济发展,老区乡村巩固拓展脱贫攻坚成果将面临较大的挑战。"输血"式脱贫不符合可持续高质量脱贫及乡村振兴的宗旨,不利于农民自身的发展。

村集体经济组织的财务收入(以下简称"村财收入")主要包括两大类:一是政府转移支付、项目建设拨款,二是经营性收入(含直接经营收入、投资分红)。在重点调研的50个老区行政村中,经营性村财收入状况不容乐观,年经营性村财收入超过10万元的行政村数量占比约为30%,而大多数为乡村振兴试点村;有一部分接近10万元,占比约为10%;明显低于10万元的占比约为60%,基本都在1万~5万元,甚至有的乡村仅有几千元。这与沿海地区、非重点老区村集体经济发展状况形成巨大反差,据调研,2023年福建省会城市福州市CL区经营性村财收入超20万元的村占比约为80%。原本集体经济薄弱的老区村面临着较大的巩固脱贫攻坚成果压力,DY村是地处偏远的革命基点村,2023年经营性村财收入仅有3000元左右。部分村经营性村财收入来自政府扶持项目,如农作物大棚、光伏发电、水电站项目,政府出资投入建设,村集体经济组织享受投

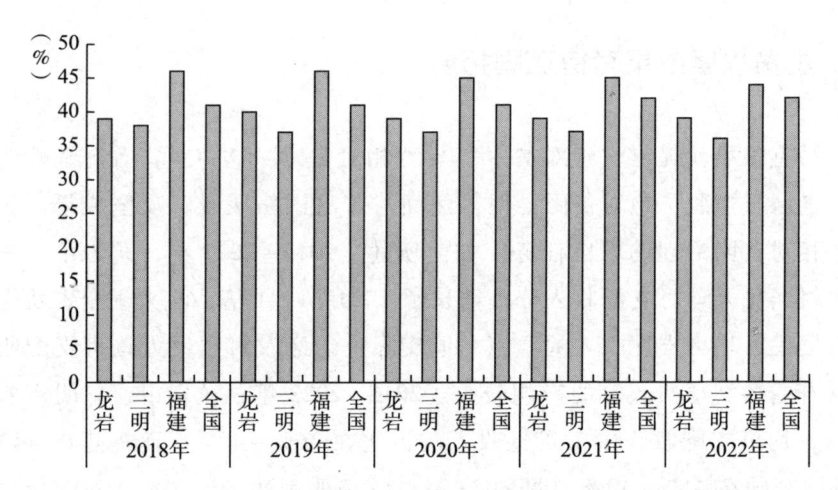

图 3-9　2018~2022 年闽西两地市、福建、全国农村居民人均可支配收入中工资性收入占比

资料来源：根据中国、福建省、龙岩市、三明市 2019~2023 年统计年鉴数据整理并制图。

资分红。TX 村由政府出资近 700 万元左右搭建菌菇大棚，由村集体负责运营管理，将大棚出租给农民，每年获得近 10 万元租金，但扣除各项成本后，村财年净收入约为 5 万元。LT 村由政府出资建设光伏发电项目，村集体每年享受分红约 2 万元。ZX 村经营性村财收入为水电站投资收益，视每年雨水情况而定，年分红在 3000~9000 元。

福建省农业农村厅一名领导说道："说起老区来，整体都还是欠发达的。老区乡村整体上还是相对落后的，群众的可持续增收能力还是要进一步提升。"（访谈编号：F1-20220304）

福建省民政厅老区办一名领导说道："老区乡村虽然完成了脱贫任务，但是巩固脱贫攻坚成果的任务还很艰巨。特别是很多老区村内生发展能力特别薄弱，前期多是依靠政府帮助才有收入的，接下来的重点可能是如何促进持续增收。"（访谈编号：F2-20220224）

第四章　闽西革命老区乡村振兴存在问题的原因分析

针对老区乡村振兴存在的问题，如果从马克思主义乡村发展思想的视角来审视，会发现其原因根本上在于老区乡村生产力高质量发展存在障碍，从主体方面看在于老区乡村群众的主体作用发挥不足，从发展趋势方面看在于城乡融合发展不足，从保障因素方面看在于老区乡村振兴模式与制度有待完善。

第一节　革命老区乡村生产力高质量发展存在障碍

影响生产力高质量发展的基础因素在于：老区乡村多位于边远山区，资源难以得到充分活化利用。如前所述，为了聚焦老区乡村产业发展的共性与重点，本书着重研究红绿色优势产业发展。马克思主义重视通过发展合作社、加强科技赋能推动乡村生产经营方式的改变。位于边远山区所造成的发展障碍，一方面可以通过发展集体经济加以克服，另一方面可以通过应用科技得到有效消除。但集体经济力量薄弱、科技应用水平有限，限制了老区以红绿色产业引领的乡村生产力高质量发展。

一 区位劣势阻碍红绿色资源活化利用

马克思指出,"农业劳动的生产率是和自然条件联系在一起的"①。马克思、恩格斯多次论及区位劣势等自然条件直接影响乡村生产效率提升。老区乡村多位于边远山区,导致红绿色优势资源难以有效开发利用。

(一) 难以处理好红色资源文化效益与经济效益的辩证关系

乡村红色资源挖掘、保护与活化相较于老区城市地区面临着更多的困难,主要体现在难以统筹处理好红色资源文化效益与经济效益的辩证关系上。老区乡村位置多偏僻,红色资源分布较为零散,红色资源的挖掘保护存在较大的困难,且仍依赖于传统的人工方式,多依靠官方在人、财、物方面的支持。龙岩长汀革命遗址多散落在乡村地区,其挖掘保护还未引起足够的重视;由于经济发展基础薄弱,维护修缮依赖于政府提供的资金;革命基点村由于地理位置偏远,在革命文物保护方面存在更突出的人、财、物等方面的资源短缺问题。② 传统保护方式耗费大量的财物,政府过多的物资投入将使财政收入吃紧,而且在很大程度上这种保护方式会由于缺乏对市场的敏感度而导致红色资源的经济效益不能有效发挥,即并未十分关注红色资源可能带来的经济效益,甚至并未有效关注其社会效益而在一定程度上造成盲目开发的现象,导致国家资源的浪费。同时,完全依靠社会资金投入也会使得红色资源过度资本化,难以兼顾社会效益。

多位于边远山区使得红色资源经济价值发挥有限。发展红色文旅是老区乡村红色资源活化利用的重要方式,但地理位置偏远且交通条件存在不同程度的落后导致旅游时间成本大大增加,吃、住、游、购、娱等方面的服务水平也尚不能满足人们对文旅的多层次多样化需求,难以有效吸引游客资源。即便吸引了部分游客资源,边远山区路途遥远与不便所造成的消费体验感不佳,也会削弱游客二次消费的积极性,不利于红色文旅资源的宣传推介。

---

① 《马克思恩格斯文集》第 7 卷,人民出版社,2009,第 924 页。
② 兰桦文:《浅谈对长汀县革命文物保护利用问题的思考》,《中国民族博览》2021 年第 4 期。

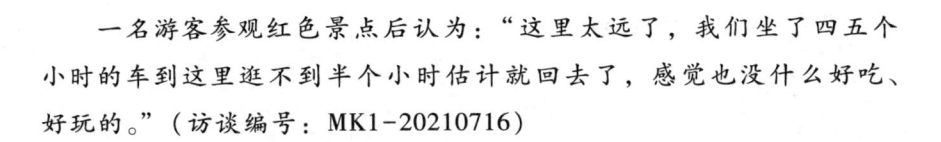

一名游客参观红色景点后认为:"这里太远了,我们坐了四五个小时的车到这里逛不到半个小时估计就回去了,感觉也没什么好吃、好玩的。"(访谈编号:MK1-20210716)

一名外地的游客说道:"我们家那边路很平,即使在农村路也比较直,但这里的路真是所谓的'山路十八弯'啊,又弯又窄,车都坐晕了,下次免费让我来,我都不来了。"(访谈编号:MK2-20210716)

(二)难以处理好绿色资源生态发展与经济发展的辩证关系

绿色资源很大程度上体现为林地资源。林地资源本是老区乡村突出的优势资源,闽西革命老区森林覆盖率在全国位于前列,发展森林产业,特别是森林文旅康养产业本应具有竞争优势。但从前一章的分析可知,闽西老区森林文旅康养产业并没有产生充足的经济效益,反而与沿海一些非重点老区相比存在着一定的劣势。其中很基础的原因之一在于:边远山区的非便利性使得森林等绿色资源消费受到了一定的影响。这里涉及两个关键性因素。一是老区居民本身的消费水平有限,对于森林文旅康养等"奢侈品"消费能力有限,而沿海非重点老区地区经济发展基础雄厚、居民消费能力较强,但是出于便利性考虑,那里的居民更愿意就近消费。以福州市为例,作为省会城市,其经济发展水平居福建省前列,常住人口多、居民收入高,但距离龙岩市 300 多公里,去龙岩市驾车单程耗时约 4 小时,高铁单程耗时也在 2.5 小时左右,如果是一日游,路程往返时间已占据游玩时间的 50%,甚至更多。二是闽西森林康旅尚未处理好森林康旅"普遍性"与"特殊性"的辩证关系,意即闽西森林康旅与其他地区森林康旅没有本质性的区别,使得沿海地区居民更倾向于选择就近消费,这将在后文中着重展开分析。

一名从事了 10 年旅游行业的导游说道:"地理位置偏远、有消费能力的客源少是很重要的原因啊,那些有消费能力的顾客一般都是来自沿海发达地区,他们有时候就是有钱没时间花,一般会就近选择康

养消费，不会跑这么远来，对他们来说，时间成本很高。"（访谈编号：MK3-20210716）

二 集体经济发展薄弱影响资产资源充分激活

在论证老区集体经济发展情况之前，有必要界定清楚本书所述农村集体经济的范畴。学界对农村集体经济与合作经济之间的关系多有争论。从广义上看，由于农村实行生产资料公有制，家庭承包经营及在此基础上的合作经济均属于农村集体经济的范畴。其主要法理依据来源于《中华人民共和国宪法》（以下简称《宪法》）中有关农村集体经济的界定。① 代表性学者黄延信指出传统认识中的集体经济多指社区集体经济，但合作经济也是集体经济。② 从狭义上看，农村集体经济与合作经济存在着区别与联系，最大的区别在于前者是基于农村生产资料的集体所有的；而后者强调在自愿的基础之上，农民将部分私人生产资料投入合作经营。③ 本书认为按照马克思主义经典作家的观点，发展合作经济是发展集体经济的重要形式。20世纪50年代我国合作社发展的逐级跃升，实际上就是合作经济演变为农村集体经济的过程。合作社并非天然具有社会主义的性质，西方国家为了应对乡村人口空心化问题也提倡发展合作社。但显然如同列宁所说，社会性质不同决定合作社性质不同④，在社会主义国家发展合作社是推进实现农村集体经济的主要方式。农村集体经济的发展有利于改变小农生产经营方式，实现规模效益、促进共同富裕，但老区农村集体经济发展仍较为薄弱。

（一）亟待提升集体经济发展水平以实现资产资源高效利用

新中国的集体经济发展走过了比较曲折的历程，新中国成立之初，山

---

① 《宪法》第八条指出："农村集体经济组织实行家庭承包经营为基础、统分结合的双层经营体制。农村中的生产、供销、信用、消费等各种形式的合作经济，是社会主义劳动群众集体所有制经济。"
② 黄延信：《发展农村集体经济的几个问题》，《农业经济问题》2015年第7期。
③ 赵意焕：《合作经济、集体经济、新型集体经济：比较与优化》，《经济纵横》2021年第8期。
④ 《列宁全集》第43卷，人民出版社，2017，第430页。

西老区率先在互助合作发展方面进行了有益的探索，这有利于解决家庭生产势单力薄的问题；随着互助合作的深入开展，特别是在"政治任务"的摊派下，合作社在短时间内的升级发展实际上走向了异化，背离了农民自愿互利的原则，通过合作社获得的物质利益也不能有效地惠及农民，极大地挫伤了农民生产的积极性。1978年小岗村自下而上对家庭联产承包责任制的探索实践，反映了农民对于迫切实现自身利益的需求，是农民主体作用有效发挥的体现。但随着家庭联产承包责任制的实施，也出现了诸多问题，如家户制的农业生产难以抵御天灾人祸，也使得人地矛盾日益突出。而农业产业化的实现、农田水利设施的建设，都要求农民组织起来，在互助合作的基础上发展壮大集体经济。这样不但可以实现农地的集约高效利用，增加农地产出的价值，促进农民增产增收，而且可以实现村级债务问题的解决，把农民有效地团结在一起，并为农民提供各种福利。各地的实践证明，合作社是推进集体经济发展的有效载体。通过合作社组织起来的农户，在购买生产资料、日常消费品方面都较好地实现了低成本、高效率。通过合作社销售自己生产的农副产品时，农民在市场竞争中也更容易取得话语权和议价权，在商品流通环节获取更多利润。更重要的是，将农民通过合作社组织起来，不但可以解决发展资金不足问题，稳步提高农业技术，而且可以提取公共积累，为合作社成员提供公共服务保障，这种保障，更是让农民的共同富裕有了实现的可能。多位于边远山区的老区乡村面临着更加突出的封闭、分散、落后等发展问题，一方面推进机械化生产发展存在困难，另一方面资产资源使用权的市场化流转存在较大障碍，加之人口空心化严重，更需要通过发展集体经济激活资产资源，"劳动的这种节省也就是大规模经营的主要优点之一"①。再者，在老区高效发展作为社会主义公有制的重要组成部分及实现方式的农村集体经济，具有显著的政治表率性。20世纪50年代合作社及集体经济正是从老区农村开始推广发展的。自进入新时代以来，党中央也高度重视推进农村集体经济发展。近年来中央一号文件均强调壮大农村集体经济，特别是突出发展新型农村集体经济。新型农村集体经济与传统集体经济相比，在农村集体产权制度改革的基础上，强调集体资产折股量化、农民持股分红，突出了市场化原

---

① 《马克思恩格斯文集》第4卷，人民出版社，2009，第525页。

则与资本属性。国家也高度重视发展合作社等农村集体经济的实现形式。2019年国家印发了《关于开展农民合作社规范提升行动的若干意见》,加大对农民合作社（以下简称"合作社"）的支持力度。近年来,中央一号文件也强调推进合作社等新型农业经营主体的发展。闽西老区着力推进乡村产业合作化集体化发展,但农村集体经济发展水平亟待提升。

（二）集体经济高效发展存在诸多障碍

制约老区农村集体经济高效发展的基础因素在于：土地经营从"分"到"统"存在困难。农村集体经济主要的经营形式是对土地进行统一经营管理,但是农民由于习惯了土地分户承包经营,加之区位劣势致使土地流转价格低等因素的影响,不论是通过集体流转还是市场化流转集中使用老区乡村土地的意愿均较低,这方面内容在后文对城乡要素流动的论述中将详细展开。除此之外,阻碍老区农村集体经济高效发展的主要因素在于以下几个方面。

1. 缺乏有效的经营管理人才

老区农村集体经济组织运营管理人员与村"两委"高度重合,突出地体现在村党支部书记（以下简称"村支书"）兼任集体经济组织负责人上。这实际上存在着"政经不分"的弊病[①],是处理好党政领导与促进市场发展辩证关系所面临的主要难题之一。一方面,这不利于对集体经济发展实施有效的监督,或将导致集体经济收益被少部分人占据;另一方面,老区村支书不一定具有较强的营商能力,反而总体上营商能力有待提升。近年来各地鼓励党支部领办合作社,这有利于实现集体经济与市场化发展的对接,但领办人员应对市场的能力素质仍然限制着集体经济与合作社的发展。总体上,老区乡村相较于一般乡村,尤其是相较于发达地区的乡村来说,集体经济经营管理人才更加缺乏。

2. 较为依赖政府"输血",缺乏对产业发展的精准定位与长远规划

由于突出的政治性,老区乡村享受更多的政策倾斜,但政府帮助老区村财增收的措施多为"输血",缺乏对其产业发展的"造血"赋能。马克

[①] 高强、曾恒源、张云华：《农村"政经分开"改革：挑战、重点与建议》,《中州学刊》2021年第6期。

思主义强调发挥"内因"的决定性作用,而"输血"不利于发挥"内因"的作用。出资搭建农作物大棚、建设光伏项目交由村集体运营等可被视为介于"输血"与"造血"之间的方式,但仍然不能真正有效地促进老区村集体经济发展。政府在引导老区村集体经济,特别是乡村振兴示范点村集体经济发展时,耗费大量的人、财、物资源建设第三产业基础设施,但实际上忽视了农村一、二、三产业递进发展的顺序,意即在未充分规划好农业发展的条件下,跳过了农业加工业的发展,过分强调休闲娱乐等第三产业的发展。这种发展模式不仅违背了产业循序发展的客观规律,而且在复杂的国内外环境影响下表现出更明显的弊端,这将在下文中着重展开。

3. 集体经济发展实现形式比较单一且水平不高

合作社是农村集体经济发展实现的重要形式,但由于地理地形限制,老区小农生产特征较之一般乡村更加突出,加之封闭环境下农民合作意识淡薄,老区合作社发展的水平亟待提升。根据对闽西、闽北、闽东合作社发展的调研数据,134家登记注册合作社有效运营率仅在四成左右,合作社空壳率较高。合作社发展模式很大部分还只是成员生产农产品的简单组合,例如闽西WX村"生态农产品合作社",其成员22人均为村民,合作社生产的农产品为22位村民原先已种植农产品,共有葡萄、马铃薯、胡瓜等10余种品种,每种产品年产量不过百公斤。这样松散式联合、简单"整合"的合作社较为常见,一方面实际运行效率不高,另一方面也不利于在"普遍性"发展中找寻"特色化"创新定位。

一名村干部说道:"这两年县里开始鼓励党建引领合作社发展,就让我们村里报合作社,我们村干部把农民组织一下,报了合作社,但也还没实际开展。"(访谈编号:MG3-20210718)

一名乡镇领导干部说道:"很大一部分合作社,都是农民自发组织的,但多为了争取政府补贴,能够长期有效运营的还不多。"(访谈编号:MZ5-20220516)

马克思主义强调通过合作化集体化促进乡村生产经营效率的提高,但老区乡村合作社实际上并未有效发挥合作化集体化的规模化、高效化发展效应。其一,发展规模小。合作社中人数在百人以上的仅占23%,少于10人的占15%,部分人数仅为5人,刚好达到合作社注册标准。与福建省家庭农场示范场的认定标准及所调研的家庭农场相比,合作社在总体生产经营规模及人均生产经营规模方面没有显著的优势,如合作社当中很多(占比约25%)果蔬合作社经营规模在100亩左右,调研到的家庭农场规模也基本在50~100亩,而从人数来说,合作社人数往往比家庭农场多好几倍。其二,服务范围窄。大多数合作社仅限于本村范围内农民的结合,很大部分是自然村内农民之间的简单合作,不注重跨村协作与资源的有效调配,跨镇合作更少。基于本村的合作社占比约为70%,服务范围窄的弊端主要是由于人口空心化能够调动参与合作社经营的人少。其三,合作环节少。大多数合作社仅限于简单环节或者少数环节的合作,如在购买原料环节的合作、在统一销售环节的合作、在共用生产设备上的合作;从生产到销售全产业链的合作较少。其四,产业链条短。虽然老区农业特色产业较多,但是合作社主要经营模式还局限于生产、销售初级农产品,从初级农产品到精深加工以及共同注册品牌延长价值链的合作较少,如将笋片制作成笋罐头这样对初级农产品进行精深加工的合作社仅占12%左右,大多数合作社市场竞争力不强。

4. 集体经济发展的规范性有待提升

村集体经济收入管理相对于一般的合作社来说受到更多的监督,主要是来自乡镇一级政府的监督管理,据调研,闽西乡镇政府定期派审计人员审核村财收支情况。但村财收支仍然存在公开性不足、群众监督不够等问题,正如习近平所指出的,上述这些情况有时导致"农民群众意见很大,也滋生了一些'微腐败'"[①]。大部分老区村自有村财较少,少部分老区村财收入较多,但不论是村财较多还是较少的老区村均缺乏科学的村财收入分配机制。

合作社作为村集体经济实现的主要形式,其规范性仍需大力提升。一是领办主体过于单一。马克思主义经典作家强调推进合作社发展要基于自愿原则。但是老区乡村很大一部分合作社仍由村"两委"组织成立,被动成立情况较多,乡村群众参与合作社积极性不高。二是内控与运行机制不

---

① 习近平:《论"三农"工作》,中央文献出版社,2022,第246页。

健全。虽然调研中的合作社普遍设立了章程制度,但是章程制度大多仍流于形式,民主管理与监督推进不理想。马克思主义经典作家也强调合作社的发展要通过示范建设给成员带来实实在在的物质利益。但老区乡村合作社与成员之间的利益联结不紧密,大多依靠少数领导组织者的名誉维系合作关系。合作社虽然大多设立有专门的管账员或出纳员,但日常开支的财务审核与公开仍有待加强。由于规范性存在显著不足,乡村群众对合作社工作效率存在疑问。

一名乡村群众表示:"我自己干多干少都是自己的,弄个合作社,规模又小,还要专门请人帮忙做财务、专门请人管理,赚的钱一部分给发工资了,另外一部分也不知道花哪里去了,能分给我们的有多少?"(访谈编号:MC2-20210715)

另一名乡村群众表示:"我们就是很想去查账,但是怎么开得了口呢?领办合作社的是村干部,我们要求看,等一下人家还以为我们对他们有意见、有想法,合作社做得这么辛苦,还不如我们自己单干,心情还舒畅。"(访谈编号:MC3-20210715)

(三) 新发展阶段集体经济发展困难加剧

上文在分析老区乡村产业发展,特别是文旅产业发展情况时,为了准确分析产业发展情况,着重参考了疫情发生之前年份的数据,但实际上世界百年未有之大变局叠加疫情影响增加了老区乡村产业发展的困难,进而增强了老区巩固拓展脱贫攻坚成果的艰巨性。人类"本身就是自然界的产物"[1],粮食是人类赖以生存的基础。马克思主义强调农业,尤其是粮食在人类发展中的重要性、基础性地位。新发展阶段,国际环境复杂严峻,尤其是俄乌冲突及西方国家对俄罗斯的封锁严重威胁全球粮食安全。俄罗斯是主要能源与化肥供应国,化肥等供应的紧缺也提升了我国粮食生产的成本。促进粮食生产成为保障新发展阶段国家安全稳定的内在要求。老区产业结

---

[1] 《马克思恩格斯文集》第4卷,人民出版社,2009,第275页。

构中一产占比远超全国平均水平，我国很大一部分耕地集中在老区，如闽西、闽北老区三地市的耕地占福建全省比重超过一半，闽西粮食播种面积也位居全省前列。老区粮食生产是我国粮食安全的重要保障。但毋庸置疑的是，粮食同经济作物相比不能给农民带来丰厚的经济效益。加之受疫情影响，不仅城市经济发展备受打击，乡村产业发展也受到了重创，尤其是以文旅产业为主攻方向的乡村生产力发展受到了更大的打击。因地理位置偏远，老区乡村文旅业受影响较大。如前所述，全国红色旅游接待游客人次在2004~2019年实现稳步增长，2019年达到14.1亿人次，而2020年骤降至1亿人次。乡村红色旅游占全国红色旅游较大比重，从上述数据变化可知乡村红色旅游深受疫情影响。老区乡村绿色旅游发展也遭受重创，龙岩市2020年森林旅游收入为10.73亿元，2021年为10.48亿元，还不如2019年龙岩市武平县全年森林旅游收入10.6亿元。① 从实地调研的数据看，老区乡村休闲文旅业发展水平呈现断崖式下跌的情况。如TX村依靠环村溪流、瀑布等景观资源在2018年之前投资近8000万元兴建了一批文旅基础设施，据村委会干部介绍，2018年、2019年每天均有不小客流量，周末及节假日游客爆满，2020年以来客流量急剧下降。TX村至今游客仍然十分稀少，不少娱乐设施、餐馆旅店进入停运状态，而这些配套设施的停运又使得该村文旅吸引力下降，如此陷入文旅产业发展不良的恶性循环当中。XF村曾斥资打造"休闲生态村"品牌，在疫情发生之前，单单运营"水上漂流"项目一年便可获得30万元村财收入，而今据村支书介绍，受疫情影响，2021年该项目一整年给村里带来的村财收入不到3万元。总体上，XF村疫情之前每年的经营性村财收入接近60万元，因疫情影响2020年仅为20万元。百年未有之大变局叠加疫情影响的背景下，老区乡村产业发展的困难使得农民收入锐减，影响脱贫地区、脱贫人口的可持续脱贫。

三 科技赋能不足限制红绿色产业高效发展

马克思指出随着工业社会的发展，财富的增加"取决于科学的一般水

---

① 王仰华、梁熙：《武平县持续深化集体林权制度改革，打造新时代林改"武平经验"升级版——山上山下生机盎然》，《闽西日报》2020年6月29日。

平和技术进步，或者说取决于这种科学在生产上的应用"[①]。乡村生产力的发展亦是如此。马克思、恩格斯指出小农生产方式的落后很大程度上是因为现代化、机械化不足。而闽西老区乡村总体上地理位置偏远，且地形多为山地丘陵，资源开发利用人工成本高、产业发展制约因素多，科技赋能不足严重影响了其红绿色优势产业的高效发展。

（一）红色产业发展科技赋能不足

红色资源是红色产业发展的基础，但科技赋能不足影响了其高效保护与活化。红色产业，尤其是红色文旅产业亟待科技赋能。

第一，老区乡村红色资源保护活化科技赋能不足。红色产业发展的前提是有效保护革命文物等红色资源，但红色资源保护活化方式仍较为传统，存在活化保护不力的情况。如建筑方面以修复修缮为主，文史资料方面以展柜隔离为主，此类保护方式较为便利、直观，但缺乏对将各文物保护项目纳入其中的数据体系的建构，不利于研究利用；同时，使人不易察觉革命文物由于自然与人为因素影响在细微处出现的腐蚀、损坏情况，日积月累，会令人难以掌握文物保护的动态细节问题。红色资源多应用人工保护方式将加大人工成本，另外，红色资源未得到有效保护也影响其进一步的活化利用。线下观光中，老区乡村红色资源的展示方式以实物、图、文等的直接陈列和呈现为主，现代化、科技化展示方式应用不足，不能满足时代发展的新需求。随着数字经济的发展，以数据要素促进发展的重要性日益凸显，而老区数字技术研发和应用与理想水平还存在差距，使老区各个行业发展的创新驱动力不足。乡村红色资源的管理方式仍旧以静态的、固化的方式为主，缺乏数字化、共享化发展。乡村红色资源通常以场馆存放为主，不论是物化存放还是部分存放于电脑中，其都以地方场馆为载体，难以在互联网共享。在调研中发现乡村红色史料查阅存在一定困难，通常要到当地革命文物博物馆查阅。而这些史料也并非保密级文档，它们通常以书面纸质形式存档，电子化分类分块以及数字化共享使用尚待推进。诸多地方城市博物馆已在加快推进书籍数字化共享，但是老区乡村革命博物馆相关工作推进存在滞后情况。红色资源的现代化活化方式应用

[①] 《马克思恩格斯文集》第8卷，人民出版社，2009，第196页。

不足也会影响其经济与社会价值实现。

第二，利用互联网发展以红色文旅为主体的红色产业仍有待进一步推进，其方式有待进一步优化。随着乡村振兴的深入推进，老区乡村越来越多红色资源被挖掘利用，但是社会知晓度还不高。一是互联网宣传有待整合创新。互联网是宣传红色文旅、推进其为大众所认知的有效方式，但各地对红色文旅的网络宣传报道大多"各自为政"，呈现零散化状态，未能充分发挥"抱团"效应，易被各类热点事件所覆盖。而红色文旅与热点事件不同，需要长期耕耘式宣传。一些边远乡村的红色文旅资源通过一般化的互联网宣传方式，也难以有效吸引游客。二是互联网营销方式有待创新。红色文旅互联网宣传营销通常通过旅行社进行，但旅行社在设计红色文旅路线时往往向知名的红色文旅景点倾斜，"隐匿"于老区乡村的大多数红色文旅景点处于"闲置"的状态。实际上随着人民生活水平的提高，人们日益追求多样化、个性化的文旅体验，部分位于边远地区的红色资源同样存在着潜在的消费点，而这潜在的消费点通过传统手段未能有效激活，只有在互联网当中才具有被传播和认知的可能。三是亟待通过互联网手段提升红色文旅的消费体验。由于老区乡村的相对封闭性，游客在去往乡村红色文旅景点之前，缺乏对红色文旅景点天气、人流量、预售门票等情况的预知，而天气不好、人流量多等情况均影响乡村红色消费体验，通过互联网提前发布相关信息能够有效化解这个问题。尽管部分老区乡村热门景点常态化配备讲解员，但大部分老区乡村红色景点人流量有限，常态化配备讲解员一来成本过高，二来也很难及时有效地提供讲解，且存在讲解视听可及范围有限、讲解速度过快或过慢、讲解不够详细等较难克服的缺点，使得红色文化的传承发展受到一定的影响。调研中尚未看到红色文旅景点使用VR/AR等现代化手段提升沉浸感。四是红色文旅消费体验跟踪服务有待通过互联网方式进行优化提升。书面、电话、邮件等传统的评价方式，未能有效适应对多样化、更加便捷的评价方式的需要，且不利于形成数据痕迹，不利于进一步开展量化分析、提升红色文旅服务水平。

（二）绿色产业发展尚缺乏科技赋能

农业是发展绿色产业的基础，也是基础性的绿色产业，农业的绿色化、机械化、信息化发展不足影响了绿色产业的进一步发展。此外，电商等新零售方式的运用不足也影响了农林产品的营销,进而制约了绿色产业高效发展。

第一,对老区农业绿色化发展的科技赋能不足。"靠山吃山,靠海吃海",充满了辩证发展的哲学智慧,老区乡村的发展突出地体现为"靠绿吃绿"。但老区农业的绿色化竞争优势并未凸显,这很大程度上是因为其科技含金量不足。"靠绿吃绿",显然不是将"土味"做足,所谓的"土味"即按照传统农耕方式进行种植养殖,如此产出的种植养殖产品不仅不"绿",而且可能还存在一些潜在的污染残留物。老区乡村大部分的农业生产经营仍停留在传统方式上,不仅效率低,而且不够绿色环保。老区农地耕作化肥、农药等污染物耗费较多,除了丘陵山地本身特殊的土地条件因素外,还与对土壤环境改善的科技赋能不足、现代有机肥技术攻克难等因素紧密相关。"随着自然科学和农艺学的发展,土地的肥力也在变化"[1],正如马克思、恩格斯所论及的,科技一方面通过现代手段提升了农业生产效率,另一方面也给农业造成了污染。农业中的污染问题又需要进一步通过科技来化解。作为试点产物的农产品"三品一标"数量仍只占农产品总量的极少部分,而这些农产品"三品一标"的培育与发展中实际贯穿着科技的应用。老区乡村绿色产业向多元化发展,但质量仍有待提升,重要的原因在于科技赋能不足、附加值有限,尤其是初级农产品的精深加工中科技应用不足,导致老区乡村绿色产业尚乏竞争力。

第二,老区农业使用机械化设备程度低。在恩格斯看来,机器的应用"也促进了农业无产阶级的产生"[2],这客观上是由于机器提高了农业劳动生产效率,而排挤了农业劳动力。但在乡村人口空心化的演进下,迫切需要推进机械化以化解"缺人种地"的难题。根据各地统计年鉴中农业机械总动力数据来看,2022年全国、福建、龙岩农业机械总动力增速分别为2.62%、2.1%、3.42%,龙岩农业机械总动力增速明显高于福建、全国平均水平。但是从农业机械总动力与耕地面积比值来看,全国、福建、龙岩每万亩耕地使用农业机械总动力2022年分别为5767千瓦、9275千瓦、

---

[1] 《马克思恩格斯文集》第7卷,人民出版社,2009,第870页。
[2] 《马克思恩格斯文集》第1卷,人民出版社,2009,第392页。

5975千瓦。① 由此可见，龙岩市农业机械化水平略高于全国平均水平，但接近福建平均水平的一半。这就导致老区农业发展耗费较多的人力、物力，生产发展效率低。

从闽西老区乡村的实地调研中所知，近年来，村民使用农业机械的水平有所提升，目前用牛耕犁土地的情况已经十分罕见，但大部分农作活动还是依赖手工，且粮食生产以自给自足的小农生产为主。马克思、恩格斯指出小农生产的落后方式是乡村经济衰微的重要原因。中国地形复杂，山区面积大，而老区乡村之中山区地貌特征更加突出。如前所述，闽西等重点老区苏区的耕地又是福建耕地的主要组成部分，福建老区粮食生产总量小、粮食自给率低，与老区乡村地区难以推进机械化、手工务农成本高有较大关系。一方面是自然条件使当地难以推进机械化，另一方面是虽然已有部分机械适合山地耕作，但由于普及性不高、性能不佳、价格偏贵等，其被农民拒之门外。

第三，老区农业的信息化发展不足。马克思主义经典作家强调科技对农业生产效率的提升作用，虽然他们所处的时代没有信息化技术，信息化、数字化是科技在当代的新发展。老区农业信息化发展存在的不足主要体现在对农产品产量、需求量及供需平衡时的价格缺乏大数据统计，一定程度上造成了农业生产的盲目、无序状态。农产品的价格波动较大是农业发展的重大风险之一，其受国际环境、国家政策调整、突发情况（如疫情）等各类因素影响较大。例如，近年来猪肉价格波动较大，导致肉蛋类价格波动也较大，造成了农民养殖的极大不确定性。当然，猪肉价格涨跌波动很大程度上受到国家政策调整的影响，但其他一些农副产品也存在价格波动大的问题。据农民们介绍，闽西土特产每年价格也极不稳定，如2021年小米椒价格在25元/公斤，2022年暴涨至60元/公斤。

> 一名蜜雪梨种植大户说道："前年（2019年），我们雪梨一斤才卖3元钱，一天算下来我们工钱只能算二十几元，等于把工钱给贴进去了。今年一斤能卖5元多，就可以赚不少了。我们种梨价格很不稳定，风险挺大的。"（访谈编号：MC5-20210719）

---

① 数据来源：农业机械总动力根据2023年中国、福建省、龙岩市统计年鉴数据统计整理。耕地面积数据来自第三次全国国土调查数据。闽西另一个城市三明市统计年鉴中未体现该项数据，因此，未能将三明市纳入对比。

第四章 闽西革命老区乡村振兴存在问题的原因分析

每逢农副产品价格高涨的时候,农民易跟风追进种植养殖,但是到收获的时候价格又暴跌,使得农民的收益十分不稳定。

一名村干部说道:"之前看到别的村种植林下作物很赚钱,我们村也跟着种了,可是到了第二年就没人要了,全村一起投资了 10 万元打水漂了。"(访谈编号:MG4-20210719)

此外,种植农作物受到天气影响也非常大,老区农业很大程度上还是"靠天吃饭",正如恩格斯指出的,"农业不但不能控制气候,还不得不受气候的控制"①。

一名农业大户说道:"前年台风把我们家的农作物都刮没了。要不然就是下雨狂下几场,我们也遭殃了,我们种植农作物还是靠天吃饭。"(访谈编号:MC5-20210719)

龙岩市农业农村局一名调研员认为:"目前政府或者市场方面还未建立健全农业大数据,特别是农产品产量、销量以及价格配比的年度数据。如果对这方面的数据做好统计,并且用这个数据来指导农民种植养殖,农民因农产品价格波动受到的损失就会少一些。"(访谈编号:M2-20210714)

第四,农产品使用新零售销售方式不足。马克思指出,流通是从生产转向消费的中间环节,是"惊险的跳跃"②,如果未能完成这个跳跃的话将损害商品所有者的利益。老区乡村农产品需要创新流通方式,否则不利于农民增收。近年来,农副产品电商营销如火如荼地开展。疫情蔓延期间,农副产品面临滞销的风险,而电商营销充分带动了农副产品销售。而且近年来电商营销方式推陈出新,直播、微商等电商形式层出不穷。这些新零售方式能够跨越老区乡村边远山区的地理地形障碍,实现老区农产品的全

---

① 《马克思恩格斯文集》第 9 卷,人民出版社,2009,第 182 页。
② 《马克思恩格斯文集》第 5 卷,人民出版社,2009,第 127 页。

国性销售。但是，老区乡村电商发展情况不尽如人意。在所调研的实际运营的合作社当中，开展电商运营的占比仅为25%左右。而普通的农户电商运营率更低，即便是农业大户电商运营意识也较为薄弱。直播是电商运营的创新模式，在各地直播营销火热开展的情况下，老区乡村直播销售农产品的数量也较为有限。宣传报道中所见到的农产品直播运营通常由政府统筹开展，而且能作为示范典型的也不多。

第二节 革命老区乡村群众的主体作用发挥不足

马克思主义强调乡村的发展要坚持农民的主体地位，不仅要为了农民而发展，而且要依靠农民而发展。对于老区乡村振兴来说，也要为了乡村群众而发展，而且要依靠乡村群众促进发展。但新发展阶段，老区乡村群众的主体能动性尚未有效激发，主要表现为：一方面，群众发展思想观念还比较陈旧；另一方面，群众参与老区乡村振兴的能力还有待提升。

一 市场意识与能力有待增强

意识对物质具有能动的反作用。老区乡村群众的思维意识中还存在诸多阻滞市场化发展的因素。此外，老区乡村群众适应市场经济发展的素质能力也亟待提升。

（一）市场意识淡薄

老区乡村群众市场意识淡薄主要体现在两个方面：一方面，相对封闭的人文意识使得其缺乏开放、竞争的思维；另一方面，相对落后保守的意识不利于创新发展。

第一，相对封闭的人文意识不利于促进老区乡村开放发展。马克思、恩格斯指出："人创造环境，同样，环境也创造人。"[1] 一个地区所形成的特定的经济社会环境会对人的文化意识产生深刻的影响。老区乡村的地理

---

[1] 《马克思恩格斯文集》第1卷，人民出版社，2009，第545页。

第四章　闽西革命老区乡村振兴存在问题的原因分析

环境下所积累的落后的生产力必然伴随着相对封闭、狭隘的文化意识。意识对物质具有能动的反作用，封闭、狭隘的文化意识反过来制约着对外发展。马克思、恩格斯对农民封闭的意识及其对开放发展的影响进行了许多生动的描述。例如，马克思指出，小小的农村公社"使人的头脑局限在极小的范围内，成为迷信的驯服工具，成为传统规则的奴隶，表现不出任何伟大的作为和历史首创精神"[1]。恩格斯说农民的"视野也从来没有超出与此相应的地方范围"[2]。显然，边远山区的地理位置限制了人们的眼界，使人们的视野封闭在狭窄的山区环境之中，影响了向外发展。老区乡村地理环境使人们接受外部环境的感染熏陶较少，人们对外部环境的了解较少，开放竞争意识不强，安于享受传统的生活模式。从调研的情况来看，老区乡村群众整体生活节奏缓慢，对外来新事物的理解度和接受度较低。此外，从老区官方对开放发展的认知来看，长期的内向型发展使官方仍习惯于现有相对封闭的发展模式，对开放发展还不够重视，在政策制定时对开放发展的指标要求也较低。因此，不论是老区乡村群众还是官方开放发展的意识都不足，在很大程度上影响了开放发展。

第二，相对落后保守的意识不利于促进创新发展。马克思认为人与环境是双向互动的，多位于边远山区的老区乡村中，人们会形成相对封闭的认知，又因环境相对封闭而对外来、新鲜事物的接受能力不强，这必然导致思维意识相对落后，而落后的思维意识显然不利于推进现代化发展、创新性发展。"落后和不发达也是一种国民落后思想心理状态"[3]，著名的现代化研究学者英格尔斯指出，再现代化的制度与管理，如果没有推进人的现代化同样也不能促进现代化发展。从调研的情况来看，老区乡村群众对新兴事物的接受存在时间滞后性。以农业的创新发展为例，老区人民小农生产意识还比较重，对于合作社或其他新兴生产模式接受度不高，一方面是因为对合作社开展的规范性与利益回报存在疑虑；另一方面是因为改变生产方式的意愿不强烈，宁愿守着"一亩三分地"，也不愿意通过创新生产经营方式促进规模化发展。老区农业产业链短、附加值低，乡村群众品

---

[1]《马克思恩格斯文集》第 2 卷，人民出版社，2009，第 682~683 页。
[2]《马克思恩格斯文集》第 2 卷，人民出版社，2009，第 222 页。
[3]〔美〕阿历克斯·英格尔斯等：《人的现代化——心理·思想·态度·行为》，殷陆君编译，四川人民出版社，1985，第 3 页。

牌意识弱。从对闽西、闽东、闽北老区乡村产业的调研来看，很大一部分乡村群众以种植茶叶为主业，但是拥有自主茶叶品牌的较少，因此，在售卖茶产品时往往存在被恶性压价的情况。或者也可以以营销方式的创新发展为例，全国层面的电商形式已经过数轮的创新发展，但是如前所述，老区乡村电商发展情况不佳，这实际是由两种情况导致的，一种情况是不愿意尝试开展电商运营，另一种情况是电商运营管理方式存在问题。对于老区乡村而言，电商刚传播发展时，人们往往持怀疑的态度，当全国电商都在火热发展时又跟风追进。而跟风追进者大多销售缺乏竞争力的初级农副产品或者处于加工链较短的产业领域，为了获得市场占有率，人们往往低价销售，甚至亏损的情况也时有发生。如此，部分老区乡村电商还未充分发展，参与者就因传统落后的经营模式或出售的产品缺乏竞争力而告退多半。部分具备品牌基础的合作社或企业又缺乏电商意识。一些茶企宁愿依靠传统销售模式，也不愿意创新现代化销售方式提升营业利润。

对于在老区乡村发展电商，主要的认识有以下几种。

有的人认为没有必要做电商，一名乡镇领导干部认为："农与商历来就是分开的，搞农业的怎么会做市场运营，在山旮旯的那些老百姓会搞吗？老百姓专门负责生产农产品，把农产品卖了就行了。"（访谈编号：MZ6-20220518）

有的人认为做电商不一定会赚钱，甚至亏钱，没有必要做，一名合作社成员说道："我们合作社也想把农产品拿去电销。但是你在电商上卖，都是价格战，比谁的价格低，怎么比得了。而且我们这里交通不便，快递也跟不上，退货换货太麻烦。我看农民还是把产品直接卖给收购的人就好了，简单省事。"（访谈编号：MC6-20210719）

一名在乡镇经营茶厂的老板说："之前我们都没做品牌，都是直接把茶青卖给别人。现在我们也注册了商标，但是我们也不喜欢在网络卖，我看了网络上卖得很便宜，我这要放网络卖，哪卖得过人家，不如做线下生意，还可以多赚点钱。"（访谈编号：MC7-20210719）

第四章　闽西革命老区乡村振兴存在问题的原因分析

但显然，从发展趋势来看，由于网购产品的便利性、可比性、多样性等特征，随着电商平台的规范化发展，人们已越来越依赖于网购。现代科技的迅速发展不仅使很多年轻人依赖于手机等智能电子设备，还让老人，特别是乡村的老人普遍使用智能手机并接触网购。现代的农民也日益不同于传统的农民，其主营业务已不再局限于农业。老区乡村从事农业的群众不能简单地被打上"农民"标签，而是可能具有"农民""工人""商人"等多重身份。由此，对农民身份和电商的认识的偏颇，在很大程度上通过意识对物质的能动作用限制了开展电商等市场化行为的发展。

龙岩市一名政协委员感慨："我们去浙江调研，浙江在地理位置上与我们相邻，可是浙江农人的电商意识很强，他们电商的氛围很好。相较之下，我们乡村的电商意识太薄弱。"（访谈编号：M1-20210714）

一名从事电商销售 7 年的闽西老区乡村籍流出大学生同样认为，老区乡村发展电商缺的是创新思维："你要卖初级农产品肯定没钱赚，比如你卖地瓜，你能卖得过山东吗？山东人家专门搞这个，土地很平，都是机械化，成本又低，10 斤才卖十几元还包邮，你要是这么做肯定亏钱。但是要换思路啊，如果叫我回去创业，我觉得很多东西可以卖，但肯定不是卖初级农产品，要做本地特色农产品深加工。"（访谈编号：MY3-20220513）

（二）高素质人才欠缺

马克思、恩格斯一方面指出乡村人口存在空心化趋势，另一方面也指出了农民素质不高的问题，农民"由于土地分散和不识字而没有可能表现任何有效的主动精神"[①]。除了人口空心化问题外，老区乡村同样也存在着留守人口年龄结构不优、素质不高等问题，使得老区乡村群众主体性发挥缺乏素质能力的加持。从年龄结构来看，调研的 50 个老区村常住人口中在

[①] 《马克思恩格斯文集》第 4 卷，人民出版社，2009，第 469 页。

18 岁以上、60 岁以下的占比小，60 岁及以上老年人占比较大，部分乡村在 70%左右，中青年等"中坚农民"①所占比例较低。同时，老区乡村留守劳动力素质偏弱、受教育水平不高，普遍都在初中水平，掌握农业专业技能、具有市场思维的新型职业农民较少，传承乡村传统技艺技能的人才出现断层，熟悉数字电商等新业态的人才缺乏。老区乡村群众在从事农业过程中未能掌握有效的农业专业技能，导致农产品品质不优、减产亏损的情况比较多见。例如，闽西老区 NL 村农民在果梨种植中未能有效掌握防御害虫的技术，导致果梨受虫害影响较大，种植果梨每年赢利情况因受虫害影响极不稳定。闽西老区农民在菌菇培育过程中，也出现较多因菌体感染而蒙受亏损的情况。老区乡村中缺乏具备市场头脑的头雁型人才，农民种植养殖存在较多的跟风现象，未能充分考虑市场需求，从而导致农产品供过于求、农产品价格下跌严重、农民增收受损。老区乡村不乏一些民间技艺，如在调研中了解到的茶油传统炼制技术、剪纸技术，但其面临着"后继无人"的困境，甚至现有的传承者都已过耄耋之年，民间传统技艺倘若未能及时找到后继者，恐将留在历史中。近年来，数字电商等新业态在老区中广泛发展，官方积极推进农副产品的电商营销，但老区乡村群众掌握电商技术的较少，换言之，农产品在电商营销中可能产生的差额利润多数由平台或电商营销者攫取，农民通过电商获取的额外利润较少。此外，老区乡村群众素质能力有待通过强化培训提升。

马克思主义经典作家强调通过教育培训提升劳动力的素质和能力，中国共产党人也十分重视对乡村群众的知识与技能培训。近年来政府尤其重视从两大方面入手提升老区乡村群众的素质能力：一是提高农技水平，通过落实科技特派员制度，邀请专家学者为乡村群众开展农技指导工作；二是在数字乡村战略的推动下，开展对乡村群众电商技能的培训。尤其是习近平在闽工作期间就提出建设"数字福建"②，作为数字中国建设的思想源头和实践起点，福建高度重视推进数字福建建设，闽西等老区的数字经济发展成为数字福建建设的有机组成部分。闽西正致力于打造老区数字化转型发展示范区，加快数字乡村建设，积极推进上杭县、大田县开展数字

---

① 贺雪峰：《论中坚农民》，《南京农业大学学报》（社会科学版）2015 年第 4 期。
② 习近平：《不断做强做优做大我国数字经济》，《求是》2022 年第 2 期。

乡村试点工作。推动乡村群众了解数字经济，特别是促进群众学习电商技能，有利于乡村群众认识与掌握新经济新业态，充分发挥主体性。但在乡村群众农技及电商技能培训的实践中尚存在不足。其一，农技的培训主体来源过于单一，部分培训内容缺乏精准性，培训效果还有待增强。培训主体多源自官方，如政府、学校，官方人员常常由于缺乏实践经验，难以有效解决乡村群众在种植养殖中的问题。培训内容多是"自上而下"设定的，与乡村群众实际农技需求不相符。由于培训主体与培训内容方面存在着不足，加之乡村群众的主动参与积极性不高，培训效果欠佳。

一名种植养殖20余年的村民说道："上面有是有安排人来培训指导，但那些所谓的专家都是理论专家，不能解决我们的实际问题啊，还不如我们这些土专家呢。"（访谈编号：MC8-20210805）

一名种植养殖10余年的村民说道："我自己有10年的种植经验，都很清楚这个农作物怎么降低虫害风险，怎么弄比较好，他们说得感觉不如我们做得好。"（访谈编号：MC9-20210806）

其二，数字电商等新业态技能的培训有待强化。从培训的受众来说，并非人人都适合接受电商技能培训，需要运用辩证思维，注重共性与个性的结合，因人而异推进培训。但从实际培训活动来看，参加培训的人群存在与原定目标群体不相符的情况，如老人较多。激励乡村群众参与电商培训的机制也有待健全，目前多以物质作为激励，部分群众实际是为了获得物质报酬参与培训，偏离培训初衷。因受培训人群掌握电商技能的能力存在差异，在统一培训的情况下，不能满足差异化的需求，如有年轻人对网店开店流程、图片制作都非常熟悉，但培训内容是按照电商零基础学员的情况编排的。

其三，从培训的反馈机制来看，缺乏后续跟踪回访，意味着培训是否有效果、多少人实际从培训中获益不得而知。

一名参与电商培训的女青年说道："我去年已经开了网店了，但我想做得更好一些，本来想去培训看看，但到培训现场以后，真是太失望了。就是很常识性的问题，比如怎么开店，怎么做图片，这个做图片还用你教吗？后面还坐着部分老人听课，看过去得有六七十岁了，还有人抱着小孩来培训，哭哭啼啼的。"（访谈编号：MC10-20210807）

二 对红色文化的价值认识不到位

老区乡村群众对红色文化的价值认识不到位，主要表现为未能正确看待和处理红色资源保护与活化、文化传承与经济效益转化的辩证关系。马克思强调"理论一经掌握群众，也会变成物质力量"①，对红色文化的价值认识不到位，在很大程度上影响了红色产业经济效益的提升。

（一）尚未充分重视红色资源保护与活化

保护与活化的关系是一种辩证关系，保护是活化的前提，促进活化也能进一步激发保护的能动性。红色资源保护是红色资源活化利用的前提，但老区乡村群众对红色资源保护的自觉性、自主性仍较为欠缺。由于红色资源在老区乡村的分散性、碎片化特征，官方介入一方面成本较高，另一方面对零散红色资源的保护修复难免存在疏漏。撇开较大的技术难度和高资金投入需求来看，乡村群众对红色资源的日常性维护很大程度上更为便利。当然，马克思主义指出，农民关注的是物质利益的实现，对红色资源保护的参与积极性不足，很大程度上是因为部分乡村红色资源尚未直接带来明显的经济效益，或者说诸多老区乡村群众尚未认识到红色资源可能带来的物质利益。同时，红色资源既包括物化层面的史迹、实物、代表性建筑，也包括精神层面的，如中华民族和中国共产党人的精神与优良传统等。精神层面的文化保护相较物化层面的文物保护更加困难，一方面散落在民间的部分革命精神文化难以有效收集，另一方面缺乏扎根到乡村一线的研究者。精神层面的红色资源传承性保护更需要调动老区乡村群众的参与，但老区乡村群众对此还不够重视，普遍认为红色资源保护利用就是政府的事情，年轻一代对红色基因传承发展意识比较薄弱。

---

① 《马克思恩格斯文集》第 1 卷，人民出版社，2009，第 11 页。

一名60岁出头的农民说道："我们这里以前就是爆发革命的地方，肯定有很多红色遗址，但是我们也不懂得这个东西要保护好，过去很多在建房子的时候都给破坏了。有部分留下来的，我们也没钱去维护，这个还是靠政府拨钱下来。"（访谈编号：MC4-20210716）

一名留守青年说道："我不太清楚我们这里的红色资源有哪些。只知道有一些旧址，有哪些红色故事我也不是很清楚，现在年轻人哪里还会关注这个，要问老一辈人。"（访谈编号：MC12-20210814）

（二）未能科学认识红色文化传承与经济价值转化的辩证关系

红色资源的经济价值转化是建立在红色文化的深入挖掘及有效利用之上的，红色文化传承发展是红色产业发展的根基与目的所在。但随着红色资源被用于产业化发展，资本在注入时不可避免地带来经济效益凌驾于文化效益等负面效应。部分乡村群众也存在着基于红色基因流量红利，以虚高价格出售农副产品的行为。在调研中，本地向导郑重地提醒笔者，街边摆摊的农产品就不要买了，又贵又不好，看看这些红色景点就行了。笔者通过询问价格及购买当地一些农特产品，并对其与网络商品进行价格与品质对比，发现在乡村红色景区购买的农产品确实存在价格虚高及品质不佳的问题。部分老区乡村群众虚标农副产品价格的行为确实增加了收入，但也产生了负面效应。一是影响其红色流量优势的经济价值转化，如若每个向导都善意提醒慎重购买当地农产品，那么红色资源就真的只能成为流量资源。二是影响游客或研学培训学员对红色文化的认同。无疑，每位乡村群众均是本地红色文化的隐性代言人。虚标农副产品价格等行为可能在其他非红色景区或非老区乡村也同样存在，但发生在红色土地上会让人产生更多的不适，换言之，大众对红色土地上的居民有着更高的精神文明水平期待。

第三节　革命老区城乡融合发展不足

马克思、恩格斯指出城乡对立必然走向城乡融合发展，中国共产党人秉承马克思主义乡村发展思想不断优化城乡关系，在新时代高度重视通过城乡融合发展推进乡村振兴。城乡融合发展促进乡村振兴主要体现在以城带乡，而老区城镇化发展水平不高必然制约老区乡村振兴。具体来看，老区城乡融合发展不足表现为：城镇化水平滞后制约老区乡村振兴、老区城乡要素双向流动不顺畅、老区红绿色产业城乡融合发展不足、老区城乡基本公共服务均等化水平有待提升。

一　城镇化水平滞后制约老区乡村振兴

马克思主义城乡融合发展强调的是城乡之间的双向互促，以城带乡促进乡村振兴首先得基于一定的城镇化水平。城镇化水平在"量"上表现为城镇化率，在"质"上主要表现为城镇发展的布局与质量。显然，老区在这两方面的发展还存在不足，这必将影响老区乡村振兴。

（一）城镇化率不高影响以城带乡

从龙岩市、三明市2012~2022年城镇化率看，闽西城镇化率明显低于福建省平均水平，略低于全国平均水平。[1] 整体城镇化率偏低，一方面说明以城带乡能力不高，另一方面也反向说明乡村振兴任务重。马克思、恩格斯指出一方面城镇化的发展加速了乡村的衰败，但另一方面工业发展的成果也可以应用于乡村发展，同时部分乡村人口迫于生计需要到城市谋生。此外，在乡村土地规模化经营的基础上，由于节省了劳动力，乡村人口可"以资金和机会去从事工业性的副业"[2]。城镇化率不高一则影响以工促农，二则减少农民通过城镇化可以获得的就业机会，这也在很大程度上

---

[1] 数据来源：根据中国、福建省、龙岩市、三明市2013~2023年统计年鉴数据整理。
[2] 《马克思恩格斯文集》第4卷，人民出版社，2009，第525页。

解释了老区农民工资性收入占比不高的问题。

(二) 城镇化发展不平衡

对比来看,龙岩市、三明市各县(市、区)城镇化率存在较大差距,以2022年的数据为例,闽西18个县(市、区)中城镇化率高于全国平均水平的仅有3个,最高城镇化率达85.93%(龙岩市新罗区),最低城镇化率为50%(三明市宁化县),前、后者差距较大。将龙岩市、三明市分开来看,龙岩市7个县(市、区)除新罗区城镇化率(85.93%)较高外,其他均低于全国平均水平;三明市城镇化率存在明显的不平衡性,永安市、沙县区城镇化率高于全国平均水平,三元区城镇化率接近于全国平均水平,其他县域均较低。[①] 城镇化率的不平衡也反向说明了乡村振兴推进的不平衡,乡村振兴的任务轻重也存在较大地域差别。闽西城镇化率偏低的部分县域是福建省定重点乡村振兴县,如明溪县、清流县、宁化县、建宁县、将乐县、武平县、长汀县、连城县、上杭县,推进这些县域的乡村振兴也是巩固拓展脱贫攻坚成果的内在要求。

闽西两地市经济总量明显不如福建省几个沿海非重点老区地市,而且发展差距有拉大的趋势。显然,大城市的发展有助于凝聚要素资源,发挥规模优势,发展先进科技,推动公共服务更好发展。而闽西城市发展规模偏小,不容易促进要素集聚,生产要素被沿海地区大规模虹吸。部分闽西支柱性产业近年来也在缓慢向厦门、福州等地区迁移,迟滞了闽西老区城市发展,进而影响了其对乡村振兴的支持能力。

二 城乡要素双向流动不顺畅

劳动力、土地、资本是三个经典的生产要素,老区城乡劳动力、土地、资本要素在双向流动方面存在着诸多障碍,尤其是生产要素向城市的单向集聚显著,正如马克思、恩格斯所言,"城市已经表明了人口、生产工具、资本、享受和需求的集中这个事实;而在乡村则是完全相反的情

[①] 数据来源:根据中国、福建省、龙岩市、三明市2023年统计年鉴数据整理。

况：隔绝和分散"①。

（一）劳动力要素双向流动不畅

老区城乡劳动力要素双向流动不畅主要体现在以下两个方面。一方面是老区乡村劳动力的大量流出。乡村群众的主体性发挥首先要基于人的在场。但乡村人口空心化的演进使得乡村群众在物理空间层面不在场，主体作用发挥受限，而老区村受特殊的地理地形及经济发展基础薄弱等因素影响，人口空心化现象更为突出。劳动力空心化导致老区乡村群众主体作用发挥缺乏"数量"基底。马克思、恩格斯早就指出，工业化、城镇化的发展，使农民迫于生计压力离开乡村，到城市地区就业，"使城市人口比农村人口大大增加起来"②，乡村人口的空心化不可避免。随着城镇化的发展，中国广大的乡村地区人口空心化问题日益突出，而多位于偏远地区的老区乡村地区人口空心化问题更加严峻。笔者重点调研的50个老区村空心化严重，据不完全统计，其户籍人口近6.9万人，常住人口约1.9万人，占比约为28%，其中相对偏远的自然村常住人口占比甚至通常在10%左右。乡村人口的空心化或"过疏化"带来土地资源的闲置、产业发展的凋敝，并引发乡村社会的局部衰退和公共性危机。③

另一方面是老区乡村劳动力回流动力不足。乡贤作为地方的宝贵人才资源，在推进经济社会发展及传承乡风民俗方面发挥着重要作用。相较于国家及社会力量的帮扶而言，乡贤与乡村联系的纽带是乡情乡愁，发动乡贤的力量促进老区乡村振兴更具有影响力与效果。政府及社会力量的帮扶是"外源"力量，而乡贤力量则是源自乡土的"内生"力量。在"内生"与"外源"力量的辩证关系中，显然前者应发挥更重要的作用。政府在发动乡贤参与老区乡村振兴方面做了一些工作，但其还有提升的空间。首先，在广泛宣传发动乡贤力量参与乡村振兴方面存在着不足。大学生是新乡贤的生力军。随着经济发展水平的提升，老区乡村群众日益重视对孩子的教育投入，每个乡村均培育出一定数量的大学生，但就调研的乡村来

---

① 《马克思恩格斯文集》第1卷，人民出版社，2009，第556页。
② 《马克思恩格斯文集》第2卷，人民出版社，2009，第36页。
③ 刘博、李梦莹：《乡村振兴与地域公共性重建：过疏化村落的空间治理重构》，《福建师范大学学报》（哲学社会科学版）2021年第6期。

看，本地籍大学生返乡创业就业的情况较少。一些老区乡镇苦于吸引不到大学生回乡创业就业。

询问一名镇长有关本地籍大学生返乡创业就业的扶持政策时，镇长指出："近年来，我们镇大力发展农产品电商。我们对返乡从事电商的本地籍大学生每个月补贴3000元，另外根据电商营业额给予抽成，免费提供电商办公场所，但就是这么优厚的条件，还是招不回来大学生就业创业。"（访谈编号：MZ4-20210805）

为进一步深入了解难以招引大学生回乡就业创业的原因，还询问了乡村群众对大学生回来就业创业的看法，一名村民认为："现在乡村振兴条件很好，我们也支持孩子回来创业就业，但是孩子不愿意回来。我的孩子在上海念的大学，大学毕业以后就留在上海工作了，每月入不敷出，偶尔还要我们接济。但就是这样，孩子也不愿意回来，以现在流行的话说，就是'宁愿在城市里哭，也不愿意在山旮旯里笑'。"（访谈编号：MC3-20210716）

但调研中，部分外出创业就业的老区乡村籍大学生有意于回乡创业就业，却并不知道家乡有相关优惠政策，可见，双方信息互通存在障碍，这也侧面反映出宣传工作做得还不够。

一名外出创业的大学生说道："我很想回去创业啊，但没听说有什么政策，我觉得回村里做电商有很大的前景，我们那里土特产太多了，只要包装运营下应该有很大市场。他们很多政策是不是在小范围通知了，我们好几个同学在外面创业的都没听说家里有什么政策鼓励我们回去。"（访谈编号：MY3-20220513）

其次，除信息互通存在障碍外，其他因素也影响着老区乡贤的回流。第一，尚未建立健全乡贤力量信息平台。摸排了解是更好地吸引乡贤回归、充分发挥乡贤力量的前提。闽西对一些特别杰出的乡贤的信息登记已做得较好，如龙岩深入推进乡贤回归工程，促进一些龙岩籍互联网巨头回龙岩创业，但"镇-村"一级的乡贤建档立册还有待完善。第二，乡贤的社会组织有待推动建设。在调研的乡村中，缺乏类似于"乡贤理事会""互助组"等的社会组织，发挥乡贤力量的常态化机制尚未建立健全。第三，调动乡贤力量的激励机制尚待健全。还未能统筹精神奖励与物质奖励，特别是未充分运用精神奖励方式促进乡贤回归。对乡贤的激励较为笼统，对不同类的乡贤的激励机制尚未具体化。

（二）土地要素的双向流动不畅

在这里土地要素的双向流动不畅主要指的是土地要素权利的流动与使用存在困难。因地理地形因素的影响，老区乡村土地流转困难。在城镇化发展进程中，乡村人口的空心化问题较为普遍，由于自然因素及经济发展基础薄弱，老区乡村人口的空心化问题更为严重。空心化问题必然导致老区乡村土地大量闲置，这些闲置的土地需要推进整合利用，才能有效发挥其经济价值。土地资源的整合利用主要有两种方式，一种是促进土地市场化流转使用，另一种是由村集体或合作社统一流转使用。但这两种方式在实践当中均存在不少问题。

一是土地要素短板突出导致老区乡村土地流转存在困难。老区乡村地区的自然要素是限制发展的主要因素，如闽西乡村位置偏僻、梯田众多，难以推进农业规模化发展；省际交界处协调发展困难，对于涉老集中连片特困地区而言其边远贫瘠的自然因素影响更加突出。正如恩格斯所言，在城市"开办新企业就比偏远地区花费要少"，"这里同提供原料的市场和销售成品的市场有直接的联系"。[①] 在乡村尤其是多位于边远山区的老区乡村，从事同样的生产经营活动就需要花费更多。由于未能有效满足规模化发展的市场流转需求，老区乡村农业规模化发展存在较大困难。部分老区乡村土地得以流转，这些土地资源通常分布在近郊、靠近交通干线且较为平整，但能满足这些条件的老区乡村土地资源较少。

二是老区乡村土地流转难以有效满足群众实现切身物质利益的需求。老区乡村土地要素短板突出，一方面导致土地难以流转，另一方面使得能流转的土地价格也十分低廉。按照马克思的级差地租理论，土地经营条件

---

① 《马克思恩格斯文集》第1卷，人民出版社，2009，第406~407页。

第四章　闽西革命老区乡村振兴存在问题的原因分析

的好坏是产生级差地租的基本因素,土地条件的好坏就包括肥力和地理位置,但"肥力和位置,其作用可以是彼此相反的。一块土地可能位置很好,但肥力很差;或者情况相反"[①]。由于土地经营条件的好坏,土地所产生的地租回报也是有差别的。当然,马克思指出,最坏的耕地也在级差地租体系内。据调研的情况来看,老区乡村耕地流转价格在每亩 100~500元,耕地资源情况较好的,流转给外来资本的价格在每亩 400~500 元。本书将老区乡村耕地分为四个等级,每个等级相应的流转价格见表 4-1。

表 4-1　闽西老区乡村耕地流转情况

单位:元/(年·亩)

等级	类型	流转价格	主要流转主体
Ⅰ	平原、地理位置较好	400~500	外来资本
Ⅱ	丘陵、地理位置较好	300~400	外来资本
	平原、地理位置一般		外来资本、村集体、本村居民
Ⅲ	丘陵、地理位置一般	约 200	村集体、本村居民
	平原、地理位置较偏		村集体、本村居民
Ⅳ	丘陵、地理位置较偏	约 100	本村居民

注:根据调研乡村耕地流转价格所对应的地理区位分布来看,大体上地理位置较好,指的是位于交通主干道附近,离县城中心 10 公里左右;地理位置一般,指的是交通条件尚可,离县城中心 10~30 公里;地理位置较偏,指的是离县城中心 30 公里以上。
资料来源:笔者根据调研资料归纳整理。

从表 4-1 可以看出,老区乡村土地流转价格并不高,而且根据上一章统计的闽西老区人均耕地面积,每人平均仅有大约 1 亩地,即便每人这 1亩地都得到流转,且按照最好的流转价格来计算,每人每年也仅能获得500 元的流转收益。

一名外出农民工认为:"农民工一天在城里打工 300~500 元,一天就赚到了一年土地流转租金,干吗还要拿去转?转了后续麻烦事很多。很多流转土地的人要求你签 10 年、20 年,你签不签?一签就要签那么久,谁知道后面的地还是谁的?"(访谈编号:MY1-20201013)

[①]《马克思恩格斯文集》第 7 卷,人民出版社,2009,第 733 页。

一名农民道出了心声:"一年200元租金拿来干吗?土地被租走了,也不知道能不能要得回来。但是我们现在这样有想用地的时候可以随时拿来用。"(访谈编号:MC4-20210716)

一方面是村民对流转土地后续事宜的担忧,另一方面想要流转土地的市场主体同样也有忧虑。一名想要流转土地的果蔬大户说:"我们想流转一些高山的地种一些蔬菜、果树,再往休闲旅游方面发展,但是你要叫我签三五年,我不会签,因为我前期都要投资,估计5年以后才会慢慢回本、盈利,你只同意签几年,那我肯定不愿意。"(访谈编号:ML1-20210720)

土地流转对于老区农民来说并未带来明显的收益,而且还有可能带来一些土地承包权、经营权的确权纷争,因此,老区农民流转土地的积极性并不高。但从总量上看,倘若大部分土地能够得到流转,老区乡村土地释放的整体经济效益十分可观。如若农民能够进一步参与分享土地流转后额外产生的物质利益,也能获得较高的经济收入。

(三) 资本要素的双向流动不畅

马克思指出,当土地、矿山或渔场富饶程度与开发程度相等时,"产品就同资本的大小成比例"①。老区乡村发展不仅受到土地要素短板的制约,还受到有限资本要素的影响。这主要体现在:一方面,在老区乡村劳动力大量流出的同时,资本也不断涌入城市;另一方面,由于市场逐利性,难以有效吸引资本下乡。

老区乡村地理位置偏远、地形多为山地,建设成本高,基础设施配套不足,产业基础薄弱,公共服务欠佳,这些因素均增加了融资贷款的难度。首先,从农业农村基础设施建设方面来看,其主要依靠政府拨款,缺乏社会资本投入,而老区财政负担重,因此在基础设施建设方面难免存在诸多落后之处。其次,从老区乡村产业发展来看,受地理地形因素影响,

---

① 《马克思恩格斯文集》第1卷,人民出版社,2009,第149页。

第四章 闽西革命老区乡村振兴存在问题的原因分析

小农经济模式还较为普遍，筹资额度一般较低，通常通过农村信用合作社贷款解决资金短缺问题。但是随着近年来对乡村发展的重视，特别是随着乡村振兴战略的实施，农户对融资贷款的需求有所提升，小额贷款已满足不了需求。为解决这一难题，"两权"（农村承包土地的经营权、农民住房财产权）抵押贷款的创新之举被提出并逐渐在全国推广。广大乡村土地资源丰富，农村承包土地的经营权（以下简称"农地经营权"）抵押贷款可及性更强，能够辐射的面更大。福建 10 个县（市、区）被列入国家农地经营权抵押贷款的试点县（市、区），这 10 个县（市、区）分别是漳浦、建瓯、沙县、仙游、福清、武平、永春、屏南、邵武、古田。[①] 它们均是老区县（市、区），其中，漳浦、建瓯、沙县、武平、永春、邵武是原中央苏区县（市、区），屏南、古田是闽东苏区县。这既体现出国家及地方政府在确定农地经营权抵押贷款试点县（市、区）时对老区予以倾斜照顾，也说明老区县（市、区）农村有较强烈的贷款需求。在国家政策的扶持之下，农地经营权抵押贷款取得一定的成效，但是从调研的结果看，老区县（市、区）农地经营权抵押贷款实际运营的效果欠佳，这主要体现在以下两个方面。一是政策引导性特征突出，转入自主良性循环运作难。农地经营权抵押贷款试点本身就带有明显的政策引导性，而其在老区试点则凸显了政治色彩。为了体现政策的可行性、可持续性，也为了充分体现对老区特别是其乡村发展的照顾，政府对老区乡村抵押贷款的笔数、金额有每年递增的目标设定，因此政府投入大量的人力、物力、财力以完成任务。银行在国家政策号召下也积极响应。一开始的政策引导与推动是应当的，但是历经多年仍然主要依靠政府推动，这不得不令人审慎考虑政策在具体应用时是否遇到"水土不服"的问题。同时，这也是没有处理好政府扶持与市场机制辩证关系的表现之一。二是老区小农经济特征仍较为突出，贷款额度小、较为分散，贷款需求难以得到有效满足。有关农村地区金融排斥的研究不在少数，农村市场收益低，甚至存在亏本状况是金融排斥的主要原因。[②] 马克思、恩格斯强调对小农的合作化改造，是出于发挥农业生产经营规模

[①]《关于印发〈农村承包土地的经营权抵押贷款试点暂行办法〉的通知》，中国政府网，2016 年 3 月 15 日，http://www.gov.cn/zhengce/2016-05/24/content_5076149.htm。

[②] G. S. Uddin, M. Shahbaz, M. Arouri et al., "Financial Development and Poverty Reduction Nexus: A Cointegration and Causality Analysis in Bangladesh", *Economic modelling* 36 (2014): 405-412.

化优势的考虑。金融排斥与农业生产经营难以规模化,农村市场信息不对称、价格波动大、收益风险高,贷款额度小、贷款分散,农村征信中信用测度难等密切相关。① 相对于一般乡村地区,老区乡村地理位置偏远,山地丘陵遍布,小农经济发展特征更加突出。

龙岩市农业农村局调研员举例子说道:"银行在接受每一笔农地经营权抵押贷款申请时都需要完成勘察、评估等烦琐的程序,一笔5万元的小额贷款或许与一笔50万元的贷款投入的成本差不多。在收益最大化的利益驱使下,银行自然不愿意接受小额贷款。"(访谈编号:M3-20210714)

老区农业保险也存在着类似于农地贷款难的问题。马克思指出,保险能"弥补偶然事件和自然力所造成的异乎寻常的破坏"②。农业保险能够在很大程度上化解农业"靠天吃饭"的风险,减少灾害损失。政府鼓励农民购买农业保险,并在推动购买农业保险上给予了较多政策优惠,但调研中的大多数老区乡村种植养殖户并未购买农业保险,主要原因在于保险公司并不接受小、散农业经营主体的投保。通过对从业10余年的福建省某保险公司片区经理、某老区县保险业务员的访谈发现,保险公司为了规避小、散农业风险,基本上不接受农村散户农业保险投保,在勘察审验方面比较严格,通常接受机械化、智能化水平比较高的农业企业投保。对于保险公司而言,勘察审验程序比较烦琐、人工成本较高,农业大企业、大合作社所带来的规模收益更高。老区在机械化、智能化农业发展方面比较薄弱,广大的农户却有着较为强烈的农业保险投保需求。

NL村某家庭农场主陈某承包果园种植蜜雪梨近30亩,当问及种植蜜雪梨是否购买农业保险时,陈某的回答是:"我们很强烈希望有农业保险,因为我们这个靠天吃饭风险太高。但我咨询了保险公司,保险公司说最好村集体甚至镇出面协调集体申报才可以。"(访谈编

---

① 李阳、于滨铜:《"区块链+农村金融"何以赋能精准扶贫与乡村振兴:功能、机制与效应》,《社会科学》2020年第7期。
② 《马克思恩格斯文集》第6卷,人民出版社,2009,第198页。

号：MC5-20210719）

地方政府竭尽所能为工商资本下乡创造各种便利的条件，如加强基础设施建设、给予部分奖励，且老区在争取政策照顾上更具有优势，但总体上老区乡村对资本的吸引力还是十分有限。此外，部分资本过分依赖政策扶持，也导致了一定的发展不经济现象产生，如缺乏市场化的通盘考虑，导致项目亏损，不利于工商资本下乡的可持续发展。

三　红绿色产业城乡融合发展不足

马克思、恩格斯指出"工商业劳动同农业劳动的分离……也引起城乡的分离和城乡利益的对立"[①]，产业分离促使城乡对立。推进城乡融合重点在于产业的融合发展。对于老区而言，需要重点推进红绿色优势产业城乡融合发展。目前，老区红绿色产业城乡融合发展仍显不足。

（一）红色产业城乡融合发展有待推进

老区乡村多位于边远山区，其红色资源呈现零散化分布特点，难以有效开发利用，无法形成规模经济效益。若能够在统筹城市相关产业发展时，充分运用系统思维，联动乡村红色产业发展，则能够有效化解乡村红色产业零散化、小规模发展难题，带动乡村红色产业经济效益提升。然而现实中，仍很少运用联系的辩证思维统筹推进老区乡村红色产业城乡融合发展。

一是城市红色产业联动乡村红色产业发展不足。这主要表现为城乡红色产业发展之间相对割裂，缺乏有效整合。城市红色产业未能通过与乡村红色产业建立共同发展的利益链，将客源优势有效导向乡村地区。城乡之间未能通过优势互补，实现红色产业链在城乡之间的有效延伸，例如，城市地区的红色产业更偏重于室内教育培训，而乡村地区的红色产业更偏重于红色文旅与红色研学，若能够充分将城市红色教育培训产业与乡村地区的红色产业优势相结合，将产生更多的经济价值，而现实是二者彼此之间

---

① 《马克思恩格斯文集》第 1 卷，人民出版社，2009，第 520 页。

有所脱钩。此外，跨区域的城市对接发展存在显著不足。这里跨区域对接指的是与本地老区之外的其他城市，如闽西之外的厦门、福州等对接。厦门、福州等大城市发展红色产业时，如何联动闽西等重点老区乡村红色产业发展还有待深入探索。

二是城市其他产业联动乡村红色产业发展不足。不仅红色产业可以实现城乡融合发展，城市其他产业发展也可以联动老区乡村红色产业发展。例如，如何更好地优化文旅线路，将城乡之间的文旅资源有效串联，特别是将乡村红色文旅资源纳入热门文旅线路，实现优势互补、共享发展资源，还有待深入考究。

（二）绿色产业城乡融合发展有待推进

老区生态发展底色突出，农林业本身就具有绿色基底，进一步强化农林业绿色化发展，推动绿色产业一、二、三产融合，有利于强化"普遍"绿色发展之中老区的"特色"发展，但产业的融合发展需要城镇化带动。老区城市对乡村绿色产业的带动还有待强化。

一是以城乡融合发展促进绿色产业向二产拓展有待进一步推进。老区农林业发展大多指向初级农产品销售，缺乏精深加工，这主要是由于城市对乡村农林业发展的工业支持不足，尤其是缺乏乡镇企业联动农林业一、二产融合发展。从上述对老区乡村发展历程的梳理可知，自改革开放以来，随着市场经济的形成，乡镇企业异军突起，对推动小城镇发展起到重要的作用，而小城镇能有效联动城市与农村的发展。但闽西部分乡镇企业不断向城市搬迁，乡镇的经济支柱日益弱化。一些乡镇在10年前还有诸多农林产品工业企业，如水果罐头厂、竹艺产品加工厂等，这些工业企业曾经作为乡镇的支柱性企业，为乡镇带来了一定的财政收入，也为农民带来了较多、较好的就业机会。但这些农副产品加工业企业陆续搬到城区，一些乡镇变成以初级农产品生产为主的农业型乡镇。正如马克思所指出的，"少量的复杂劳动等于多量的简单劳动"[1]，生产初级农产品的劳动相较于产品精深加工而言多为简单劳动，不能产生更多的价值，进而不能带来更多的收益。

---

[1] 《马克思恩格斯文集》第5卷，人民出版社，2009，第58页。

二是以城乡融合发展促进农林业向三产延伸的方式有待优化。城镇化的发展唤起了城市居民对传统乡村生活的怀念与向往，在相当一部分城市居民的心中，乡村并非落后、狭隘的代名词，而是意味着相对于城市而言的静谧、纯粹和自然之美好。为满足对美好自然生活的期冀，各地老区乡村大力推进乡村旅游建设，特别是投入了大量的人力物力兴修民宿等，但实际能够有效吸引的城市游客十分有限。不少民宿还存在亏损的情况，这一方面是由于疫情的影响，但另一方面也需要加强城市文旅产业同农林业三产的联动发展规划，同时需要在老区乡村农林业、农林产品加工业稳步发展的基础上循序渐进，审慎推进第三产业发展。

四 城乡基本公共服务均等化水平有待提升

恩格斯指出应"把城市和农村生活方式的优点结合起来，避免二者的片面性和缺点"[①]，农村生活方式的优点在于相对生态环保，而城市生活方式的优点在于更加现代化、能享受更多更优质的公共服务，要实现两者的结合，一方面要让城市更加生态美丽，另一方面要让乡村也能够充分共享城市的公共服务。国家强调推进城乡基本公共服务均等化，但均等化是要求与趋势，并不能一蹴而就，短时间内实现完全均等既不科学也不现实。一则按照马克思、恩格斯所述，城镇化的发展必然首先导致乡村的衰败，衰败首先体现在乡村人口的空心化上，乡村人口的空心化导致居民对公共服务的需求量降低；二则从政府财政支付能力及分配有效性来说，在广大乡村实现基本公共服务完全均等不现实。因此，城乡基本公共服务均等化必然内隐着两方面含义：一是在国家及地方财政支付能力范围内，尽可能推进城乡公共服务水平差距的不断缩小；二是并非所有公共服务都能同时得到均等化，在有限的财政实力范围内，必将首先满足城乡兜底性、保障性基本公共服务的需求。由此，下面在上述阐释框架内来说明老区的城乡基本公共服务均等化存在的问题。

在大力推进生态宜居项目建设进程中，老区乡村用水、用电方面的生活条件实现了极大的改善，在厕所革命、卫生整治等方面取得了突出的成

---

① 《马克思恩格斯文集》第 1 卷，人民出版社，2009，第 686 页。

效，与城市尚无明显的差距，但在教育、医疗、养老等方面与城市还存在显著的差距。老区乡村多位于边远山区并存在突出的人口空心化问题，使得一些基本公共服务资源进场存在更大的困难，而且部分基本公共服务设施建设也并不符合资源有效利用的原则，例如：在城镇化的浪潮中，乡村撤点并校是统筹教育资源使其得到更好配置使用的必然性与必要性举措，在学龄儿童较少的乡村保留学校不利于教育资源的高效配置；在留守人口稀少的乡村设置卫生室也不现实；完全推进城乡养老的一体化从国家财政及社保基金的统筹使用上看不具备科学性。因此，缩小老区乡村与城市基本公共服务差距的关键问题，从城乡融合角度看，是如何更好地使乡村能够共享到城市的公共服务；从老区乡村的特殊性来看，是如何使得边远山区乡村跨越物理空间障碍，有效链接到城市的公共服务。而这些方面，正是老区城乡公共服务一体化推进的薄弱点，也是需要攻克的难题。

第四节 革命老区乡村振兴模式有待优化

从唯物辩证法的角度看，事物发展有其共性，也有其个性，需实现共性与个性发展的有机统一。国家乡村振兴战略要求因地制宜推进乡村振兴，是对唯物辩证法的贯彻实施。老区乡村振兴并非千篇一律，欠缺差异化的振兴模式将影响其经济社会效益的发挥。现有老区乡村振兴模式在差异化发展上取得了一定的成效，但还需进一步完善分类推进方式。

一 基于红绿色资源的发展模式异质性不足

红色资源丰富是老区特别是其乡村的共有特色与优势，绿色资源丰富也是绝大部分老区乡村的比较优势，推进红色与绿色的融合发展是老区乡村发展的典型模式。在这种典型模式中，红色、绿色资源活化利用必然有差异化的要求。但是老区乡村在红色、绿色及红绿色融合发展模式上还存在着异质性不足的问题。

其一，处理好基于红绿色资源的"普遍性发展"与"特色化发展"辩证关系存在困难。一是普遍性发展失去特色效应。各地乡村红色文旅资源及设计的文旅产品、方案、线路存在较为突出的同质化现象，缺乏核心竞争力。在对闽西老区乡村的调研过程中，笔者见到诸多红色旅游景点，它们从建筑外观上看没有显著区别，在内饰上也只配有简单的图文说明，甚而其革命历史地位也并非十分突出，这样开发导致文旅资源的特色性未能有效凸显，容易陷入"千篇一律"的发展境遇，降低各乡村红色文旅资源的异质性与吸引力。在绿色发展上，尤其是休闲农业的发展，也充斥着"赏花节"、亲子果园采摘等同质化模式，缺乏足够的吸引力。利用良好的生态资源拓展森林康养等产业是老区乡村拓展绿色产业的有效方式，但是这些产业未能凸显明显的差异性、特色性；与沿海非重点老区发达地区相比，在地理位置及客源明显处于弱势的情况下，同质化的发展模式尚不能有效吸引异地（其他城市或省份）客源。二是特色化发展失去规模效应。不可否认，各老区乡村的红绿色资源都有其特色。因地制宜推进特色化发展是运用辩证思维的体现。官方或学界倡导经济发展推进"一城一品"、"一县一品"、"一镇一品"乃至"一村一品"建设，其本意是促进特色化发展，实现超额经济效益。但实际上在较小的规模上发展特色产业，因无法发挥规模化发展效益也就难以实现特色性优势。闽西老区在统筹乡村振兴特色化发展与规模化发展方面值得借鉴，如推进县域片区建设、跨村联建等，但细化到乡村产业发展方面还需处理好特色化发展与规模化发展的关系。乡村红色产业发展方面，众多红色文旅景点从单个主体来看，很有特色，但是因其体量小，吸引游客的能力弱、游客投入与收获不能有效匹配，所以，其经济效应的发挥十分有限。绿色产业发展方面，规模太小难以量产化，基础配套设施也难以配齐或成本收益不匹配，难以量产导致推进工业化及现代化营销较为困难。从大的范围来说，由于老区多位于跨省交界处，跨省交界处各省老区的乡村红色资源具有同根同源性，只有通过整合开发，才能促进红色产业的特色发展与发挥规模效应。各省份之间就红色文旅的联合开发达成了系列协议，但是受行政区划的影响，红色资源的联动性仍然较差。闽西与赣南同属于原中央苏区重要组成部分，而且形成了以龙岩市及瑞金市为红色文旅开发的两大核心的格局，但各省之间特别是各省边缘区域之间资源共享及民间交流合作还有待进一步加强。从小的范围来说，近年来，一些老区村的红绿色资源被充分开发，但零散化的分布致使其对游客的吸引力有限，需要进一步打造规模连片优势。

其二，红绿色资源融合发展尚需分类推进。在"红+绿"发展模式当中，因红、绿色资源禀赋不同，在发展模式中对经济发展发挥的作用各不相同，需采取的融合发展模式应有所区分，而不应当静止、片面地套用固有发展模式。一是如前所述，有的乡村红色资源特别突出，红色产业本身可以作为主导性产业，但在红色产业发展的同时忽视了绿色产业的联动发展。二是有的乡村红色资源不突出，绿色资源较为突出，如有比较好的自然景观，在利用绿色资源带动客流量的同时，还未能充分带动红色文化的传承发展。三是有的乡村红色资源并非特别突出，绿色资源也一般，这样的乡村套用一般化的发展模式容易陷入"千篇一律"的发展境遇中，带来的经济效益十分有限，甚至会出现巨额亏损。在全面推进乡村振兴的进程中，各老区乡村都在努力打造"红+绿"发展模式，但对此的细化分类还有待推进。

二 激活内生力量参与振兴模式亟待优化

内生力量与外生力量是相对而言的，激活内生力量更强调利用内部的人力、财力、物力实现发展。就乡村振兴而言，激活内生力量指的是更多发挥村民的主体力量，发挥乡村的血缘、亲缘关系的作用，更好地利用乡村资源禀赋实现发展。而如马克思、恩格斯所强调的，人具有主观能动性，乡村振兴关键在人，激活乡村振兴的内生力量关键在于激活人的要素，包括村民自治组织、村民以及与村民有血缘、亲缘关系的已城镇化或半城镇化的人群，后者主要指的是乡贤。老区乡村接受的政策倾斜照顾多，受外部力量驱动明显，尤其在老区乡村振兴示范建设中，普遍地存在着"外部力量+"发展模式，缺乏内生力量的嵌入，更欠缺内生力量的主导。在内生力量发挥方面，大多还是依靠"村'两委'+"发展模式，即依靠村"两委"来统筹，乃至有的乡村是村主要干部唱"独角戏"，农民如马克思所述像"一袋马铃薯"[1]一般呈现原子化状态。老区乡村内生力量总体上相对薄弱，确需政府及社会力量的帮扶，但其内生力量实际上也存在着差异化的特征，尚需以差异化方式使其加以发挥作用。例如，调研中的老区村 DX 村、KY 村、PF 村、QW 村、RT 村为原省定贫困村，从 20

---

[1] 《马克思恩格斯文集》第 2 卷，人民出版社，2009，第 566 页。

世纪 90 年代开始，一批农民进城务工创业、学生进城学习深造，现均已市民化，而且不少还是各行业发展当中的精英，但这些村庄未能充分利用好乡贤资源，仍较为依赖政府的"输血"赋能。要有效整合乡贤资源、促进农民组织化发展，需要深入探讨分类推进模式。

三 不同区位条件下的城乡融合发展尚待分类推进

马克思主义强调促进城乡融合发展，但乡村与城市地理距离的远近将影响城乡融合发展。老区乡村相较于一般的乡村总体上地理位置偏远，但就老区乡村内部对比而言，仍然存在着与老区城镇远近的区位差别。区位条件上的不同将直接影响老区的城乡融合发展难易程度和实现方式，例如，老区的城中村同其他地区的城中村一样实际上已实现城镇化；有些乡村处于城郊区，在城镇化的发展过程中，或将逐渐成为城市的一部分；但老区的很大部分乡村距离城镇中心较远，这些乡村地区应是我们关注的重点。依据区位条件划分的各类老区乡村该如何发展，是否具备相应的发展模式，如果有的话，是否可以进行经验总结和推广？在各区位的老区乡村发展中，红绿色资源等老区特色优势资源该如何发挥作用？在现有的实践中，很大一部分近郊的老区乡村因为区位条件优势得到了较好的发展，并且陆续建设了一批乡村振兴示范点，使红绿色资源得到较好的活化利用。而远郊的老区乡村大多还处于"待开发"的状态，红绿色资源几乎处于沉睡之中。由此，老区乡村振兴也存在着"马太效应"。推进典型示范，有利于把有限的资源放在刀刃上，实现以点带面，但还需注重示范点建设的区域均衡性，在边远山区地区尤其是脱贫老区村尽可能探索更多更有效的振兴发展模式，使可用的资源能够得到更好利用，推进近郊、远郊地区乡村振兴示范点的相对均衡布局，有效推动老区乡村内部的畅通循环，促进协同发展，以此推进实现共同富裕。

第五节 革命老区乡村振兴制度尚需完善

马克思、恩格斯强调生产关系对生产力、上层建筑对经济基础的反作用，国家作为"表面上凌驾于社会之上的力量"①，是完善制度、保障社会和谐稳定的主体力量。制度对推进乡村振兴具有重要的保障作用，国家在政策制度方面对老区乡村振兴予以倾斜，但在要素资源保障、治理体系与治理能力现代化、相对贫困治理长效机制建设等方面仍有待完善的地方。

一 要素资源保障有待加强

随着乡村振兴的全面推进，乡村地区的要素资源保障已不能充分满足发展的需求。老区乡村由于地理位置偏远、多为山区地形，更需要强化要素资源保障。一是老区乡村振兴用地保障有待加强。随着城镇化的发展，在农地红线的政策施压下，为了支持城市发展，城市发展用地占用了乡村农地指标。而随着乡村振兴的深入推进，老区乡村也产生了诸多新的非农化用地需求，但前期城市发展对乡村农地指标的占用，使得现今乡村振兴发展用地受到较大限制。虽国家支持满足乡村发展过程中必要的用地需求，如完善交通道路基础设施等，但因其部分涉及红线用地，在申报审批过程中还存在着较大阻力，程序较多，时间跨度较大，这也在一定程度上影响了老区乡村振兴的推进。二是老区乡村振兴资金保障体系有待完善。马克思、恩格斯强调交通建设对于边远山区发展的重要性，现今我国仍然强调"要致富先修路"。对于全面推进老区乡村振兴而言，乡村道路亟待拓宽升级，但是老区乡村道路升级改造一方面会遇到触碰耕地红线的问题，另一方面更多的掣肘因素在于缺乏资金。乡村道路改造资金主要来源于政府有关部门配套资金及乡村自筹资金，但是老区政府财政收入比较少，乡村自筹资金也十分有限。乡村冷链物流建设的需求量也较大，通过访谈邮政快递地区经理得知，冷链物流建设的成本较高，一般的快递公司难以推进乡村冷链物流建设，老区乡村道路多为山路，推进的成本更高，老区乡村冷链物流建设亟须政府扶持推进。国家对老区特别是其乡村发展的资金扶持倾斜幅度大，也强调对老区乡村的建设补助，但因未能明确对老区乡村资金支持指向的具体项目，最终对老区乡村的资金支持往往可能变为资金的"统筹使用"。资金或将更多地偏向于老区城区建设，而对乡

---

① 《马克思恩格斯文集》第4卷，人民出版社，2009，第189页。

第四章 闽西革命老区乡村振兴存在问题的原因分析

村建设的资金配套及其精准性恐有不足。现有对老区乡村的资金扶持也倾向于乡村振兴试点项目，而项目建设又在很大程度上倾向于文旅类，在疫情之下文旅发展的脆弱性凸显，投入广大乡村的农业、农产品加工业的资金有待增加。村一级在使用惠农支农项目资金时规范性不足，欠缺对"民意"的了解，进一步削弱了村民参与自治的积极性。

一名省老区办领导说道："国家拨钱支持老区建设，但有的老区大省实际上大部分是老区。你要用钱重点支持哪个地方呢？这里面就会涉及'统筹'的问题，'统筹'的灵活度比较高，但也就缺乏一定的精准性。"（访谈编号：F3-20220303）

一名乡镇书记说道："国家对老区的资金支持是很有总体性的，一般只会把钱拨到省一级，省把钱拨到市、县一级。但各级下达文件通常都没有很明确地指出用于乡村建设，只是让各级政府'统筹使用'，统筹使用的结果就是很多的钱实际上用到城区建设了。政府从资金优化使用角度来说好像也没错，谁用钱急就给谁，谁能带来更多税收就给谁，但从支持乡村振兴角度来说是不利的。"（访谈编号：MZ7-20220520）

一名村支书说道："我们看到政府投入了很多钱到试点村，但是试点村对我们这些非试点村的模范带动作用还十分有限。而且这些钱没有主要投入在产业发展上，过于重视做旅游项目了。想主要依托旅游来发展乡村是发展不起来的。"（访谈编号：MG6-20220707）

另一名村支书说道："由于村庄住户居住较为分散、外出村民较多等原因，存在群众意见征求不足的情况，'一些财政支农惠农项目没有经过充分的调研就开展，以致村民对正在开展的民生项目知悉较少，对基层治理参与积极性降低。"（访谈编号：MG7-20220722）

二 治理体系与治理能力现代化亟待推进

乡村治理体系与治理能力现代化主要涵盖了党建引领、群众主体以及社会互动的多元主体共治格局，自治、法治、德治相结合的治理体系，智能化现代化转型升级的治理手段。对于老区乡村而言，治理体系与治理能力现代化推进的不足主要体现在村"两委"领导班子队伍引领致富能力有待提升、群众参与基层自治的积极性不高、治理手段尚需优化升级上。

首先，村"两委"领导班子队伍引领致富能力有待提升。对于老区而言，红色基因充分发挥了意识的能动作用，在涵育基层党组织、加强党建阵地建设、优化党员思想政治素养方面取得了突出的成效。从闽西老区乡村振兴试点村的调研中，可知基层党组织在老区乡村振兴中发挥着引领性的作用，尤其是具备较强营商管理能力的村支书在引领村民致富方面发挥明显作用。在同样的发展条件下，拥有较强致富能力的村支书，可以带领老区村实现产业发展、集体经济不断壮大、人民生活日益富裕，甚至可以完成从贫困落后到富裕反超的跨越式转变。笔者调研的老区村的村支书学历多数达到专科水平，平均年龄在 40 岁以下，有的村"两委"平均年龄在 30 岁出头。但村"两委"致富思维与能力尚未有实质性的改变，尤其是部分村"两委"等、靠、要的思想仍较为突出，面对边远落后、发展资源差的情况，缺乏辩证发展思维与创新拼搏能力。

其次，群众参与基层自治积极性不高。马克思强调发挥人的主体作用，群众主体性激发不足将影响老区乡村自治。马克思在《路易·波拿巴的雾月十八日》中还指出，由于分散隔离的生活状态，农民的政治参与意识比较薄弱，"他们不能以自己的名义来保护自己的阶级利益"[①]。基层自治乏力是学界普遍关注的问题，对自治乏力问题的归因多从以下几个方面展开：乡村群众的民主意识薄弱、空心化致使自治主体不在场、村干部推动自治不力、基层自治组织存在行政化倾向、自治工作制度欠完善等。老区乡村群众参与基层自治积极性不高，既存在共性原因，也存在特殊性原因。其一，突出的人口空心化问题影响老区乡村自治。如前所述，由于地

---

① 《马克思恩格斯文集》第 2 卷，人民出版社，2009，第 567 页。

理、经济等因素影响，老区乡村人口空心化问题更加突出，部分群众白天为了工作前往城市，晚上回到乡村，往返于城乡之间，无力参与乡村治理。但空心化不能作为自治主体缺位的主要原因，换言之，空心化既已成为现状或趋势，就需要运用辩证转化的思维进一步探索实现自治的时空转换。其二，老区乡村自治组织行政化特别明显。尤其是部分老区乡村被列为乡村振兴示范点，由于其肩负的"政治使命"更重，一方面更容易获得政策倾斜支持，另一方面也更容易成为示范建设的标杆，因而被各级政府、单位考察的概率增大。老区乡村干部大多数时间用于"陪考"，整理考察性材料，无心无力组织群众自治。

一名老区乡村振兴试点村的村支书说道："我们村里红色遗址在县里还是有知名度的，以前就经常搞接待了。去年批这里做了乡村振兴试点以后，我们就更忙了，一会省里，一会市里，一会县里来检查，我就专门腾时间用来等待、陪同这些领导视察、汇报。村里'两委'手上都有各自的分工，但是他们还要帮忙做一些汇报材料，哪里还有空组织村民开展自治工作？"（访谈编号：MG5-20210810）

另一名老区乡村振兴示范村的村支书说道："我们村作为全国有名的示范村，要迎接许多检查，尤其是我们村里卖各种各样的农产品加工品，要接受的各式各样的检查更多。但是为什么各部门不能协商一下、整合一下，一起来检查呢？消防、安全、卫生等部门一起来检查。各部门轮流来检查，我们每次都要重复做材料，重复接待来检查的人，增加我们的工作量。"（访谈编号：MG8-20240707）

最后，治理手段尚需优化升级。空心化问题的加剧要求我们寻求治理时空场域的转换，加强现代化科技化手段赋能。目前，老区村的治理手段还较为传统，虽然较为普遍地通过建立村民 QQ 群、微信群等互联网通信方式加强联络，但也多用于通知村务，而未能有效推进乡村群众通过线上方式参与协商治理。对乡村群众参与治理存在很大程度上的忽视、漠视，对乡村群众参与治理的激励机制完善不足，相当一部分乡村民主治理严重缺位。

三 相对贫困治理的长效机制尚未健全

2020年脱贫攻坚取得全面胜利，但2020年以后我国仍然面临着相对贫困治理问题。2021年中央一号文件指出对脱贫地区设置5年过渡期，实现巩固拓展脱贫攻坚成果同乡村振兴有效衔接。相对贫困治理是长期持续性的事业，其治理模式需向"制度性"常态化模式转型。[①] 老区很大部分还属于欠发达地区，各个省份重点老区苏区相对贫困治理的任务均较为艰巨。国家专门制定了《"十四五"时期支持革命老区巩固拓展脱贫攻坚成果衔接推进乡村振兴实施方案》。但老区乡村尚需健全相对贫困治理的长效机制，这首先要求进一步完善相对贫困的界定、精准识别与动态调整机制，此外更重要的是处理好政策的持续倾斜、政府及社会的持续帮扶与更充分地激活内生动力的关系。

"人们自己创造自己的历史"[②]，增强老区发展内生动力需要激活的主体是乡村群众，而激活群众主体力量，从外源动力来说，尤其要优化政府与社会力量的帮扶机制，使政府及社会帮扶能够促进老区乡村资源的活化利用，促进群众主体素质能力的提升。但帮扶转化为老区乡村发展内生动力的机制还有待进一步完善。从之前的精准脱贫帮扶到如今继续深化帮扶，国家鼓励通过各种形式加强对老区特别是其乡村的帮扶。在国家颁布的《老区乡村振兴实施方案》中"完善帮扶机制"就包括了充分发挥中央和国家机关及有关单位对口支援和定点帮扶机制作用、鼓励省级建立省直机关及有关单位对口支援和定点帮扶省内老区县市的机制、完善东西部协作机制、鼓励金融机构对老区项目的支持、引导社会力量加强帮扶等。如前所述，福建加强了对50个重点县域乡村振兴的帮扶，强调对原省定贫困县的帮扶，其中就包括不少老区县。在社会帮扶方面，深入推进"阳光1+1"行动，引导千家社会组织帮扶千个老区村发展。但总体而言，在帮扶对象的精准性及帮扶内容的有效性方面尚有进一步完善的空间。一是帮扶的精准性尚需提升。帮扶示范建设与推进相对均衡发展存在矛盾，帮扶示

[①] 郑继承：《构建相对贫困治理长效机制的政治经济学研究》，《经济学家》2020年第5期。
[②] 《马克思恩格斯文集》第2卷，人民出版社，2009，第470页。

范建设的"度"难以把握，在帮扶带来的外源动力之下，有的乡村发展好上加好，而有的乡村逐步走向衰微。当然，从城镇化发展的趋势看，有的乡村必然走向衰微，但如何评判哪些乡村该得到更多的帮扶、哪些乡村应得到一定的帮扶、哪些乡村不需要特别的帮扶，还未有明确的标准。部分乡村"两委"干部对于乡村振兴示范点评选与建设的合理性、科学性存在怀疑，或反问对发展好的乡村是否可以减少帮扶。过去尚处于贫困状态的县域，经过精准扶贫有些已发生了较大改变，如部分县域城镇化率已经明显超过国家平均水平，但由于"棘轮效应"或缺乏精准评判，这些县域仍持续享受倾斜性的帮扶政策。在国家及各地确定老区及老区村重点帮扶对象时，尚缺乏科学有效的进退机制。二是帮扶的有效性尚需提高。帮扶应侧重于"造血"，而非"输血"，但"造血"中的激励及评价机制还有待完善。老区农村集体经济发展基础薄弱，经营性村财收入普遍较少，但在脱贫攻坚的考核压力之下，政府倾向于通过"输血"或变相"输血"的方式使贫困村脱贫。不少帮扶还停留在"送钱""送米""送油"的粗浅层面上，更深入地帮助老区乡村群众化解实际困难、帮助老区乡村群众掌握就业创业的技能、帮助老区乡村发展产业，才是激活老区乡村发展内生动力，增强乡村可持续增收能力的根本所在。

第五章 推进革命老区乡村振兴的实施路径

应坚持马克思主义的立场、观点与方法，推进老区乡村振兴。首先，坚持以老区人民为中心的根本立场。推进老区乡村振兴对促进共同富裕有着特殊的政治示范引领意涵，从根本上来说是为了推进老区乡村群众的全面发展。其次，坚持以马克思主义乡村发展思想为理论遵循。以红绿色优势产业为引领，推进老区乡村生产力发展；以老区乡村群众为主体，调动群众推进老区乡村振兴的积极能动性；以城乡融合发展为遵循，在科学处理城乡关系中促进老区乡村振兴；以制度建设为保障，健全党领导下老区乡村振兴的制度体系。最后，坚持唯物辩证法的方法论运用。宏观上，辩证处理好政府与市场、外源动力与内生动力的关系。老区乡村振兴受到更多的政府及外源动力的支持，但需要处理好发挥市场机制与激活内生动力的关系。中观上，辩证处理好共性与个性、发展优势与发展劣势的关系。老区乡村具有我国乡村的一般特点，也具有老区乡村的独有特征，具有独特优势，也存在突出劣势，需扬长补短、寻求辩证发展之策。闽西是老区高质量发展示范区，以闽西为例可以凸显闽西老区乡村振兴的"个性"问题，同时以闽西为例推进老区乡村振兴研究是从"个性"问题推及"共性"问题的解决。如前所述，闽西具有重点老区所具备的典型特征，如位于多省交界处边远山区的区位劣势、红绿色特色资源优势突出等。笔者在深入调研赣南、闽北、闽东等重点老区的基础上，发现了重点老区乡村振兴存在的共同问题。因此，对闽西存在的问题及其原因的分析，可以在很大程度上推进老区乡村振兴"共性"问题的解决。微观上，辩证处理好红色资源文化与经济效益、基于绿色资源的生态发展与经济发展的关系。为聚焦老区乡村发展的主要矛盾和矛盾的主要方面,重点探讨在处理好上述关系中更高效利用红绿色优势资源的问题。本章将在上述框架内探索推进老区乡村振兴的实施路径。

第一节 推动革命老区乡村生产力高质量发展

恩格斯指出小农生产方式是不可持续的,乡村的衰落是不可避免的,建议通过发展合作社促进农业规模化生产经营,"尽力使他们也易于过渡到新的生产方式"[1]。合作社是农村集体经济的重要实现形式。此外,马克思、恩格斯也强调科技对乡村生产方式的优化作用,科技运用能有效解决边远山区资产资源利用效率低的问题。

一 壮大集体经济发挥规模化生产经营优势

老区乡村相较于一般乡村,地理位置更加偏远,很大部分又是山地丘陵,人口空心化更加严重。加之资产资源市场化流转存在一定困难,为了使老区乡村资产资源得到更高效的利用,亟须通过合作化集体化发展赋能。由于老区是中国共产党的根,促进老区农村集体经济高效发展更能彰显社会主义的制度优势。

(一)发展集体经济是发挥规模化生产经营优势的重要途径

马克思、恩格斯指出小农必然走向灭亡的重要因素在于,其在小块土地上发挥不了规模化生产经营的优势,其低效率的生产方式必将被机械化、规模化的现代生产方式碾压。因此,要通过合作化集体化的方式来增强规模化发展优势,而且也只有推进规模化才能更加充分地利用现代机器设备。中国共产党在建党百年的历程中,也在不断探索优化乡村合作化集体化生产经营方式。新时代,党中央高度重视发展壮大集体经济。对于老

---

[1] 《马克思恩格斯文集》第4卷,人民出版社,2009,第529页。

区乡村而言,由于土地流转困难、人口空心化问题更加突出,更要推进乡村生产经营合作化集体化发展。而且,在老区乡村推进集体经济发展,更有利于彰显能充分发挥集体作用的社会主义制度的优势,更有利于在发展集体经济推动实现共同富裕上发挥典型示范作用。

(二) 以实现群众的切身利益为目的促进集体经济发展

老区农村集体经济及作为其主要实现载体的合作社该如何发展?其发展应遵循哪些原则?马克思主义乡村发展思想当中的合作社发展思想及新中国成立以来合作化集体化发展的实践,已明确告诉我们答案。一是必须给老区乡村群众带来切实的利益。这个利益主要是物质利益。不论是马克思主义经典作家还是中国共产党人都十分重视农村开展的工作是否有利于农民实现物质利益。老区乡村群众未能积极有效参与村集体经济的原因很大程度上在于未能充分感受到集体经济会带来额外的物质财富。以集体经济主要实现形式——合作社的发展为例,很多群众不愿意入社的原因在于尚未看到合作社所带来的物质利益,或者说合作社未能明显带来超过家户经营的收益。由此,老区发展农村集体经济必须通过提升发展效率以创造更多的利润,并且利润不可过多地截留在村集体账户,而是要能够按比例分配到乡村群众手中,使乡村群众真切感受到合作化集体化经营的规模效益。二是必须坚持自愿进退合作社原则。马克思主义经典作家强调推进合作社发展必须坚持自愿原则。集体经济的成员是全体村民,但合作社作为集体经济实现的重要形式应坚持自愿原则。坚持自愿原则是对老区乡村群众基层民主权利的践行,也是发挥其自主性的前提。现有老区乡村合作社还存在较多的"被动"成立情况,因此容易产生发展后劲不足、空壳社大量存在的问题。三是必须坚持示范建设的原则。如马克思、恩格斯所述,农民大多保守、狭隘,如何让农民"自愿"加入合作社呢?如何让村民更积极主动地参与发展村集体经济呢?马克思主义经典作家强调示范建设的重要性,"通过示范和为此提供社会帮助"[1],用实践成果让老区乡村群众看到通过推进乡村产业合作化集体化能够提高生产效率、促进增收,老区乡村群众自然会主动申请加入合作社,积极推动集体经济发展。除此之

---

[1] 《马克思恩格斯文集》第 4 卷,人民出版社,2009,第 524 页。

外，还可通过加强宣传教育，使老区乡村群众深刻了解产业发展合作化集体化的"好处"。

（三）新发展阶段把握老区农村集体经济发展的重点

马克思主义高度重视促进农民农业的合作化集体化发展。老区发展农村集体经济不能停留在传统思路上，需要向新型集体经济转型升级，针对老区农村集体经济发展存在的人才、产业等薄弱点要实施重点突破。

第一，巩固提升老区农村集体产权制度改革成果，着力推进资源变资产、资金变股金、农民变股东等"三变"。恩格斯在《法德农民问题》中论述过，丹麦的社会党人提出了类似于推进小农合作发展的设想，同一地区的农民"应当把自己的土地结合为一个大田庄，共同出力耕种，并按入股土地、预付资金和所出劳力的比例分配收入"[①]。这类似于现今的"股份合作"。传统农村集体经济向新型农村集体经济转变的前提与基础是深化农村集体产权制度改革。目前包括老区在内的各地方应对农村集体产权制度改革工作进行再梳理、再排查、再整改，各项任务虽已如期完成，但老区应发挥表率作用，进一步深入推进集体资产清产核资、成员身份确认、股份合作制改革，进一步调解好在此过程中产生的矛盾纠纷，科学合理地解决好存在的争议与问题。由于经济发展基础比较薄弱，整体上老区乡村的资产资源相较于发达地区乡村来说比较少，涉及利益纠纷的事务也相对较少；但在全面推进乡村振兴的进程中，老区乡村资产资源或将日益丰富起来，如若前期集体产权制度改革未到位将会影响后期新型集体经济的发展。因此，应抓紧时间会同政府官员、专家学者、村干部、村民等各类代表进一步深化农村集体产权制度改革工作。

第二，老区农村集体经济发展的直接靶向是盘活资产资源，尤其是农地资源。老区的农地与其他地区农地相比，由于地理地形方面存在的先天缺陷，推进经营权的市场化流转存在更突出的困难。此外，农地市场化流转使得农民难以分享资本增值所带来的额外收益。综上，老区村更需要通过村集体统一流转农地、发展产业，加快农民增收、促进共同富裕。农地资源的集体盘活需充分运用唯物辩证思维，因地制宜推进。对于正开发的

[①] 《马克思恩格斯文集》第4卷，人民出版社，2009，第525页。

农地资源要促进开发项目抱团发展，实现规模化效益。对于闲置的农地资源，需制订分类激活实施方案：对于可开发、易开发利用的闲置地，要动员将其经营权"回购"至村集体经济组织，由村集体统一经营管理发挥规模化效益，或由村集体实施统一的托管服务；对于难开发的闲置地，如高山荒地，村集体可统筹规划发展高山特色农产品等。城郊融合发展及其他文旅融合发展条件成熟的乡村地区，还可由村集体盘活闲置宅基地等资源，促进文旅休闲产业发展等。

第三，根据软硬件条件，探索发展老区农村集体经济的多种形式。如前所述，需要辩证看待和处理好政府与市场的关系。加强党的领导是壮大村集体经济的重要保障，但有必要科学认知"政经不分"存在的弊端，也需客观分析村"两委"尤其是村支书的营商管理能力。不可否认有少部分村支书有较强的营商管理能力，如闽西 KS 村支书在担任村干部前曾经营外贸公司，在担任村支书以后凭借着原有的经商经验及外贸资源，引进外贸企业入驻村里发展茶油加工出口，村集体以政府的专项扶持拨款及建设用地入股该企业，该企业每年固定给村集体分红，村集体经济发展实现了新飞跃，村财经营性收入从 2018 年的 6.95 万元增长到 2021 年的 60 万元。这个典型的例子具有一定的启示意义，需要一分为二地看待村支书的集体经济运营管理能力。一方面，应客观认识到部分村支书有较强的营商能力，他们能够带领村集体经济高质量发展，因此应积极鼓励致富能人担任村支书，有准备地动员这类能人参加换届选举。另一方面，也需客观指出，目前仍然有相当一部分村支书缺乏营商管理能力。村支书缺乏营商管理能力的村庄需要重点从群众、乡贤中选贤任能，由其担任农村集体经济组织负责人，或者通过多样化的手段提高农村集体经济的市场化发展能力。当然，即便是有较强营商团队的老区村也可通过多种形式壮大村集体经济。村集体经济发展的主要形式有以下几类。（1）农村集体经济自营。这个发展形式要求村集体经济组织主要运营管理人员具备较强的营商能力，倘若组织力量比较薄弱，则需通过派驻村"第一书记"、科技特派员或吸引致富能人加入等方式配优配强管理团队。（2）"农村集体经济+合作社"。通过领办合作社或与合作社的合作，能够有效地发挥村集体的资金、资产、资源（以下简称"三资"）优势，结合合作社中的能人专业优势，增强村集体与市场接轨的能力。（3）"农村集体经济+企业"。在资源开发缺乏资金、技术扶持时，可通过与企业的合作，促进村集体经济的发展。上述 KS 村即村集体与企业合作发展的典例。(4) 跨村联营/镇村联营。由于老区村规模小、分布零散，即便由村集体统一流转经营农地等资源，仍存在着规模效益不足的问题，可以进行村集体经济之间的跨村联营，如通过"三资"量化入股共同成立公司，实现优势互补、产业统筹发展；或者通过乡镇政府统筹引领村集体经济发展，如乡镇政府注册成立公司，各村"三资"量化入股乡镇公司，提升规模化发展效益。当然，发展壮大村集体经济还有资金入股本地企业甚至飞地入股等形式，但对于大多数老区村来说并不适用，主要是由于老区村自有村财基础比较薄弱。

第四，以发展农业为基础，循序渐进推进老区乡村三次产业融合发展。"农业劳动是其他一切劳动得以独立存在的自然基础和前提"[①]，中国共产党人继承发展了马克思主义中农业发展是基础的基本观点，高度重视发展农业，尤其强调保障粮食安全。新发展阶段，老区也须高度重视发展农业，首先，由于复杂的国际环境叠加新冠疫情影响，保障粮食安全是当前我国重要的战略发展前提。其次，必须尊重一、二、三产业循序渐进发展的客观规律。马克思指出，农业是基础，但是发展到工业社会，工业变成支撑生产力发展的主要力量，工业的发展带动其他产业的发展，"使工人阶级中越来越大的部分有可能被用于非生产劳动"[②]，这个"非生产劳动"在今日看来主要指的是服务业等。英国学者克拉克明确了产业结构调整按顺序阶梯递进的思想。由于地理地形条件限制这一客观因素，老区农业发展呈现小、散、乱的特点，须以集体经济的发展赋能农业规模化效益提升。只有做强做大农业，才能有序推进农产品加工业以及休闲旅游等第二、第三产业发展。最后，发展休闲农业、森林旅游等有利于发挥老区乡村绿色优势，但也需因地制宜，不可盲目跟进。在资金有限的情况下，老区乡村应以发展壮大农业为"压舱石"。在农业优先发展、强化发展的基础上，延长农产品产业链、提升附加值。初级农产品所带来的生产价值有限，应利用集体经济规模化生产优势，使产品从初级农产品向精深加工产品发展，通过品牌化发展提升产品知名度、实现差异化创新发展。有必要

[①] 《马克思恩格斯全集》第 33 卷，人民出版社，2004，第 27 页。
[②] 《马克思恩格斯文集》第 5 卷，人民出版社，2009，第 513 页。

强调的是，不排除一些老区乡村主要通过发展第二或第三产业带动第一产业发展，但是绝大多数老区乡村不具备产业结构倒挂发展的机遇与条件，仍应遵循优先发展农业的原则，有序推动产业结构优化。

（四）推进老区农村集体经济健康规范发展

规范化发展村集体经济须加强财务监管及推进科学的利益分配。在财务监管方面，除了强化乡镇政府的监管，还要强化群众的监督。由老区乡镇统筹村集体经济财务日常管理与监督，加强对财务经办人员的培训，建立财务定期公开制度，采取"线上+线下"相结合的公示方式，化解空心化背景下线下公示监督者有限的问题，使所有集体经济组织成员能够便捷无障碍地了解村财使用情况，并增加群众监督反馈渠道。督促各村制定合理的利益分配机制，虽然大部分老区村自有村财力量还比较薄弱，但各老区村均应完善利益分配制度，这是激励发展的重要前提。诚如列宁所强调的，在针对合作社的奖励制度方面，要能够激发合作社成员的自觉性，提高参与的质量，"不是消极地而是积极地参加"[①]。现今在进行村集体经济发展政绩考核时，也应突出"造血"发展的实效性。例如，应弱化对为集体经济"输血"的激励与考核，而应突出对引导村集体发展自主经营性产业的考核。在鼓励党支部领办合作社的过程中，应弱化基于合作社"数量"的激励与考核，注重通过检查日常账务流水、突击抽查等方式加强基于合作社实际运营率的激励与考核，加强对虚报合作社套取政府补贴等行为的惩处。此外，应鼓励多元主体领办合作社。村"两委"领办合作社有助于增强基层党组织的领导力，有助于合作社向集体经济发展过渡[②]；但是部分村"两委"不一定具有较强的市场洞察力，因此，要适当吸引乡贤、致富能人领办合作社，增强合作社的市场化竞争能力，制定多元主体领办合作社优惠政策。完善利益联结机制，进一步完善民主管理制度，加强引导，强化制度的实际运行，使民主机制真正发挥效用。在由村"两委"领办的合作社中，应多从乡村群众中选取监事人，加强群众监督；定期摸排空壳无效合作社，适时清退"僵尸社"。

---

① 《列宁选集》第4卷，人民出版社，2012，第769页。
② 江宇：《党组织领办合作社是发展新型农村集体经济的有效路径——"烟台实践"的启示》，《马克思主义与现实》2022年第1期。

二　以科技赋能红绿色引领的产业高效发展

马克思强调科技对促进生产力发展、提升乡村生产效率的重要作用。习近平强调："农业现代化关键在科技进步和创新。"① 老区乡村生产力发展更需要科技赋能，而老区乡村生产力发展主要基于产业发展。本部分仍将聚焦于老区乡村红绿色产业等特色优势产业发展展开论述，阐释科技赋能老区乡村红绿色产业高效发展何以可能、如何开展。

（一）科技是老区乡村生产力高质量发展的首要驱动力

创新是发展的第一驱动力。受制于地理、历史、社会等因素，老区特别是其乡村生产发展方式较为陈旧，创新发展动能不足。习近平强调："越是欠发达地区，越需要实施创新驱动发展战略。"② 其中，科技创新又是创新的核心内容。越是欠发达地区，越需要通过科技创新驱动发展，可以从两个层面理解。第一，随着科技革命的深入推进，发达地区继续加强科技创新引领，强化创新发展优势，而欠发达地区若未能及时跟上步伐，则发展差距将进一步拉大，不利于共同富裕的推进。第二，科技创新赋予欠发达地区跨越式赶超发展的契机。Perez 认为欠发达地区有两种机会窗口：一是劳动力成本优势所带来的发展机会，二是新科技革命所带来的跨越式发展机会。③ 由于新科技革命赋予了所有地区相对平等的起跑线，欠发达地区有机会实现弯道或换道超车。从国内发展现状来看，以贵州为代表的部分欠发达地区，在科技创新驱动发展方面抢占先机。例如，从 2013 年起，贵州省抢先发展数字经济"新蓝海"，经过十年的创新探索实践，曾经贫困人口多、产业基础弱、科技人才乏的贵州，在数字经济引领的产业发展领域实现了重大突破，创下了贵州经济后发赶超的奇迹。2023 年，

---

① 习近平：《论"三农"工作》，中央文献出版社，2022，第 216 页。
② 《习近平在宁夏考察时强调：解放思想真抓实干奋力前进 确保与全国同步建成全面小康社会》，《人民日报》2016 年 7 月 21 日。
③ C. Perez, "Technological Change and Opportunities for Development as a Moving Target", *Cepal Review* 75（2001）: 109-130.

贵州数字经济占 GDP 比重为 42%左右，多年来增速保持全国前列。[①] 中西部的鹰潭市、银川市等地区数字经济发展速度也较快。近年来，国家更加重视乡村地区数字经济的发展，《数字乡村发展战略纲要》《数字农业农村发展规划（2019—2025 年）》等战略规划相继发布。乡村数字经济得到快速发展，即使在疫情暴发期间，乡村数字经济也取得逆势发展。乡村居民、非正规雇工通过数字经济可以克服社会、金融等资源不足问题，更有利于推进就业、创业。老区乡村更需要通过科技创新来驱动发展。首先，老区乡村面临着更加突出的要素资源短缺问题，且因地形地理因素影响，耕作不易推进机械化，导致人工成本过高。若不能利用科技有效赋能，将进一步加剧乡村资源的闲置，乡村资源闲置遏制产业发展，产业发展不力又进一步加剧人口空心化，如此处于恶性循环当中，不利于老区乡村振兴。其次，由上述的论证可知，欠发达地区特别是其乡村地区以科技创新驱动高质量跨越式发展具备现实性。新科技呈现出更强的普惠性及包容性，特别是数字经济可以跨越地理障碍、包容经济发展基础薄弱等问题，通过线上共享等方式弥补资源短缺这一不足，使欠发达地区特别是其乡村地区获得相对平等的发展机会。老区乡村多位于偏远山区，过去经济发展多因此而受阻，而今新科技赋予老区乡村高效跨越式发展的契机。

（二）科技赋能乡村红色产业高质量发展

发展红色产业的前提是挖掘与保护红色资源，从过去至现今，红色资源挖掘与保护的技术手段有所改进，但仍然面临着升级优化不够的问题。多依赖传统的手段存在着成本收益不匹配问题，进而导致难以处理好红色资源文化效益与经济效益的辩证关系。加强科技赋能从短期看增加了科技成本投入负担，但从长期看是有利于统筹处理好红色资源文化效益与经济效益关系问题的，不仅降低了长期维护运营的成本，还有利于促进红色产业的创新发展。强化科技赋能红色产业发展，首先要强化科技赋能红色资源保护活化，其次要加强科技尤其是互联网、数字经济对红色产业的全过程服务。

[①] 彭刚刚：《贵州：抢滩数字经济"新蓝海"实现高质量发展新跨越》，《贵阳日报》2024 年 8 月 24 日。

第一，保护与利用红色资源须加强科技赋能。一是应用现代化手段加强老区乡村红色资源的保护。老区乡村红色资源分布较为零散、地理位置偏远，人工保护成本高，且损坏情况不易察觉，可根据地方财政及科技发展情况循序渐进，逐步实现乡村红色资源的科技管护全覆盖，特别是运用物联网等新科技实现乡村红色资源的智能化、自动化管理，闽西、赣州老区高质量发展示范区可率先探索乡村红色资源数字化保护模式。二是应用现代化手段强化老区乡村红色资源的利用。老区乡村红色资源要突破一般的图片、视频展播等刻板的展示方式，结合新时代群众追新求异的需求，特别是准确了解当代青少年等重点群体对通信媒体及新科技的掌握情况，探索更多元、更立体化的活化利用方式。此外，应有序推进非保密性乡村红色资源的数字化共享，改变书面的、静态的、固化的、封闭的管理方式，使更多的人能够更加便利地学习老区乡村发展的历史，拓宽传承发展红色文化渠道，也为进一步展开实践研究奠定基础。

第二，加强乡村红色产业发展的全过程触网，尤其是运用数字经济有效赋能。互联网经济下，各行各业都在深入推进网络化、数字化发展，以红色文旅为典型代表的老区乡村红色产业社会知晓率还较低，更需要通过全面触网、有效应用数字经济手段来加快发展，提升从宣传、营销、消费到售后的闭环式网络化运营水平。一是以数字化创新互联网宣传方式。整合共享，加强网上宣传资源的汇总，将乡村红色文旅等信息纳入各地方公共服务平台；或建立统一的红色文旅宣传推介网络平台，加强整体宣传、全面宣传的影响力。与时俱进利用微信公众号、微视频、直播平台等新兴媒体宣传乡村红色文旅，提升乡村红色文旅景点知名度，特别是针对地理位置偏远但是又别具特色的红色文旅景点打造网络打卡胜地等。二是以数字化创新互联网营销方式。由红色文旅官网统一搭建营销链条或者借助现有数字电商平台开展营销活动，以各地方为单位，推进大中小红色旅游景点门票、纪念品等入网营销，尤其是帮助乡村中小红色文旅景点打开网络营业渠道、延长收益链条。鼓励市场积极介入，为各区域打包网销乡村红色文旅产品，创造特色化、个性化产品，开发设计各种服务类产品，如制作乡村红色文旅"小红书"等。三是以数字化赋能改善红色文旅消费体验。在消费前，提供更加周到全面的大数据预测预警服务。利用大数据技术实时统计、播报红色文旅景点天气、人流量、门票预售情况及各类注意事项，给出出行指数；摸底调查游客偏好及反馈的常见问题形成大数据，为更好地服务潜在的客户做好事前准备。在实体消费中，同步提供网络化服务。为充分解决乡村红色文旅实地讲解人员缺少、讲解可及范围受限、讲解速度过快或过慢、讲解不够详细等问题，可在微信公众号、小程序或其他便利的平台提供旅游线路图及各红色景点详细的语音讲解，使每位游客在实地旅游中能同步便捷地了解红色景点背后的文化与历史，强化红色文化的传承发展。除了在实体消费中增加网络体验外，还可以直接设计网络虚拟消费模式。通过对红色资源的可视化交互设计，消除现实与虚拟的距离感，增强受众对历史的体验与理解，使红色资源更好、更广泛地被传播和了解。① 因疫情等原因，很多人不能如愿外出参观红色旅游景点，更难以参与老区乡村旅游，利用新技术推进红色文旅 VR/AR 项目发展，可以使人们足不出户在互联网也能身临其境般体验红色之旅。四是为红色文旅提供更好的数据追踪式服务。全面开通乡村红色文旅网络评价服务，形成分级监管模式，监管平台及时化解投诉，定期公布互联网监督评价及处理情况；接收有益建议，及时反馈建议采纳情况，对于纳入实施的建议应给予提议者荣誉鼓励。基于投诉评价及建议情况形成大数据，定期分析，以优化现有服务。

（三）科技赋能老区农业绿色化高质量发展

农业现代化关键在于科技进步和创新。恩格斯曾指出，"施以肥料，使用较好的农具，实行系统的轮作制"② 等科学方式促进了农业的进步。老区农业及其绿色化高质量发展推进的不足很大程度上在于科技赋能不足。因此，要加强科技赋能，尤其是应用数字技术等新科技，推进老区农业绿色化高质量发展。

一是科技赋能老区农业绿色化发展。老区乡村大多是丘陵山地，农业发展人工成本较高，一方面，可以通过机械化有效化解这一问题，这一点将在后文详细展开；另一方面，充分运用辩证思维巧打"生态牌"以转化人工成本高的劣势，可以在很大程度上化解山地丘陵难以推进机械化而不

---

① 铁钟、夏翠娟、黄薇：《文旅融合视域下红色文化信息资源数据化创新设计与实践》，《信息资源管理学报》2021 年第 4 期。
② 《马克思恩格斯文集》第 1 卷，人民出版社，2009，第 400 页。

能有效促进产业规模化高效发展的难题。巧打"生态牌"即利用绿色发展底色优势,推进生态农作物乃至有机农作物种植。有机农业比生态农业要求更严格,前者是禁用化肥、农药等,而后者是控制使用。① 在种植中不用化肥、农药在一定程度上会多耗费人力,据研究,有机农业比一般农业劳动力投入普遍高 30%~50%,有的要高出 6 倍。② 这有利于促进老区乡村人口的就地化就业,且由于老区特别是其乡村地区经济发展基础比较薄弱,劳动力成本也存在比较优势,适合于发展有机农业这种劳动力密集型绿色产业。老区乡村虽然存在不同程度的人口空心化问题,但留守人口中存在较多的初老、青老居民,他们仍具备较强的劳动能力,且有机农业的高效发展也能吸引部分中青年劳动力返乡。此外需强调的是,绿色有机农业相较于一般农业,并非不需要科技,相反,其对科技要求更高,要强化科技赋能,特别是加强大数据、物联网等的运用,有效推进土壤治理,加强无化学污染的病虫害防治管理。针对一般的农林业发展,也要积极推动研发适合老区乡村土壤环境的有机肥,减少化肥、农药使用量,推动农林业绿色发展,降低能耗、减少污染、改善环境。

二是科技赋能老区拓展绿色产业价值链。老区农业占比较高,农产品附加值低,价格低廉,单靠或者主要依靠农业不能有效带动老区乡村发展。要实现老区乡村产业结构优化升级,可立足于生态及农业基础优势,以科技赋能加强农副产品的精深加工。一方面,要着重利用老区乡村生态环境的相对优势发展生态农业;另一方面,要以生态农业为基底,推动第二、第三产业的发展,促进生态农业一、二、三产融合。对生态农作物进行深加工,有利于让产品中凝聚更多的价值,而且创造价值的多是高级的、复杂的劳动。诚如马克思所言,"一日较高级的劳动化为 x 日简单的劳动"③,因此推进生态农作物的精深加工,有利于提升农产品的附加值。例如,众多山区老区乡村是食用菌主产地,赣闽粤原中央苏区食用菌产量居于全国前列。在推进生态食用菌种植发展的同时,要积极推进生态食用菌的深加工,扩大招商引资规模,引进先进技术,探索其在营养制品、医

---

① 曹前满:《我国绿色农业发展的层次与结构体系的逻辑研究》,《当代经济管理》2020 年第 9 期。

② 丁长琴:《我国有机农业发展模式及理论探讨》,《农业技术经济》2012 年第 2 期。

③ 《马克思恩格斯文集》第 5 卷,人民出版社,2009,第 231 页。

药领域的加工，甚至还可以将其制作成处理废水、土壤污染的化学制品，促进以生物技术分解污染物等。林业发展也需走出初级林产品生产的价值链低端，运用科技赋能促进其向二、三产业拓展。龙岩市新罗区小池镇培斜村是老区基点村，利用良好的生态资源，于20世纪90年代开始大力发展竹制品加工厂，将竹林优势转化为凉席等竹制品的生产优势，且不断优化升级机械化模式，有效提升了竹制品产业发展效率，增加了林产品附加值。该村从"输血型"贫困村跨越式转变为具有产业支撑的"造血型"示范村。但培斜村这样的案例尚属于"典型"案例，整体上老区乡村运用科技赋能竹林等绿色资源高效利用这一模式的推广发展不足，且类似于将竹林加工制作为竹席的发展模式，也已不能充分适应市场追求更高端、更多样化产品的需求。显然，"竹席"在二三十年前是"现代科技"的成品，而如今却有可能只是"大众化"的产品，如果在大众化发展当中不求新、不求变、不深入开展科技赋能、不进一步发掘特色优势，这种发展模式也有可能被市场淘汰。老区乡村森林资源优势利用的另一种方式是大力发展林下经济，但林下经济更需要强化科技赋能。由于环境保护相关制度规定，林木不得随意砍伐，且林木实现经济收益时间长，而丰富的森林资源有利于发展林下经济，林下经济能在短期内实现经济效益，实现森林资源的"以短养长"[①]。部分林下经济农技要求比较高，更需要相关专家指导。例如，福建、江西老区部分地区适合种植金线莲，金线莲具有较高的营养和药用价值，推进林下种植金线莲给老区地区带来了较高的经济收益。但金线莲对技术应用要求比较高，需要加强产学研一体化合作，加强金线莲产品质量认证，促进规范化发展。

三是积极推进老区农业机械化发展。山地丘陵地形限制了老区乡村产业规模化高效发展，增加了劳动力成本，一方面可通过强化发展绿色有机农业化解上述问题，另一方面也要同步探索适合老区乡村的机械化发展道路。虽然马克思、恩格斯批判机械化的推进使得农民被机械替代，但也客观指出机器的运用提升了工农业的生产效率。国内外有关研究也强调机械化的推进中需嵌入"人"的核心地位。但从现有乡村人口空心化的情况

---

① 张超群、王立群、薛永基：《林下经济发展的驱动机制研究——来自13县448户农户调查的实证检验》，《经济问题探索》2017年第7期。

看，很大程度上并非机械挤占农民的生存空间，而是乡村劳动力短缺及农地闲置问题迫切需要机械化来化解。诸多老区乡村地区因地理地形因素不易推进农业机械化，不像平原地区可以开展大机械生产及推进全程机械化。由此，推进老区乡村农业的机械化需要从以下两个方面着力。其一，通过农地改造，化解"有机难用"的问题。依托高标准农田建设，加快丘陵山地"宜机化"改造；推进农田地块小并大、短并长、陡变平、曲变直，田间道路与机械化作业相匹配，实现互联互通，让农机到得了地、干得了活。其二，鼓励丘陵山地中小型机械设备发明创造，化解"无机可用"的问题。引导科研单位和企业瞄准农林业生产需求，着眼全产业链，研发丘陵山地种植养殖所需的高效农机。农机的研发既要关注市场空间，又要结合老区乡村土地特性、关注特色产品生产机械使用需求；同时要注重"研、推"合力，通过广泛宣传推广，提升老区乡村群众对特色农机的认识，实现研发与需求良性互促。推进全程机械化对老区乡村群众来说是一笔不小的开支，未能满足效益最大化的原则，而且现有机械设备售后服务尚存在不成熟之处，一旦机器损坏难以维修。调研中，较多老区乡村群众采用的是同村居民之间相互借用农机的方式，但是总体来说购买的农机类型有限，不能满足全程机械化的需求。因此，为了更有效、更全面地推进机械化，可以通过发展村集体经济赋能，也可积极探索推进农林业社会化服务发展，正如恩格斯所言，"只有在这种巨大规模下，才能应用一切现代工具、机器等等"[①]。

四是推进老区农业信息化发展。积极推进老区农业大数据建设，特别是完善老区特色农副产品的价格、市场需求量大数据分析系统，以大数据分析为基础，统筹老区特色种植养殖业的布局与发展。从全国层面来讲，农村地区市场信息流通相对不畅，农业发展因信息不对称存在诸多不稳定情况，老区乡村整体上受独特复杂的地理地形因素影响，信息流通不畅问题会更加突出，互联网的发展一定程度上缓解了信息不对称问题，但因缺乏农业大数据整理分析，老区农民生产仍然充满了盲目性。发达国家地区早就十分重视农业大数据的建设，如美国自20世纪八九十年代以来不论是在政府层面还是在商业市场化层面都开展了大量的农村数据建设，为各类

---

① 《马克思恩格斯文集》第3卷，人民出版社，2009，第331页。

农业经营主体在产量、成本、价格、利润、自然气候等方面提供全方位精细化的数据服务。①

龙岩农业农村局的研究员认为:"美国农业发展事实上比中国'计划性'更强,他们在还未耕种时就已根据摸排的大数据,知道今年预计会耕种多少农作物,在还未收获时就已经知道今年预计会有多少产量。"(访谈编号: M3-20210714)

为改变老区乡村农业生产的盲目性,有必要在老区乡村先行先试或重点推进农业大数据的采集,包括产品、供求平衡量、供求价格、气候等数据的采集,以便官方开展更加科学有效的农业指导工作,使农民能更加科学地安排来年农事活动。将农林业生产环境要素、生产风险要素、作物生长要素等与"数字三农"的感知、连接、数据与智能进行有机结合,提高农业生产的抗风险能力。分类推动农林业数字化赋能,如三明市以打造"中国稻种基地"为契机,优化智慧育种方案,利用大数据处理、存储和分析等方面的经验与技术优势,有效提升育种效率,为绿色、高效、优质选育新品种提供强有力的支撑。还可利用数字化赋能森林资源高效利用,积极搭建林业智治系统,实现森林资源管护的全程可视化;利用大数据进行土壤适宜农作物匹配分析,优化发展林下经济;推进林业碳汇"一键分析",提升固碳增汇能力,增强老区乡村林业发展优势。

五是数字电商赋能老区农产品拓展营销渠道。数字电商突破了传统的销售模式,对于老区乡村发展而言,缓解了物理空间障碍所造成的流通效率低下的问题。正如马克思所言,流通效率的提升有力地促进了"用时间去更多地消灭空间"②。越是偏僻的地区越要集中优势资源发展电商,以满足电商发展需求倒逼老区乡村产业发展优化升级。老区乡村农业发展多呈现小、散、乱的状态,走"小而美"的电商经营之路固然是一种选择,但适度规模化才能保障电商的可持续发展。老区乡村电商一方面要防范低质量、同质化的跟风现象,另一方面要依托专业化、规模化的载体发展品牌

---

① 冯献、李瑾:《信息化促进乡村振兴的国际经验与借鉴》,《科技管理研究》2020年第3期。
② 《马克思恩格斯文集》第8卷,人民出版社,2009,第169页。

化、异质性的电商模式。鼓励老区乡村以集体经济组织、合作社为法人单位推进农特产品品牌化、数字化发展。发挥行业协会组织引领作用及政府的媒介作用，包装运营老区同类农特产品，加强与大型电商平台的对接合作，开通老区特色农产品专营渠道。

六是积极搭建老区农业现代化发展的载体。土地流转有利于农业规模化发展，但是老区乡村土地存在流转难以及流转价格低的问题。习近平强调："要通过周到便利的社会化服务把农户经营引入现代发展轨道。"[①] 此外，部分农户担心的农地流转后用途被擅自改变、租期结束后实际经营权难以回收、临时需要用地而无地耕种等问题，均可通过农业社会化服务在很大程度上得到解决。对于老区来说，要探寻如何提供更加有针对性的农业社会化服务以促进乡村土地资源利用。有研究指出，农业社会化服务对于偏远山区来说更能促进农地"趋粮化"生产。[②] 马克思主义高度强调农业的基础性重要地位。新发展阶段，面对复杂的国际环境及疫情的影响，保障粮食安全显得尤为重要。而老区乡村多位于偏远山区，从调研来看，雇请第三方用机器翻地、收割粮食、烘干粮食等农业社会化服务方式确实能在很大程度上减轻老区农民的劳动负担。但因老区乡村地区地理地形的特殊限制，需要进一步鼓励规模化发展社会化服务，丰富其形式，引导建立更专业的社会化服务团队，降低社会化服务费用，使更多的小农乐于使用并且能够用得起农业社会化服务。在探索农业社会化服务的过程中，"土地托管"作为一种新型农业社会化服务模式，被认为是符合"大国小农"中国国情的特色土地资源利用模式，是走向农业现代化发展的有效之路。它既不像土地流转那样仅收取低微的土地租金或分红，也不像普通的农业社会化服务只提供零散的、短暂的服务，而是既能节省劳动力也能使农户获得更多农业生产的选择权。这是对农业生产力与生产关系矛盾运动规律的适应，也是强化人民主体性的重要体现。[③] 对于老区乡村而言，需要进一步因地制宜探索有效的土地托管方式。老区乡村地理位置更加偏

---

① 习近平：《论"三农"工作》，中央文献出版社，2022，第138页。
② 江光辉、胡浩：《工商资本下乡会导致农户农地利用"非粮化"吗？——来自CLDS的经验证据》，《财贸研究》2021年第3期。
③ 豆书龙、张明皓：《中国特色土地托管实践的多元理论分析》，《西北农林科技大学学报》（社会科学版）2021年第4期。

僻、多丘陵山地，难以吸引外来资本注入开展土地托管服务。可着力培育本土化的土地托管服务商，发动村集体经济、合作社、乡土能人等开展相关服务。

第二节　充分发挥革命老区乡村群众的主体作用

马克思强调"人始终是主体"①，生产活动始终要依靠人这个主体。老区乡村振兴关键在于以特色产业带动生产力高效发展，而群众才是促进老区乡村生产力发展的主体。乡村群众主体性的发挥需优化其发展的思想及能力。

一　红色基因涵养发展思想优化

马克思主义高度颂扬人的主观能动性，人的意识能够对物质起到能动的反作用。要实现老区乡村群众发展思想方面的优化，需更加重视优化群众对红色文化价值的认识，更加重视转变在封闭环境下形成的保守、落后的发展思想。

（一）优化老区乡村群众对红色文化价值的认识

红色资源兼具经济与社会价值，但是红色资源的活化利用应基于保护修复，红色资源的经济价值实现是建立在其文化功能有效发挥的基础之上的，需优化老区乡村群众对这两方面的认识。同时，注重推动知行合一，强化对红色基因在乡村群众中的宣传教育。

一是优化对文化效益与经济效益、保护与传承的辩证关系的认识。文化缺位是推进红色产业发展的大忌，但小农思想会蒙蔽乡村群众对红色文化价值的正确认识，从而造成重开发轻保护、重经济效益轻文化传承的现象。要通过加强理论教育、强化实例举证的方式，让乡村群众深刻领会处理好红色资源保护与开发、文化与经济效益之间关系的重要性。红色资源

---

① 《马克思恩格斯文集》第1卷，人民出版社，2009，第195~196页。

不仅是国家的宝贵财富,更是老区乡村群众的精神食粮与精神力量实现物质转化的基础;不仅是过去直至现在的特色优势,更是老区乡村世世代代发展的力量源泉。即便部分边远乡村的红色资源暂时未能有效释放经济价值,也应该将其视如珍宝加以科学保护。正因为红色资源不仅是国家的,更是老区特别是其乡村自身的宝贵财富,所以,包括老区乡村群众在内的广大老区人民更应自觉自主地加入红色资源的保护与活化当中。加之红色资源在老区乡村的分布广泛、零散,官方保护与活化介入或存在不了解、不及时等问题,更需要发挥乡村群众参与红色资源保护活化的能动性。发挥基层党组织及自治组织的协调作用,紧密结合群众的切身利益尤其是物质利益加强教育,形成鼓励乡村群众保护活化红色资源的良性运转机制。

二是注重整体性、系统性思维运用,在优化红色文化价值认识的基础上,要将乡村群众文明思想与行为纳入红色文化氛围的营造中。红色文化氛围的营造不仅要让红色资源本身在保护与活化中散发出文化魅力,更要将乡村群众精神风貌与文明举止作为红色文化涵养的潜在呈现。基层党组织及自治组织可强化对红色文化的宣教,加强对乡村群众的文明市场行为教育,通过文明与不文明市场行为的正反典型案例,让乡村群众深刻了解:良好的红色氛围不仅是由红色资源本身所散发的,也是由所有老区人民所共同塑造的;红色文化与经济发展是协调互促的关系,只有通过知行并举,才能有效传承发展红色文化,继而带动红色文化消费,红色资源的经济效益释放反过来又有利于红色文化的传承发展。

(二) 传承红色基因增强老区乡村群众现代化发展意识

习近平强调,"要从红色基因中汲取强大的信仰力量"[①],走好新时代长征路。红色基因虽形成于土地革命和抗日战争年代,但其所包含的精神品质仍可与现代化发展思想有效结合,从而促进老区乡村群众发展思想的优化。

一是拓宽开放视野,提升老区乡村现代化发展水平。如马克思、恩格斯所指出的,环境也影响人,老区多位于偏远山区,偏远山区的地理地形

---

① 习近平:《用好红色资源,传承好红色基因 把红色江山世世代代传下去》,《求是》2021年第10期。

特点在很大程度上限制了人民的视野,但是老区精神不是闭关自守、蒙蔽落后的。"引进来""走出去"是开放发展的两大方面表现。革命战争时期无数老区能人志士从山区乡村走出去,积极学习马列主义;将马列主义引进来在老区广泛传播,使老区人民接受全新的精神洗礼,如异地或留学归来的共产党员积极在老区播撒先进的文化知识,领导农民暴动。这些本身就是开放精神的体现所在。正因为有人勇敢地走出去并引进来,老区人民发展的思想得到了优化,能力得到了极大提升,其中涌现出了无数的开国功勋。闽西老区才溪乡,一个小小的乡,却走出了"九军十八师"。在革命战争时期老区人民勇于向外求索的精神依然可用来鼓舞当今老区人民拓宽开放视野,促进开放发展。在教育传承中需澄清两者之间的内在衔接关系,尤其要鼓励当下的青年一代勇于走出大山,满载知识而归,为老区特别是其乡村发展奉献力量。发扬红色基因中的开放精神,突破山区地区难以开放发展的思维定式,充分提升老区乡村群众通过互联网、数字经济向外看世界的能力。除了通过加强思想教育拓宽开放视野外,更要以实践行动改变封闭落后的思想,如调研中有的闽西乡村将中坚农民组织起来到厦门等发达地区的乡村参观学习,让乡村群众真切感受到发展模式的改变能够彻底改变乡村面貌,极大地拓宽了乡村群众的发展思路,在"眼见为实"的基础上,老区乡村群众更乐于支持配合基层党组织、村集体经济组织开展工作。

二是增强现代意识,促进老区乡村创新发展。与时俱进而不是坚守封建传统,也是老区精神所在。如果愚守封建思想,老区人民就不会揭竿而起参与革命战争。正是在接受马列主义等先进科学知识的基础上,老区人民跟随中国共产党前进的步伐,以改革进取的精神破除封建迷信、消灭魑魅魍魉,助力中国发展的历史长河滚滚向前流动。受制于经济发展基础薄弱、发展环境较为闭塞等因素,老区乡村群众不易接受创新发展思想的熏陶。在传承教育中,要让红色基因当中与时俱进的精神与当今老区发展创新意识的相对缺乏形成鲜明对比,以前者更好地改变后者,促进当今老区乡村群众创新思想和能力的培养与提升。结合新时代创新发展,尤其是欠发达地区、相对贫困人群通过创新实现跨越式发展的典型例子,激励更多的老区乡村群众尤其是相对贫困人群通过创新发展改变命运。通过大力鼓励、支持创新发展,并逐步培育老区乡村本地创新发展的先进典型,在老区乡村营造良好的创新发展氛围。培养现代化意识、创新意识最重要的渠道是学习教育。老区乡村群众发展思维的落后性很大程度上源于城乡分工导致的发展思维的局限性。恩格斯指出"教育将使他们摆脱现在这种分工给每个人造成的片面性"①，越是发展落后的地区越要重视发展教育。要进一步在老区人民中播撒学习知识改变命运的思想种子，在广大老区乡村地区通过多样的方式加强鼓励乡村群众热爱知识、敢于创新拼搏的思想教育，加强青年一代素质教育。要充分尊重乡村群众的首创精神，开放各种建言渠道，鼓励老区乡村群众大胆提出创新性的发展建议，采纳其中合理的建议予以精神奖励，并付诸实践，优化创新思想与创新实践互促机制。

二 强化培训培育壮大人才队伍

乡村振兴关键靠人。由于老区乡村发展相对落后，更需要加强人才引领，强化人才的培育。马克思指出，要使劳动力"成为发达的和专门的劳动力，就要有一定的教育或训练"②。要注重推动新型职业农民培育与传统农民升级协同开展，特别是根据老区乡村土壤环境着力培育乡村群众掌握相应的农技，大力培育乡村电商人才，使老区农产品及其加工产品能够跨越边远山区的物理空间障碍有力地实现外销。

（一）加强农技培训，促进优化培训主体与激发客体积极性相结合

加强农技培训要做好优化培训主体与激发培训客体积极能动性的工作。首先，需加强摸底登记、分类造册。一方面，通过摸底了解老区乡村中的"土专家""田秀才"；另一方面，广泛征求群众意见，了解群众对农技的需求。加强摸底登记信息的数字化入库，强化动态更新管理。其次，丰富农技培训主体来源。科技特派员是培训主体的重要来源，习近平强调："要坚持把科技特派员制度作为科技创新人才服务乡村振兴的重要工作进一步抓实抓好。"③丰富科技特派员来源，可以加强与高校、科研机构

---

① 《马克思恩格斯文集》第1卷，人民出版社，2009，第689页。
② 《马克思恩格斯文集》第5卷，人民出版社，2009，第200页。
③ 习近平：《论"三农"工作》，中央文献出版社，2022，第297页。

的对接合作，将具有扎实理论功底与较强实践能力的教学科研人才纳入培训主体；也可以从行业企业中，尤其是农业龙头企业中挖掘人才充实培训主体人才库；更应多从有丰富种植养殖经验的农民、合作社、农业大户、家庭农场当中挑选培训主体，并优先将其纳入科技特派员来源库。注重建立与老区乡村生产经营内容密切相关的培训主体库、科技特派员储备库，挖掘林下经济作物、中草药、高山农作物种植等领域专家人才丰富培训主体来源。最后，需在深入宣传动员的基础上基于群众自愿性原则，开展形式多样的培训。在充分了解群众农技需求的基础上，加强宣传动员，激发群众学习和参与培训的积极能动性。只有在充分自觉的前提下，才能有效增强培训的效果。培训内容突出实效性，突出绿色发展主题。培训形式上，需强化"订单式"培训服务，使农技培训更具有针对性。根据实际需求，对接相应的培训主体，强化对老区乡村群众的技能培训。在农事活动较多的乡村着力建设"农民大课堂"，增加常态化的培训交流，积极推进新型职业农民培育。鼓励农业产业园、农业企业与农民签订"固定工"协议，使农民掌握相应的农技，成为"职业农民"。通过种植养殖技能大赛，一方面，可以让农民在比赛中提升农技水平；另一方面，也有利于挖掘农技人才，发挥他们的示范引领作用。

（二）优化电商培训，推进"因人而异"与"循序渐进"相结合

马克思强调流通的重要性，没有完成"惊险的跳跃"，商品就无法实现价值。发展电商能够有效超越物理空间的局限性，尤其对老区乡村来说，发展数字电商更有利于克服多位于边远山区这一发展障碍。因此，应加强对老区乡村群众的电商技能培训。首先，仍然要基于摸底造册，了解老区乡村群众接受电商的实际能力与需求情况。关注老区乡村留守中青年情况，加强宣传动员，提升培训的针对性，在群众自愿的基础上增强培训的效果。其次，审慎使用物质激励的方式，要在先期广泛宣传动员的基础上，让真正有意于提升就业创业技能的乡村群众加入电商培训，切勿过度使用物质激励方式而导致产生创业就业培训的"寻租"现象。再次，强化差异化培训，设计类似于"初级"班、"中级"班、"高级"班的形式，分层次、分阶段开展培训，使老区乡村群众高效掌握电商技能。最后，优化培训的反馈机制。如印发培训的"结业证"，提升"结业证"的含金量；

加强后续跟踪回访，提高老区乡村群众掌握电商技能后的"实战"能力。鼓励开展农民电商技能大赛，一方面，可以检验培训的效果；另一方面，可以进一步挖掘乡村电商人才，发挥他们的"传、帮、带"作用。

此外，老区乡村也保留着不少传统技艺，这些传统技艺也面临着"后继无人"的风险。加强摸底登记与强化传统技艺人才培养迫在眉睫。应加大对传统技艺人才培养的支持力度，同时强化传统技艺的当代活化利用，以推进市场化发展增强传统技艺传承发展的动力。

第三节 促进城乡融合发展推动革命老区乡村振兴

不可孤立地仅从乡村谈乡村发展，不论是基于马克思主义有关乡村发展趋势的科学判断，还是通过观察发达国家城镇化发展的历程，均可知：城镇化的发展与乡村的衰败是不可逆的趋势。但是我国即使将来城镇化率达到70%，还有四五亿人在农村。因此，推动乡村振兴是长期的任务，且需在城乡关系中进行考察。马克思、恩格斯指出在共产主义社会，城乡从对立走向融合，"通过城乡的融合，使社会全体成员的才能得到全面发展"[1]。新时代党中央强调要在城乡融合发展中促进乡村振兴。老区也需通过城乡融合发展推进乡村振兴，《老区乡村振兴实施方案》将城乡融合发展作为新发展阶段推进老区乡村振兴的主要发展路径之一。

一 大中小城市与小城镇协调发展带动老区乡村振兴

国家强调推动新型城镇化与乡村振兴协同发展，《国家新型城镇化规划（2021—2035年）》提出推动大中小城市与小城镇协调发展。老区同样要遵循国家统一的方针部署，在推进城镇化共性发展的同时也要结合老区发展的特点，因地制宜探寻城镇化发展路径以带动乡村振兴。

---

[1] 《马克思恩格斯文集》第1卷，人民出版社，2009，第689页。

（一）以省际交界处老区为重点促进城市协调发展，辐射带动乡村振兴

老区多位于省际交界处，这样的地理位置远离各行政区域的经济文化中心，在战争年代能够避免与敌对力量产生正面冲突，保存实力，其政治影响力又能够辐射各省。但这样的地方在过去同时又容易成为"三不管"地带而导致发展落后，在现今发展过程中也容易因协调发展推进困难、开放发展显著落后，成为各行政区域发展的"塌陷区"与"城市洼地"。赣闽粤、陕甘宁、左右江、川陕、大别山等重点老区均位于省际交界地区，其发展均存在不同程度的落后。由于受城市辐射较弱，省际交界处老区乡村振兴的困难问题更为突出。但也要用辩证的思维看待事物发展的利与弊，将位于省际交界处的"弊"转化为作为交通枢纽的"利"以推进发展。马克思指出，曾经依靠有利的地理位置获得较多发展机会的地方，会因为交通基础设施的未完善而逐渐没落；而曾经属于不利地理位置的地方，也可因交通便利化而兴盛起来，"随着交通运输工具的变化，旧的生产中心衰落了，新的生产中心兴起了"[①]。随着交通基础设施的不断完善，省际交界处迎来了跨越式发展的机会，昔日的发展弱点可充分转化为今日作为交通枢纽的发展优势。沂蒙老区是中国革命圣地之一，在20世纪80年代还是中国18个集中连片贫困地区之一。作为沂蒙老区主体的临沂市通过建设好基础设施、发展特色农业等举措着力扶贫攻坚，于20世纪末便实现整体脱贫。自进入21世纪以来，临沂市继续发挥自身特点优势迅速发展。其迅速发展很重要的一个原因在于临沂市利用其位于山东省与江苏省交界处的地理区位优势，大力发展商贸物流业，被誉为"商贸名城"和"物流之都"。商贸物流业成为临沂市重要的经济支柱产业。赣闽粤原中央苏区中位于省际交界处的赣南、闽西均在积极打造商贸物流枢纽，例如：瑞金市近年来积极建设赣闽商贸物流园；三明市建宁县继续强化闽赣省际物流园建设；三省交界处的梅州市大力建设高铁及高速公路网络，打造粤闽赣边区域性综合交通枢纽。在此基础上，要促进数字赋能，强化对传统商贸物流业的升级改造，实现物流业务的数据化，使其易观察、可追溯，强化安全保障，全面提升物

---

① 《马克思恩格斯文集》第6卷，人民出版社，2009，第277页。

流业的发展效率，降低物流成本，促进省际交界处商贸物流业高质量发展。国家将闽西、赣州作为老区高质量发展示范区，有助于三明市、龙岩市、赣州市进一步强化城市建设，提升赣闽粤省际交界处经济发展水平，发挥其对乡村振兴的辐射带动作用。省际交界处老区通过加强交通基础设施互联互通，在强化产业一体化建设中构筑交界处特色产业集群，以提升商贸物流水平，推动特色产品向外流动供给，吸引更多的人财物聚集，完善公共服务基础配套，培育以省际交界处老区为主体的经济发展"新隆起"，化解边缘"塌陷区"发展问题。各老区需加强与城市群合作，明确差异化发展定位，因地制宜建设城市，增强城市及城市群对老区乡村振兴的引领带动作用。

（二）以县域为基本单元，推进城乡融合发展

县城是城镇化建设的重要载体。马克思主义强调推进城乡融合发展，现今城乡融合发展要使城市能够有效联动乡村发展，而县域是推进城乡融合发展的基本单元。习近平强调："推进空间布局、产业发展、基础设施等县域统筹，把城乡关系摆布好处理好，一体设计、一并推进。"[①] 以县城为载体的城镇化，有助于缓解大城市带来的城市病，有效促进城与乡发展之间的有效衔接。在县一级，各类公共服务资源集聚，居民生产生活的便利性及品质与更大的城市无太大区别，发展县城有利于乡村群众就近城镇化。通过对闽西老区村（居）民的访谈发现，访谈中的中青年及初老者常年往返于县城与乡村之间，他们有的收入来源于在县城务工，有的收入来源于"兼业"，即兼获得在乡村的农作收入与在县城务工的非农作收入。相当一部分村民将学龄孩子送往县城接受教育。因此，县域发展对于提升村民的收入水平、供给优质的公共服务发挥着重要的作用。但老区由于县域经济发展总量相对较小，资源有限，更要加强县域的统筹规划与发展。以闽西老区为例，由于客观原因，三明市城区面积狭小，过去由梅列、三元两区共同管理，但毕竟行政管辖权分属于两区，行政成本较高，在基础设施方面存在重复建设问题，在公共资源使用时存在不协调不均衡的情况，产业发展也存在统筹上的困难。为了加强城区建设，促进资源高效利

[①] 习近平：《坚持把解决好"三农"问题作为全党工作重中之重 举全党全社会之力推动乡村振兴》，《求是》2022年第7期。

用，提高产业发展效益，节约行政成本，增强城区的辐射带动能力，2021年三明市将梅列、三元合并为新的三元区。但各老区统筹县域建设也要因地制宜，不少老区县受到山地丘陵的地形因素限制，在后期发展中遭遇瓶颈，特别是开发建设成本高、可供开发的地理空间有限，如调研的部分老区县经济并不发达，但房价成本偏高，主要是由于多位于山区的老区县城开发建设成本高，县城中心可往外辐射发展的空间较小。因此，各老区需根据生产生活成本、人口流入流出趋势、产业发展基础、特殊优势资源等因素科学预测县域发展前景，更好地做好县域发展规划，具备条件的县城可通过拓展或组团合并的方式发展为中小城市。此外，应以差异化特色优势为发展基础，以培育壮大支柱性产业为主线，联动乡村振兴。

（三）促进特色小镇规范健康发展，联动老区乡村振兴

小城镇是城乡之间的有效衔接地，小城镇的发展，特别是小城镇企业的发展，有利于促进乡村劳动力在家门口就业，增加老区乡村劳动力的非农收入。老区的很多小城镇随着时间的推移，并没有发展壮大，反而呈现不同程度的衰败倾向，尤其是小城镇的企业不断向县城转移。各老区县的小城镇发展规划应根据县域发展条件及时调整，如当地形因素导致县域发展规模难以扩大时，应统筹推进以县城为中心的"卫星"小城镇发展。此外，小城镇的发展应充分运用辩证思维，因地制宜寻找特色定位，以产业兴旺为小城镇发展的支撑，如红色资源较为突出可以发展"红色小镇"，龙岩市上杭县古田镇采用的就是典型的"红色小镇"发展模式；具备交通上的区位优势的，可以发展"商贸小镇"，较多老区乡镇位于省际交界处，可综合考虑交通基础设施建设情况，重点推进商贸物流业发展；具备民族民俗传统文化优势的，可以发展"民俗小镇"，部分老区乡镇同时是民族聚居地，可对相邻村庄的特色民族民俗文化进行有效整合，凸显民族民俗文化特色与规模化发展优势。总体而言，老区小城镇更应突出绿色底色发展优势，突出绿色文旅、康养、运动产业的主题规划建设。

二 畅通城乡要素双向流动渠道

乡村振兴大有可为，国家提出要"在乡村形成人才、土地、资金、产

业、信息汇聚的良性循环"①。城乡要素通常呈现明显的单向流动状态，即乡村要素不断流入城市，而城市要素难以流向乡村，由此，乡村生产要素日益空心化。而生产要素是乡村振兴的基础，乡村生产要素的空心化必将遏制乡村振兴。受制于边远山区的地理地形因素及薄弱的经济发展基础，老区乡村要素呈现更为明显的流出态势，而城市要素更难以流入乡村。要畅通老区城乡要素双向流动渠道，尤其是促进城市劳动力、土地、资本要素流入老区乡村。同时，一方面要保障乡村要素流入城市后取得相应的权益，如保障农民工进城后取得合法权益，积极推进乡村群众市民化等，另一方面需更加重视拓展城市要素流入老区乡村的渠道以促进乡村振兴。

（一）促进城市劳动力要素流入老区乡村

列宁主张让农村居民流入城市，使"农业人口和非农业人口混合和融合起来"②，以此作为消除城乡对立的条件。但同时，也要促使城市劳动力要素有效地流入乡村助力乡村振兴。在老区乡村人才的"外引"方面，这里着重强调吸引致富能人、大学生等乡贤充实老区乡村内源性人才。一是深入进行宣传动员工作。尤其是利用现代通信手段，如 QQ、微信等加强宣传动员，使乡贤充分知晓有关政策，积极投入回乡创业就业工作。二是指导做好乡贤力量摸排的工作。重点登记梳理乡贤的学历层次、就读专业、优势特长、空闲时间、回乡创业就业意向等，关注其创业就业经验、特殊技能是否与乡村振兴密切相关，建立本地人才资源库，分类立卡建档，并由村（居）民委员会联络和动态更新相关信息，为针对性地引智聚才奠定基础。三是搭建好发挥内生力量作用的平台。例如：鼓励建立"市-县-乡（镇）-村"多级乡贤理事会、大学生回乡创业就业协会，强化组织人事部门的对接服务工作。四是以精神奖励为主，推进物质与精神奖励相结合。由于老区自身的财税基础较为薄弱，应更加注重发挥精神奖励作用，对于大学生创业就业应给予适当的物质激励照顾。在摸排乡贤学历、能力等方面优势条件的同时也要了解乡贤对于回乡创业就业或奉献服务的困惑，为吸引乡贤回归制定相应的激励政策。

---

① 《中共中央国务院关于建立健全城乡融合发展体制机制和政策体系的意见》，人民出版社，2019，第5页。

② 《列宁全集》第2卷，人民出版社，2013，第197页。

一名外出经商的村民说道："其实我们都很愿意服务家乡啊，看我能够提供什么帮助，主要是平时业务也比较忙，要有人牵头建立一个团体。"（MY3-20220513）

一名快退休的政府工作人员说道："我们自从当上公务员以后，因为没空很少回家，但其实都很想家，都在想着哪天退休了，在乡下种田、养鸡鸭，过点田园生活。村里要是有建设什么项目，我肯定支持呢。"（MY4-20220514）

此外，城市劳动力要素流入乡村还多为"线下"流入，但基于老区乡村地理位置的非便利性，或可运用辩证思维反向探求发展思路，更多探索"线上"人才"流入"模式，更准确地说是丰富城市人才的共享模式，通过"线上+人才共享"尤其是"数字+人才共享"的线上人才共享方式，开展线上种植养殖指导、线上电商培训等。为了增强线上人才共享的有效性，应完善有关工作机制，推动官方派驻人员与社会力量支持互补、常态化指导与不定期指导相结合、平台系统记录与日常通信媒介交流融合等，从而建构完整的线上人才资源库及其运行体系。运用"线上+人才共享"模式，使老区乡村不仅能有效链接和使用老区城市的人才，还可以链接和使用部分非老区发达城市的人才。重点老区城市人才整体素质与全国平均水平还存在一定差距，闽西、闽东、闽北等重点老区苏区人才资源就远不如沿海几个非重点老区城市，依靠老区城市人才流入带动老区乡村发展尚存在不足之处。由于物质激励能力不够、发展环境有待优化、发展后劲不足等因素，老区城市难以有效吸引人才集聚，即使花"重金"引进人才也未必能够长久地留住。因此，人才的线上共享模式能在很大程度上缓解老区城市人才素质不够，难以引领老区乡村发展的问题。

（二）促进老区乡村土地市场化流转

乡村土地市场化流转是吸引城市要素流入的重要基础。土地的市场化流转有利于带动劳动力、资本下乡。但老区乡村土地存在流转难的问题：一方面，老区乡村土地多位于边远山区，土地规模化、市场化利用存在困难;另一方面,乡村群众对土地流转存在土地承包权、经营权难以收回等后续担忧,且流转土地未能充分满足乡村群众实现物质利益的需求。因此,老区乡村土地流转需着力解决这两大问题。流转乡村土地要从老区乡村群众的切身利益出发,进一步做好农林地确权工作是促进老区乡村土地要素活化的基础,需针对确权工作当中的争议问题精准施策,提高确权工作的透明度、公开度,让老区乡村群众在流转土地方面吃下定心丸。就乡村土地流转收益少难以激发群众土地流转积极性的问题,可采取多样化的方式加以化解。一者,如前所述,鼓励采用集体经济、合作经济的方式统一流转,将碎片化的流转收益转化为相对集中的集体收益,集体收益有利于发挥规模优势,化解小农户与大市场的矛盾,有利于全体农民实现共同富裕。[①] 地处偏僻的贵州小山村塘约村就是利用集体统一流转农地经营权的形式,壮大了农村集体经济,实现了从贫困村到小康示范村的嬗变。若集体经济组织自身经营能力较弱,可通过"集体经济+企业+农户"等模式优化经营,促进土地收益增值,也可通过土地再分包流转的方式实现收益。二者,运用乡村群众分散流转的方式,鼓励创新分散流转模式,支持以"X+农户"的方式促进群众增收,如企业、城市居民通过租地并雇佣农户在租地上以指定的方式种植,既可使农户获得土地流转收益,又可使农户额外获得务工收益。部分地区通过城镇干部"认领一亩田"的方式促进乡村粮食耕种,这有利于保障粮食安全,但也面临着政治任务性重、成本收益不匹配等问题。在保障粮食安全的基础之上,可以按照市场化的方式创新"认领一亩田"模式,吸引各类城市人群认领老区乡村土地。老区乡村土地虽偏远且规模性流转存在困难,但生态基础较好,整体环境更为绿色、幽静,或能吸引各类退休的青老人群、文艺创作者等,通过市场化的"认领一亩田"模式促进老区乡村土地流转。但这个模式需以进一步完善乡村土地"三权分置"为前提,鼓励采取集体经济统一流转再分包的方式,增强谈判能力、减少可能存在的矛盾纠纷;另外,应进一步完善土地流转平台,使乡村群众与市场主体能够在公开透明的平台上推进土地经营权的"自由买卖"。

---

① 戴双兴、李建平:《我国农地产权制度改革与发展壮大集体经济》,《毛泽东邓小平理论研究》2018年第8期。

（三）创新老区乡村融资方式

由于老区乡村地理地形存在显著劣势，产业基础相对薄弱，农业经营还比较分散，整体上吸引资本能力较差，但老区乡村产业发展存在着贷款、保险等资本需求，如何满足这些需求呢？在探索优化老区农业贷款方式方面，首先有必要深入调研、充分了解老区乡村的融资贷款需求。在调研中，XL县邮政快递分公司在片区内利用邮件收派件契机，加强与合作社、家庭农场户、普通农户的沟通，充分了解老区乡村的融资贷款需求，详细记录各生产经营主体的经营规模、生产经营内容、电商经营开展情况等，为该公司后续拓展乡村贷款业务奠定了良好的基础。农地经营权贷款业务在老区乡村出现的"水土不服"情况，一定程度上反映了相关部门对老区乡村融资贷款需求缺乏充分了解与论证。邮政快递公司了解并开展乡村融资贷款业务，有一定的优势条件。一是通过调研得知，目前在所有的快递当中，只有邮政快递才能真正深入乡村"最后一公里"，虽然老区乡村存在着偏远、道路狭窄弯曲、人口稀少等不足，但因国家对邮政快递的补贴加之对老区的倾斜照顾，仍可实现快递服务对老区乡村的覆盖。无可辩驳的是其还存在着快递覆盖不够全面、收派件有时滞等问题，但相较之下邮政快递公司更能了解老区乡村产业发展情况。二是在长期的接触过程中，邮政快递公司更能了解各潜在客户的征信情况，为后续实现精准开展贷款业务铺设了基础。三是贷款相关业务可与邮政快递服务整合，实现资源的整合利用，节约成本、提高收益。因此，邮政快递公司通过在老区乡村收派件了解投融资需求的做法值得借鉴。其他投融资平台或可加强与快递公司的合作，加强对老区乡村投融资需求的科学论证。在充分了解投融资需求的基础上，一方面，通过乡村生产经营合作化集体化使融资贷款需求更便于得到满足，"从社会资金中抽拨贷款来建立大规模生产"[1]。另一方面，积极探索、引进、优化数字金融服务，相较于在老区乡村受挫的传统的金融服务，数字金融能够克服老区乡村地理地形因素的限制，节约资源与成本，拓宽老区乡村投融资受益面。其中，数字普惠金融能够有效满足各类农村低收入人口的金融服务需求。随着区块链技术的发展，"区块

---

[1] 《马克思恩格斯文集》第4卷，人民出版社，2009，第525页。

链+乡村金融"模式呼之欲出，其能够更加准确辨别征信情况、更多地节约成本、更好地实现透明化管理，有利于破解乡村征信、产业基础、金融安全等方面的问题，同样更有利于补齐老区乡村现有金融服务存在的短板。除了贷款需求之外，老区乡村还有着强烈的农业保险需求。但老区农业规模小、分布散且现代化发展程度不高，保险公司基于风险考虑不愿意承保。针对这个问题，一方面，可以通过壮大农村集体经济推进农业的规模化经营，提升现代化发展程度，以集体经济组织的名义争取农业保险，减少农作风险；另一方面，也可利用数字普惠金融有效化解农业保险问题。

三 推动红绿色产业城乡融合发展

马克思、恩格斯强调"把农业和工业结合起来，促使城乡对立逐步消灭"①，城乡产业融合发展是城乡融合发展的重要组成部分。现今，城乡产业的发展已不简单局限于乡村对应农业、城市对应工业的模式。就老区发展而言，要强化红绿色产业城乡融合发展。

（一）推动老区城乡红色产业联动发展

在红色产业城乡融合发展方面，充分利用城镇地区红色资源的流量优势，通过与乡村红色资源的有机融合、优势互补，一体推进党员干部教育培训与乡村红色研学、旅游，将流量更好地引向老区乡村，使老区乡村红色产业释放出更多的经济价值。注重系统思维的运用，增强碎片化红色资源整合的"联动性"。善于挖掘碎片化红色资源之间的内在关联性，对分散性的红色旅游景点进行连串设计，就像将散落的珍珠串成完美的珍珠项链一样。或者将"落单"的红色景点纳入著名的红色文旅景点，以大带小、以强带弱，实现连片发展。例如，在龙岩市规划的"一县一片区"乡村振兴模式下，上杭县重点打造红古田片区，强化红色资源的连片带动发展。龙岩市上杭县白砂镇碧沙村红色资源丰富，下辖碧沙坑、大路下2个革命基点村，有丁正昌号红色交通站、开国将军丁甘如故居、育英学堂、

---

① 《马克思恩格斯文集》第2卷，人民出版社，2009，第53页。

德馨堂等红色遗址，但毕竟村庄地域面积狭小，人口仅500余人，且红色事件、人物历史影响力在全省乃至全国未能有效凸显，因此以村为核心的红色旅游难以带动经济发展。上杭县古田镇、才溪镇的"古田会议会址""才溪乡调查旧址"两个红色旅游景点已成为全国知名的红色旅游景点，而碧沙村地理区位位于这两大景点之间，因此将碧沙村红色文旅纳入"古田-才溪"大文旅圈，形成了福建省红色精品旅游路线，在对外推介上有效带动了白砂镇的发展，再以白砂镇碧沙村为核心，辐射周边红色村庄发展，形成了以点穿线、以线铺面的连片发展格局。但其他未强调红色连片发展的县域也应强化红色资源发展的城乡联动性。城乡联动发展不仅要"趋同"，也要"求异"。注重发挥旅游管理部门的统筹协调作用，根据各区域发展特点，分类分块做好区域性城乡联动红色文旅设计规划，拟定差异化的主题方案；或审核自下而上的各地城乡红色文旅联动发展方案，注重分析其同质性及异质性特征，分类分块推进从内在主题到外在景观布置的差异性发展。

（二）全力打造老区特色农业产业园

在绿色产业城乡融合发展方面，发挥县城、小城镇衔接城乡发展的突出作用，主要依托县城、小城镇推动建设老区特色农业产业园。农业产业园有助于集聚先进的生产要素，提升农产品附加值，拓展农业价值链，促进城乡经济社会发展的一体化，保障城乡一体化建设的可持续性与落地性。农业产业园建设必然要求农产品生产的适度规模化，因此在实践中切勿错误解读"一村一品"模式，过度强调"村村"农产品生产的差异化，这实际上是回归到小农生产的零散化状态。因此，要统筹处理好特色化发展与规模化发展之间的辩证关系。本书认为需要在乡镇及以上级别行政区划统筹区域性特色农业布局，如前所述，老区可重点发展绿色有机农业、适宜老区土壤环境的特色农业，并在特色农业适度规模发展的基础上科学规划农业产业园发展。此外，如红色产业的城乡联动一样，也需充分应用系统思维，注重对老区城市绿色产业与乡村联动的规划与发展，推进全域生态休闲文旅建设，但同时要首先重视乡村一、二、三产业的循序渐进发展，优先发展农业，审慎考虑以大修大建的形式发展乡村民宿产业，以免对老区乡村原生态造成破坏及掉入高成本、低收入的非可持续发展陷阱。

四 提升城乡基本公共服务均等化水平

恩格斯指出共产主义使"所有人共同享受大家创造出来的福利"①，社会主义具备福利共享的制度优势，党的十九大报告强调："履行好政府再分配调节职能，加快推进基本公共服务均等化，缩小收入分配差距。"② 城乡居民应均等化享受基本公共服务，这是指城乡居民都能公平可及地获得大致均等的基本公共服务，而不是简单的平均化。就推进老区城乡基本公共服务均等化而言，需综合考虑老区的经济发展基础、财政支付能力，以及老区乡村本身多处边远地区这一点可能为提高基本公共服务可及性带来的困难。

（一）发挥县城、小城镇衔接城乡基本公共服务的作用

根据社会基本矛盾运动规律，未来必然完全实现城乡融合发展，但这有一个前提，即生产力高度发达。在发展生产力的过程中，城镇化是一种趋势，城镇化的发展在很大程度上积累了社会物质财富，但客观上城镇化的发展同时伴随着乡村的衰微。因此，片面地追求硬件服务的均等化一方面不现实，另一方面也会造成大量的资源浪费。老区乡村的地理地形因素进一步加大了基本公共服务均等化的难度，并提升了成本。但同时，老区乡村居民期冀生活工作尽可能便利化并提升品质。由此，为了有效化解两难问题，可在政府统一部署下进一步强化人居环境整治，提升生态宜居水平。同时，对于老区乡村居民其他的日常性服务需求，可加强相关服务在小城镇的部署，如农作物中小型机械设备、化肥、农药等的商贸供给；对部分公共服务需求可重点在县域一级布局，完善与大中城市公共服务的联合共建、共享，如推进教育联合体建设、医疗服务共同体建设等。虽然2022年发布的《"十四五"新型城镇化实施方案》已放宽除个别超大城市外的落户限制，但仍需保障户口未迁移进城农民工在城市生活的各项基本公共服务权益，尤其是满足其子女的教育服务需求。应充分了解进城农民

---

① 《马克思恩格斯文集》第1卷，人民出版社，2009，第689页。
② 《习近平谈治国理政》第3卷，外文出版社，2020，第37页。

工子女的教育服务需求，放开入学户籍限制，从入学、托管、寄宿等各方面给予同等乃至倾斜性的教育服务权利或照顾。为了化解老区乡村难以第一时间共享县城急救医疗资源的问题，可重点在距离乡村较近的小城镇布局优化医疗急救服务。

（二）重点探索发展"数字+"模式共享基本公共服务

硬件部署将有可能导致大量的物资浪费，但依托县城、小城镇都或多或少造成诸多不便利性，老区乡村分布比较零散，有的乡村与附近的中心村或乡镇距离较远，难以"第一时间"链接到基本公共服务。习近平指出，"可以发挥互联网优势，实施'互联网+教育''互联网+医疗''互联网+文化'等，促进基本公共服务均等化"[1]。"互联网+"为老区乡村共享基本公共服务提供了更多选择与更大便利性，特别是数字经济的发展为公共服务的"线上"共享提供了更大的包容性。如面对老区乡村医疗资源匮乏问题，可进一步部署"微医问诊"等远程医疗服务在乡村地区的宣传推广；可加强链接社会力量为老区乡村供给更多公益性、低成本的远程医疗问诊服务。可帮助有效鉴别、供给网络平台就业服务，使老区乡村中青年留守人群足不出户即可获得更多的就业机会，增加非农收入。部分文化教育服务也均可通过互联网提供，尤其是可以通过互联网加强对职业农民的技能培训，缓解农民分散难以集中线下培训的问题。但一些基本公共服务难以在"线上"提供，如养老，可依托村委会、集体经济组织、合作社建设管理养老服务中心，发展邻里互助，探索完善慈善积分制等互助制度，提升老区乡村养老服务水平。

第四节 运用辩证思维分类推进革命老区乡村振兴

依据马克思主义乡村发展思想，结合老区乡村发展特色，老区乡村在生产力发展上尤其要重视推进红绿色产业高效发展及红绿色产业融合发

---

[1] 习近平：《论"三农"工作》，中央文献出版社，2022，第195页。

展；在主体把握方面尤其要重视激活群众参与乡村振兴的积极性，充分发挥内生力量的推动作用；在发展趋势方面尤其要重视在城乡融合发展中推动乡村振兴。但推进这三方面的发展，也不可固化思维、千篇一律，正如习近平所言，要"掌握唯物辩证法的根本方法，不断增强辩证思维能力"①，充分运用辩证思维，因地制宜，推进分类施策。

一 因红绿色资源禀赋差异分类推进产业发展

红绿色资源是老区发展的特色优势资源，但显然，各老区乡村红绿色资源的禀赋是存在差异的，基于红绿色资源推进产业发展的方式也有所不同。具体来说，主要有三种发展类型：红色主导型、绿色主导型、红绿色融入发展型（见表5-1）。

（一）红色主导型

红色主导型，指的是老区乡村红色资源丰富或特色亮点突出，既能够发挥红色文化涵养精神文化建设的作用，又可以单独以其为基础发展出红色支柱性产业，主导当地经济发展，带动乡村绿色产业发展。例如，龙岩市古田会议会址，位于古田镇采眉岭笔架山下，它承载着具有突出历史意义的古田会议精神，被列为第一批国家重点文物保护单位，现为5A级旅游景区。以古田会议为中心的红色资源既能够用于打造传承红色文化的教育基地，又能够有效地引领古田镇的产业发展，因此，古田的发展是典型的红色主导型发展。现今大多数著名的红色景点，如井冈山、遵义会议会址等景区所在地的发展均是红色主导型的。红色主导型的红色资源开发利用，通常也伴随着乡村绿水青山的萦绕或人造景观的点缀，如井冈山的风景名胜美不胜收，古田会议会址前种植的莲花增强了游客拍照留念的兴致。该类型发展的重点在于如何更好地将红色资源流量优势转化为经济效益。一是应突破固化发展思维，追求创新性、多元化发展方式，注重提升沉浸式红色文旅水平。采用红色主导型发展模式的地区具备科技型发展所需的财力支持及客源基础，可在现代科技应用上先行先试，如推进AR/VR

---

① 《习近平新时代中国特色社会主义思想学习纲要》，学习出版社、人民出版社，2019，第242页。

技术与红色文旅的融合，更加注重优化红色文旅的体验感。二是应注重联动发展，联动生态游、休闲游并推动特色农业发展，充分将红色资源带来的客源引至围绕绿色资源的消费上，优化过夜游、农特产品"伴手礼"设计等。

（二）绿色主导型

绿色主导型，指的是老区乡村红色资源不多、亮点一般，推进红色产业发展困难，但是乡村绿色资源特色优势突出，红色资源则作为重要的文化资源涵养乡村精神文明建设。所谓"突出"的绿色资源，既可以来源于大自然的鬼斧神工，也可以人为制造。对于天然的绿色资源，许多老区乡村具有森林覆盖率高的比较优势，此外部分老区乡村拥有溪水、瀑布等特色资源优势，这些老区乡村可积极打造生态文旅品牌，典型的例子如龙岩市新罗区双车村利用瀑布、温泉等自然资源优势发展乡村旅游。对于人为创造的绿色资源，一个例子是调研中闽西、闽北、闽东老区土壤及环境适宜种植茶叶，茶叶产业发展规模突出，较多茶山分布于海拔较高的丘陵山地，部分地区可基于此发展集农业与休闲文旅于一体的农旅经济，形成以绿色为主题的产业发展类型。闽东苏区连江县长龙镇长龙茶山，素有"云上茶乡"的美誉，漫山梯形茶园与远处的村庄、古刹相互交融，发展自驾游踏青带动了乡村农业及文旅产业发展。绿色主导型发展当中的红色资源发展特色不够突出，难以转化为红色经济效益，但仍要一如既往地发挥红色资源的文化教育功效。由此，该类型发展的重点在于：一方面，需加强绿色产业一、二、三产融合发展，尤其要在农业适度规模发展的基础上，进一步以集体经济赋能绿色产品品牌化、精深加工发展，并探索丰富绿色休闲文旅发展模式；另一方面，应继续保护好红色资源，更好地发挥其对当地居民的精神文明涵养作用，更好地将红色基因融入乡风文明建设当中，将发展绿色经济所带来的客流量优势科学有效地嫁接到红色文化的传承教育上。

（三）红绿色融入发展型

在红绿色资源禀赋均不强或不具有显著特色亮点的情况下，要因地制宜推进老区乡村"红+绿+X"多色融合发展。发展得较为典型的有"红+

绿+古"三色融合发展，这个"古"色指的是民族民俗、特色传统文化等历史文化资源，将历史文化资源融入发展将增强红绿色发展的人文意蕴，提升发展的异质性。在"红+绿+古"三色融合发展模式中，首先要注重提升古色发展的质量。如赣闽粤原中央苏区、闽东苏区是畲族聚居地，但是畲族文化资源在乡村分布较为零散，要注重通过设计畲族文旅线路、文化节等形式将零散化的乡村畲族文化资源充分整合。又如客家文化资源聚集在赣闽粤原中央苏区，要积极打造更为精致的客家文化乡村展示载体，如"客家特色小镇"，发展特色乡土文化与休闲养生新业态[①]；促进省际文旅协作，强化"客家文化长廊"建设，串联乡村客家文化资源，激发其规模经济效应。在古色融合发展中，可将红色文化与传统工艺相结合，在传统工艺品中融入红色元素，既提升红色产业的影响力、渗透力，也展现古色产业的美感、促进古色产业的消费；或融合红色文化与传统文化的教育功能，构建新的教育方式，改变红色研学的单一性，促进研学文旅的多样化发展，如将红色文化教育与古代孝道文化、勤学文化相结合，对学生开展研学培训，产生增值效果，增加经济效益。在各类发展模式中，应避免过度娱乐化、商业化，注重深挖文化内涵，拓展特色文化产品价值链。

当然，还有相当多的老区乡村资源禀赋并没有显著优势，这样的乡村应因地制宜重点谋求特色农业发展。

表5-1 因红绿色资源禀赋差异分类推进产业发展中形成的三种发展类型

发展类型	资源禀赋特点	主要发展特征	推进的重点
红色主导型	红色资源丰富或特色亮点突出	可以单独发展红色文旅景点，并且可以带动乡村其他产业发展	更好地将红色资源的客流量优势转化为经济效益，注重红色文旅的创新发展及联动特色农业发展
绿色主导型	绿色资源丰富或特色亮点突出	农业或绿色休闲文旅产业发展突出，红色资源尚乏带动产业发展的能力	发展集体经济培育壮大特色农业，推进一、二、三产业有序及融合发展；注重发挥红色资源的文化与社会效应，将绿色发展的客流量优势嫁接至红色文化的传承教育上

---

① 李晨、赵海云：《生态文明视角下乡村休闲养老精神需求研究——以靖安县中源客家避暑小镇为例》，《城市发展研究》2020年第1期。

续表

发展类型	资源禀赋特点	主要发展特征	推进的重点
红绿色融入发展型	红绿色资源不多、亮点一般，古色等其他特色资源突出	红绿色融入古色等特色产业发展	挖掘特色传统民族民俗文化，并将红绿色元素更好地融入其中，打造多色融合抱团发展优势

资料来源：笔者归纳整理。

二 因内生力量差异分类发展多元主体赋能模式

对老区乡村的政策倾斜既受"饮水思源，勿忘老区"的政治因素主导，也是出于帮扶落后、促进共同富裕的经济因素的考虑。但老区乡村发展不能过分依赖于外源力量的支持，而是要注重调动内生力量的积极性，这是发挥乡村群众主体性的体现，也是对外因需通过内因发挥作用之规律的遵循。如前所述，本书所指内生力量包括村民的主体力量，乡村自治组织以及与村民有血缘、亲缘关系的城镇化、半城镇化人群，后者大多是出生于或成长于本村的人群。与政府、社会和市场等外源力量不同，内生力量是源自乡村自身的力量，其组成者更懂老区乡村，更具有老区乡土情怀，更能够"忍受"老区乡村边远山区非便利性的困难挑战，更愿意长期扎根老区乡村服务于其发展。老区乡村长期受到国家及社会力量的倾斜性支持，但只有通过更好地调动内生力量才能实现可持续发展。而老区乡村内生力量存在差异，发挥内生力量作用的力度就会有区别，不能一概而论，有的内生力量比较强，可以更多依靠内生力量推进乡村振兴；有的内生力量比较弱，可以更多依靠政府及社会力量支持。在以不同方式发挥内生力量作用之前必然需要对内生力量情况深入摸排了解，至少在"镇-村"层级建立人才资源库，涉及主体主要包括本地乡村群众及乡贤，具体内容在前文关于培育壮大老区乡村本土人才队伍的讨论中已提及，此处不再赘述。根据发挥内生力量的群体、内生力量发挥作用的程度，可以分出三种发展类型（见表5-2）。

（一）本土能人引领型

这里的能人，主要指的是留守乡村中的各类人才，包括村"两委"，掌握种植养殖技能的农业大户、专业户，掌握电商营销技能、传统手艺等的知识型或技术型人才等。马克思、恩格斯指出，农民尤其是小农的分散性、封闭性、保守性等特征，使得他们无法形成组织合力争取自己的权益。由于老区乡村群众普遍缺乏发展所需的素质能力，原子化现象也较为严重，需要"主心骨"加以引导与凝聚，以能人引领乡村群众致富发展是发挥内生力量的经典方式，也是最值得加以推广的。在实践中，村"两委"特别是村党支部书记在引领老区乡村发展过程中的作用十分突出。例如，培斜村支书华锦先在20世纪90年代初自筹资金3万元，在村里办起了第一家竹凉席加工厂，当年便产生了效益，随即带领本村居民共同创办凉席公司、注册"天然牌"商标，走上了以产业致富的道路；在国内电商初创时期，华锦先的儿子华永良又率先在"天猫商城"注册网店，带领村民通过电商营销致富，2013年，培斜村为龙岩拿回了全省第一块"中国淘宝村"的金字招牌，近年来，培斜村与时俱进，运用短视频、直播等新营销手段推进培斜村电商事业，取得了更大成效。该发展类型对能人的致富素质及道德品质要求比较高，培斜村支书率先创立竹凉席加工厂，说明他有市场意识与能力，此外，他又能一心为群众着想，带领广大村民致富。但大多数老区乡村中，既具有致富能力又能够热心带领群众致富的头雁型能人十分缺乏。有的村民有致富能力，但由于缺乏引领群众致富的平台与激励机制，未能够充分发挥先锋模范与引领发展的作用；有的村干部肩负带领群众致富的责任，也有相应的毅力，但欠缺市场化的意识与能力。对这些问题，有效的化解方式是：一方面，将拥有致富能力的人吸收至村干部当中；另一方面，建立健全利益联结机制，使头雁型能人在帮助乡村群众致富发展的同时也能够分享所获得的利益。在该类乡村振兴中，国家及社会力量主要应做好公共服务基础配套，或支持、辅助协调部分事宜，如道路拓宽的审批、补助等。

（二）乡贤带动型

这里的乡贤，主要指的是出生于或成长于乡村，但后来在城市地区发展的离乡能人。随着时代的进步，乡贤也呈现职业多元化、知识能力高水平化、发展理念现代化等特点，乡贤的主要来源有退休老干部、企业家、大学生等。乡村的原子化使得乡村振兴需要有组织者引领带动，前述村支书带动等引领方式多少还有"行政"意味，而乡贤带动型发展则更富有"自愿"或"志愿"意涵。奥尔森认为，集体行动需要有愿意支付组织成本的组织者。[①] 日渐空心化的乡村中集体行动更需要有乡贤的带动。在老区乡村留守人口中缺乏能人引领的情况下，可发动乡贤的力量，引导乡贤回归引领老区乡村发展。而且老区乡村地理位置偏远，社会力量常态化志愿帮扶也存在非便利性，而乡贤回归帮扶能有效解决此类问题。虽然老区乡村大多边远落后，但很大程度上正因为边远落后，诸多老区乡村原居民立志奋发图强，后来成为城市当中各行各业的佼佼者。因此，事实上大多数老区乡村都或多或少、或强或弱地具备乡贤力量。该发展类型可复制推广性也较强，也应占老区乡村发展类型中的很大部分。例如，三明市大田县前坪乡上地村存在着严重的空心化问题，留守人口中缺乏能人引领，2018年正值基层换届选举之年，大田县动员从师职干部岗位退休的林佳山担任村支书，自上任以来，他制定村发展规划，推进乡村建设，使上地村发展面貌焕然一新。该发展类型重点是从县、镇级作出统筹部署，为乡贤回归做好政策支持及平台建设，加强推广宣传，给予乡贤身份界定、强化精神激励，使缺乏本土能人的老区乡村能够更多依靠乡贤赋能发展。

（三）群众自主发展型

群众自主发展型，并非不需要组织引领，而是强调在村"两委"组织能力薄弱、本土能人缺乏、乡贤较少或难以有效引归的情况下，群众更多依靠自身力量推进乡村发展。但由于缺乏头雁型人才引领与凝聚核心，群众大多呈现散沙状态，乡村自治意识与能力薄弱，无力发展支柱性产业，老区乡村整体发展水平不高。该发展类型的乡村原是老区乡村中的大部分，但通过前面两类发展，应已成为少部分。国家及社会力量应着力对该发展类型乡村的振兴进行倾斜性扶持，倾斜扶持的重点应在于壮大人才队伍与产业，即培育发展本土人才队伍，充实壮大基层自治组织，有效引导发展适宜性产业。

上述三种发挥内生力量作用的老区乡村发展类型，事实上都需要国家或社会力量的支持，但侧重点及支持程度显然不同，这有助于将国家及社

---

① 〔美〕曼瑟尔·奥尔森：《集体行动的逻辑》，李郁等译，上海三联书店、上海人民出版社，1995，第19~20页。

会力量的有限资源运用在刀刃上,发挥支持帮扶的乘数效应。

表 5-2 因内生力量差异分类发展多元主体赋能模式中形成的三种发展类型

发展类型	内生力量特点	主要发展特征	推进的重点
本土能人引领型	留守人口中,村"两委"、农业大户、专业户,知识型或技术型人才优势突出	主要依靠本土能人引领本村发展,政府及社会力量起到协调、辅助的作用	深入挖掘或培育本土能人,尤其是以致富能人充实村"两委",强化利益联结机制,激发本土能人的致富带动能动性
乡贤带动型	本土能人稀缺,但流出人口中有突出的致富能人	因老区乡村多处边远山区,社会力量对接帮扶存在一定困难,可着力吸引乡贤回归引领本村发展	系统摸底梳理本村流出人口中的乡贤力量,健全吸引乡贤回归的体制机制,完善乡贤的激励制度
群众自主发展型	本土能人稀缺、乡贤缺乏或难以有效引归	主要依靠留守群众自身力量发展,政府及社会力量着重介入	政府及社会力量加强对该类型乡村的帮扶,重点培育壮大本村特色产业,有意培养人才队伍

资料来源:笔者归纳整理。

三 因区位条件差异分类推动城乡融合发展

与城镇中心的距离远近是推动城乡融合发展的重要影响因素。虽然老区乡村与全国其他乡村地区相比,整体上相对偏远,但从老区内部来看,老区乡村与城镇中心也有远近之分。根据与城镇中心距离远近,主要讨论两种类型的老区乡村城乡融合发展类型(见表 5-3):一是近郊村发展类型,即乡村位于城镇的近郊区,较易于实现城乡融合发展;二是远郊村发展类型,即乡村远离城镇中心,较难受到城镇发展的辐射。

(一) 近郊村:直接依托城市资源的城郊融合发展型

由于靠近城镇中心,交通便利,具备丰富的潜在消费群体,该类乡村通常定位为城镇的后花园,与城镇发展紧密融合,其发展特点正如《乡村振兴战略规划(2018—2022 年)》所提出的"城郊融合类村庄"[①]。其目标可以定位为"快餐式",即快速、便捷地发展休闲娱乐或研学教育等产

---

① 《乡村振兴战略规划(2018—2022 年)》,人民出版社,2018,第 22 页。

业。该类乡村不论有无特殊的或丰富的资源,在乡村振兴的各个方面都可以取得较好的发展。在产业发展方面,既可以承接城市溢出的产业,如承接劳动密集型产业,也能够较好地发展红绿特色产业,在部分乡村红绿特色资源并不突出的情况下,也能够通过人为地"创造"出一些绿色休闲景观来吸引客流量,如种植果树在其开花季节举办赏花活动,在水果成熟之际举办亲子采摘活动等。在人才发展方面,能够较容易地吸引一些城镇人才返乡创业就业。在文化振兴方面,充分发挥红色资源优势,与学校教育能够无缝对接,以开展红色研学教育活动,即便红色资源不突出,也能够开展一些户外的研学教育活动。在生态振兴方面,如前所述,该类乡村发展的定位是城市的后花园,自然更加重视生态环境建设。在组织振兴方面,能够较为便利地从城市获得社会组织等对乡村的帮扶。但该类乡村发展模式容易趋同化、娱乐化,在以城区为核心的近郊辐射圈内要注重统筹共性或差异化发展,将同类型碎片化乡村资源有效整合,如对同主题的红色资源进行合并优化,提升区域性红色资源影响力;也要注重推进乡村绿色发展模式的差异化,规避同类休闲旅游给人带来的审美疲劳。

(二)远郊村:以"微生态游"吸引城市居民的城乡融合型

距离城镇较远的乡村,其各个方面发展的条件较差,红色资源较为突出的可以用红色产业引领乡村振兴,历史文化资源丰富的可以用传统文化赋能乡村振兴,某些自然资源十分突出的可以重点开发风景名胜。例如,龙岩市新罗区万安镇竹贯村地理位置偏僻,距离新罗区中心约87公里,距离万安镇中心也有近25公里,利用保护完好的古迹群及良好的自然生态环境,入选"中国历史文化名村""国家森林乡村",被列为省级乡村振兴试点村。但远郊村中能够具备上述条件的较少,因此,需着重思考不具备上述条件的老区乡村如何发展的问题。其振兴模式之一即国家乡村振兴战略中的"特色保护类村庄"[①]发展模式。远郊村虽不满足产业振兴的诸多条件,但正因为远离城区,在传统文化保护方面比较优势更加突出。此类乡村应更加重视对传统文化资源的摸底建册,不宜推进大拆大建,而应在审慎评估的基础上重点推进传统建筑或文化的保护与传承。部分传统文化十

---

① 《乡村振兴战略规划(2018—2022年)》,人民出版社,2018,第22页。

分突出的乡村可以通过申报历史文化名村、传统村落等形式实现发展，重点以文化振兴牵引乡村振兴。在该类乡村发展中也需注重保护红色资源。此外，老区乡村，特别是远郊的老区乡村可尝试发展"微生态游"。大众化的团游、城市游已无法满足多样化、绿色化、个性化的旅游需求，"微生态游"应运而生，它是指以更微小的生态圈为旅游目的地，以个人或微小团队为主体的旅游。这样的生态圈没有大旅游景点那么引人注目，甚至没有突出的生态样貌作为观光景点，但它以"绿""静""悠"为特点，可以满足部分城市居民无限接近大自然的需求，游客或可以在人烟稀少的村庄步道徜徉，或可以在竹林深处享受富氧美容，或可以在农田里尽情嬉戏，或可以在静谧的民宿里冥想，从而满足城市小众群体文艺创作、生态康养等需求。多位于偏远山区的老区，特别是偏远的老区村、革命基点村由此迎来了别样的旅游发展契机，主打"微生态游"，通过互联网打造定制化旅游模式，使城市小众群体能够在这些偏远地区的老区乡村享受静谧美好、返璞归真的心灵之旅。"微生态游"正是因地制宜推进老区边远乡村振兴，运用辩证思维，转发展劣势为发展优势的具体体现。但需要强调的是，"微生态游"不可过度休闲娱乐化，应坚持马克思主义的指导，坚持农业的基础性地位，注重生态农业的基底加持，如鼓励生态粮食、果蔬的适量种植，家禽家畜的适量走地化养殖，与小生态圈互为支撑，提高"微生态游"的饱满度。

除了近郊村、远郊村之外，按与老区城镇中心的远近分，实际上还有两类乡村：一类是城中村，即位于城市当中的乡村，此类乡村实际已融入城镇化进程当中，因此，该类乡村发展模式不再赘述；另一类是不远不近的乡村，其发展模式应居于远郊村与近郊村之间，根据自身的资源禀赋实现特色发展。另外，在远郊村中，根据城乡融合发展的趋势，部分无特色资源、空心化严重，且基础设施建设成本较高的老区乡村或随城镇化的进程而自然消亡，该类型乡村应重点做好易地搬迁、落实就业保障等工作。

表5-3　因区位条件差异分类推动城乡融合发展中形成的两种发展类型

发展类型	区位条件	主要发展特征	推进的重点
近郊村发展类型	位于城镇近郊区，交通便利	直接依托城市资源推进城郊融合发展，不需要有特别的资源禀赋	避免趋同化发展模式，统筹推进差化发展

续表

发展类型	区位条件	主要发展特征	推进的重点
远郊村发展类型	远离城镇中心	不宜直接依托城市资源发展，需要以特色文化为基础推进文化振兴，或开发吸引城市居民的"微生态游"	挖掘保护特色优秀传统文化，重点以文化振兴牵引乡村振兴；对于多位于边远山区的老区重点探索网络化、个性化、定制化的城市居民微生态圈旅游

资料来源：笔者归纳整理。

第五节 加强革命老区乡村振兴的制度保障

马克思强调无产阶级取得政权的政府需加强对农民权益的保护，"以政府的身份采取措施，直接改善农民的状况"[①]。中国共产党领导的政府是推进老区乡村振兴坚实的保障。国家在政策制度上持续向老区特别是其乡村倾斜，但仍需强化要素资源保障、推进治理体系和治理能力现代化、健全相对贫困治理的长效机制。

一 强化要素资源保障

加强要素资源供给，是老区乡村发展的基本保障。一是强化老区乡村建设用地保障。政府应统筹城乡用地情况，加强建设土地动态监管、分类推进各类用地整治提升，实施城镇低效用地再开发、复合开发利用和用途合理转换，盘活存量土地资源。加强摸排存量用地，充分了解乡村建设用地需求，将建设用地指标适当向老区乡村倾斜。在用地审批中，优先满足对老区乡村道路等基础性建设用地的需求。根据各老区乡村发展的差异性，分批逐次拓宽老区乡村道路。在国家政策的指导下，更灵活、高效地探索发展适宜于老区乡村建设用地的审批制度，减少审批时滞。二是加强老区乡村建设的资金保障。应首先保障对基础设施建设的资金投入，在不断完善基础设施的基础上，加大对产业扶持的资金投入。依据马克思主义

---

① 《马克思恩格斯文集》第 3 卷，人民出版社，2009，第 404 页。

对于农业发展重要性的观点及对产业发展演变规律的认识,对产业的扶持应按照一、二、三产业的顺序进行,优先支持农业及农产品加工业发展。由于多位于山区,老区乡村道路拓宽升级的资金需求量大,除了强化政府配套资金支持外,可通过创新形成更多元的乡村道路建设资金来源,如推进 PPP 项目建设,鼓励从社会力量中汲取有益支持,缓解老区财政负担。三是加快推进老区乡村冷链物流建设,由于多位于边远山区,老区乡村冷链物流建设成本更高,而农产品的运输迫切需要加快推进冷链物流建设。随着数字经济的快速发展,老区乡村农产品的电商营销更需要消除冷链物流建设的痛点。政府应加强政策与资金支持,依托产地冷藏保鲜设施,鼓励与引导邮政快递、供销合作社平台、电子商务、商贸流通公司等主体利用既有流通网络优势,整合资源、创新模式,优化田头集货、干支衔接运输和农村快递配送,促进合作联营、成网配套,加快建设农产品产地冷链物流服务网络。鼓励与引导产地批发市场、现代农业产业园、加工物流园、电商孵化园等产地园区重点改善公共冷库设施条件,拓展冷链物流服务内容。鼓励冷链物流运营主体利用设施平台和渠道优势,提升品牌打造和孵化能力。此外,老区应进一步加强乡村信息基础设施建设,分步推进 5G 网络建设,为数字普惠金融在老区乡村的发展提供更健康的环境,有效满足老区乡村群众小额融资贷款的需求,实现数字金融在欠发达地区的普惠共享。以县域为基本单元,强化数字金融监管,加强信用风险管理,支持开展针对老区农业企业、集体经济组织、合作社代表和村"两委"、新型职业农民等中坚力量的数字金融知识培训,填补知识型和使用型数字鸿沟。[①] 政府应细化用于老区乡村建设的资金比例及使用范围,准确摸底老区乡村建设的资金需求情况,根据情况适当提高土地出让金收益用于老区乡村建设的比例,推进资金的精准投放,提高资金拨付及使用的公开透明度。村一级在使用支农惠农项目资金时,应规范、科学地加以使用,通过线上与线下相结合的方式广泛征求村民的意见,使资金使用满足规范性、实效性方面的需求。

[①] 陈晓洁、何广文、陈洋:《数字鸿沟与农户数字信贷行为——基于 2019 年欠发达地区农村普惠金融调查数据》,《财经论丛》2022 年第 1 期。

二 推进治理体系和治理能力现代化

习近平强调:"完善基层群众自治制度,发展基层民主,是社会主义民主政治建设的基础。"① 基层群众自治的主体是广大人民群众。由于突出的政治示范性,老区乡村振兴更需要强化党组织引领基层自治,发挥群众的主体作用,充分展现社会主义民主政治的优越性。

第一,强化基层党组织高效引领治理体系和治理能力现代化。老区乡村自治需要领头羊牵引,而基层党组织是乡村自治的引领者。但基层自治与行政化存在矛盾,自治组织承担行政任务有利有弊,本书在这里就不再展开论述。有必要针对老区乡村振兴示范建设中需频繁应对检查、视察的问题,探索更有效的化解方式。加强老区乡村振兴的示范建设及共享学习是十分必要的,但也需要思考如何使乡村主干将更多的精力用于引导乡村获得更好的发展,引导乡村群众更加积极地参与乡村治理。一方面,可以适当增设工作人员,如增设材料规整协助人员;另一方面,应大力推进网络办公,尤其是统筹"县-乡(镇)-村"三级非保密性材料云上共享,避免不同部门向基层重复索要同样材料。在乡村振兴考核中,应对群众参与自治工作给予适当倾斜,鼓励村"两委"与群众共治共建,构建良好的党群关系。针对老区乡村"两委"致富能力比较薄弱的问题,应健全吸引本土致富能人、乡贤、大学生等充实村"两委"的长效机制。

第二,建立健全利益联结机制激发老区乡村自治活力。如同马克思强调的,无产阶级想要获得胜利,就要"直接为农民做很多的事情"②,这里"很多的事情"涉及的是农民的切身利益。激发老区乡村自治活力,从根本上要建立健全利益联结机制,密切群众与自治组织的利益关联,并且使群众在参与自治中实现自身利益。马克思主义强调要实现农民的物质利益,与推进村集体经济发展时一样,群众最关心自身的利益,特别是物质利益是否在参与乡村治理与发展中实现。应以实现群众利益为目的与准则创新方式方法,调动老区乡村群众参与自治的积极性。要善于倾听群众的

---

① 《习近平总书记系列重要讲话读本(2016年版)》,学习出版社、人民出版社,2016,第168页。
② 《马克思恩格斯文集》第3卷,人民出版社,2009,第404页。

呼声并及时作出回应,科学采纳群众合理的建议与意见并将其应用到实践中去,让群众切身感受到参与基层自治充分发挥了作用、产生了实际效益。

一名村民指出:"我在村民代表大会上提出要修路灯,后面村里采纳了我的建议,发动大家出资出力修了路灯。我就感觉我被尊重了,我也愿意出钱又出力,哪怕多出点钱多出点力,我也愿意。"(访谈编号:MC11-20210812)

闽西部分乡村也探索推进了一些自治模式,如三明市建宁县推进农村人居环境整治小型工程建设的"1233"机制,"1"就是指开好一次整治工作会议,村庄人居环境整治工程项目实施方案必须经村"两委"、村民代表会议通过。均口镇隆下村建立"五共机制",其中就包括推进前期规划"村民共谋",党员干部深入群众当中广泛听取群众意见;环境治理"巾帼共管",由村妇女主任牵头,带领所有家庭主妇参与环境治理,带头实施门前三包、鸡鸭圈养,带头将家门口扫清楚、摆清楚,带头互相监督、相互促进;靓丽庭院"全民共评",由党支部牵头,组内户代表参加,按季度开展靓丽庭院评选,按好、中、差三个等级进行现场打分,对自觉做好庭院净化、绿化、美化的村民,每户给予纪念品作为奖励。以上共谋共建的激励机制充分调动了群众参与乡村自治的积极性,但整体看来老区乡村自治探索实践还比较薄弱,需要加强自治的示范建设;同时,自治实践大多还依赖于"由上而下"的模式,需要强化利益联结,更多推动"自下而上"的群众自治探索。

第三,利用现代化手段优化老区乡村治理方式。上述有关老区乡村自治实践的探索发展大多还是基于村民物理空间"在场"的前提,意味着留守人口较多的乡村更易于推进群众自治,而目前多数老区乡村面临着较为严重的空心化问题,推进乡村自治如何化解自治主体物理空间不在场难题?从群众的切身利益出发,显然不能简单化地通过乡村拆迁合并等方式来化解。虽然存在严重的空心化问题,但老区乡村仍是不少流出劳动力面临各种风险时"退可守"的"避风港",如部分流出劳动力遭遇疫情冲击后陆续回到乡村开展种植养殖;同时,乡村也是诸多流出人口寄托乡愁的地方，特别是老龄退休人员从城市离开退居养老的地方。贺雪峰、王文杰认为不可忽视这部分老龄乡村居民所发挥的作用，他们在乡村的农作或是维护粮食安全的基底。① 因此，乡村日常的建设与维护仍十分必要，而其主体必然是广大乡村群众。老区乡村的边远增加了村民自治中村民于物理空间层面"在场"的难度。但互联网拓展了老区乡村自治场域，这里通过典例剖析"线上+老区乡村自治"运行模式。

NX 村，户籍人口 200 人，常住人口不足 20 人，是个规模较小的自然村，地理位置欠佳，距离县城约 37 公里，无特色产业。村能人强某于 2018 年建立了村民微信群，把常在外地工作的，包括户口已迁出的村民均拉入微信群。强某联合村里回某等 4 人成立了 NX 村务理事会，此 5 人成为理事会骨干，分别担任会长、副会长及秘书长；后又把其他 5 位较为积极主动的村民列为理事会成员。10 人分属于不同的家族，一定意义上代表不同家族的利益，但又能够作为各个家族的先进代表。理事会在微信群里充分灌输爱村爱家的理念，每位村民都受到不少熏陶，积极主动性被充分激发。理事会每遇到村部重大事项都组织召开会议，并把讨论结果公布于微信群，邀请村民参与讨论决议。自 2018 年以来，NX 村共组织了修河道、修路、修宗祠、修建绕村公园、整理屋前屋后等活动，把一个脏、乱、差的旧村庄整理成了相对整洁的美丽乡村。

由村能人发动建立现代网络社交群，并组织成立"线上村务理事会"推进乡村建设，这实际上是"线上+老区乡村自治" 1.0 模式，有利于缓解自治主体物理空间不在场难题，但仍然无法完全消除自治场域转换问题。一方面，部分乡村建设行为必须在线下完成，如村庄美化。另一方面，一些"技术"性自治难题也仍依赖于线下解决，如：边远山区的安防如何通过加强自我管理而更加有保障？部分自治行为必须经由村民"签字"完成或涉及村民切身利益需投票表决，如何使"线上"自治留痕并具备"线下"自治的合法合规性？数字经济的发展或许能够有效解决这些问

---

① 贺雪峰、王文杰：《乡村振兴的战略本质与实践误区》，《东南学术》2022 年第 3 期。

题，推动实现自主治理，精准识别问题、强化主体赋能、契合地域特色[1]，如推进智能化以加强乡村安防化解"无人"推进安防的问题，利用数字化加强自治数据留痕管理，提高群众数字素养，从而应对不同程度的人口空心化问题等。由此，这就要求老区乡村自治利用数字赋能升级为"线上＋老区乡村自治"2.0模式。显然，2.0模式无法依靠"自下而上"的方式推进，而是需要政府统筹规划，且需按照循序渐进的方式进行，可由老区数字乡村试点先行先试，以点带面逐步推进。以闽西老区为例，龙岩市、三明市分别支持上杭县、大田县开展数字乡村试点，闽西可着重将数字化自治体系纳入数字乡村试点展开建设。

三 健全相对贫困治理的长效机制

老区乡村振兴关键要依靠乡村群众、依靠产业发展推进，政府及社会力量的帮扶均要以激活内生动力为目的。国家及各地政府对老区乡村的帮扶既是"政治任务"，也是解决相对贫困问题、促进共同富裕的内在要求。政府也积极组织号召社会力量对接帮扶老区乡村，使老区乡村发展面貌焕然一新。但帮扶需要处理好外源动力与内源动力的关系，按照唯物辩证法的要求，外因要通过内因发挥作用。

第一，要提升帮扶对象选择的精准性、平衡性，推动实现共同富裕。经过脱贫攻坚，每个老区村的发展情况均发生了或多或少的改变，有的乡村已经完全摆脱贫困并且建立了良好的造血机制，有的乡村只是在输血的基础上完成了脱贫任务。在新时期推进老区乡村振兴，仍要以巩固拓展脱贫攻坚成果为基本任务。精准界定、识别与动态调整低收入人群是首要要求。要进一步科学制定乡村振兴示范点评选、建设与考核机制，充分发挥示范点乡村对其他乡村的辐射带动作用，通过党建跨村联建、村集体经济抱团发展等模式，发挥示范点乡村的引领作用。科学制定重点帮扶乡村的进退机制，不可惯性地一直对原先的帮扶对象进行帮扶，要让老区本身有限的人财物资源优先使用在面向重点老区、重点人群的普惠性、基础性、

---

[1] 李燕凌、陈梦雅：《数字赋能如何促进乡村自主治理？——基于"映山红"计划的案例分析》，《南京农业大学学报》（社会科学版）2022年第3期。

兜底性民生建设上。

　　第二，以推进人才与产业振兴为核心目的，提高帮扶的有效性。乡村人才与产业的发展是提升造血能力、激活内生动力的关键。国家对老区乡村振兴的政策倾斜多，要充分将政策红利转化为发展的内生动力。健全侧重于造血的帮扶激励与评价机制，将直接给钱给物或者变相给钱给物的输血式扶贫变为造血式扶贫，巩固拓展脱贫攻坚成果，加强对脱贫户的劳动就业技能培训，更多采用以工代赈等项目建设的方式，提高脱贫户、低收入人口的非农收入。加强对重点老区乡村产业发展的引导，逐步减少对接消费等依赖政府及社会力量帮扶发展产业的方式的使用，树立市场思维，更多依靠市场的力量规划与发展特色产业，促进产业的可持续高质量发展。引导社会力量加强在乡村群众素质能力提升方面的帮扶，挖掘造血型社会帮扶的典型，总结可推广的经验。

结　语

　　实施乡村振兴战略，是以习近平同志为核心的党中央在新的历史发展阶段对"三农"工作作出的一项重大战略部署。随着脱贫攻坚的全面胜利，我国进入巩固拓展脱贫攻坚成果与乡村振兴有效衔接阶段。推进老区乡村振兴具有显著的政治意义，尤其是在中国共产党建党百年之际强调推进老区乡村振兴具有重大历史意义。因老区特别是其乡村多位于省际交界处及边远山区处，推进老区乡村振兴也有利于畅通国内大循环，建设国内统一大市场。而包括闽西在内的原中央苏区的发展具有老区发展的典型特征，习近平在闽工作期间推动了有关闽西特别是其乡村发展的重大理论与实践创新，新发展阶段闽西建设老区高质量发展示范区稳步推进。以闽西为例研究老区乡村振兴具有显著的代表性与示范性。

　　实践探索需要理论的指导。想要正确看待老区乡村振兴存在的问题，更好地推动老区乡村振兴，都需要科学有力的理论予以指导。而马克思主义是我们立党立国的根本指导思想，增强马克思主义在老区乡村振兴研究领域的阐释力，解决不断发展变化的问题，正是本书的研究要旨所在。基于此，本书系统梳理马克思主义经典作家有关乡村发展的重要论述，探寻百年来中国共产党人对马克思主义乡村发展思想的发展的脉络，确立马克思主义乡村发展思想为老区乡村振兴科学又内涵深厚的理论阐释依据。

　　老区乡村振兴既不能照搬国外乡村发展的模板，也不能简单复制我国乡村振兴的一般模式，而是要依据唯物辩证法，结合老区乡村特征，统筹推动乡村振兴共性与个性问题的解决。在共性问题方面，按照乡村振兴战略的总要求推进解决。在个性问题方面，老区乡村振兴关键要处理好以下几个问题：如何更好地跨越区位劣势造成的发展障碍、如何更高质量地活化利用红绿色优势资源、如何更好地将政策红利转化为内生发展动力。要充分运用辩证思维，寻求发展思路：通过促进集体经济发展、强化科技赋能，跨越边远山区的发展障碍；"以红富民"，科学处理好红色资源文化效益与经济效益的关系，将文化效益放在首位，推动实现经济效益；"靠山富山"，将边远山区的发展障碍辩证地转化为绿色发展的优势，统筹处理好绿色发展质与量、普遍性与特殊性的关系。在新发展阶段面对复杂严峻的国际环境，更需坚持农业的基础性地位。国家对老区乡村发展予以政策倾斜与有力支持，但更要坚持乡村群众的主体地位，将外源动力有效转化为发展的内生动力。

老区乡村振兴并非静止、孤立、片面的过程，而是动态、联系、全面的过程。首先，老区乡村振兴是动态向前发展的过程，不可能一蹴而就。要将老区乡村发展置于历史的视野中，在中国共产党人高度重视与支持下，历经自新中国成立以来70余年的发展演变，老区乡村发展积累了诸多宝贵的经验，也有一些教训，这为新发展阶段推进老区乡村振兴提供了实践镜鉴。同时，老区乡村振兴要立足于"两个大局"，以及受疫情影响的现实背景，注重高质量巩固拓展脱贫攻坚成果，全面推进乡村振兴。老区乡村振兴仍然面临突出的困难和问题，需要循序渐进，逐步推进。其次，老区乡村振兴不能仅从乡村谈乡村，而是应将其置于城乡关系的视野中考察。马克思主义强调推动实现城乡融合发展，老区多位于多省交界处，发展基础薄弱限制了其城市发展，导致以城带乡动力不足，需促进大中小城市与小城镇协调发展，尤其是要注重挖掘省际交界处的经济新增长点，以此辐射带动老区乡村振兴。要充分利用科技，尤其是新科技赋能城乡要素资源、基本公共服务创新共享。最后，全面推进老区乡村振兴，老区乡村须推动产业、人才、文化、生态、组织等全方位振兴。在全面推进老区乡村振兴中，注重发挥红色基因促进乡村红色旅游发展、加强人才培育、推动乡风文明建设以及助力党组织建设的作用。

老区乡村振兴没有统一的、固定的模式，要因地制宜、分类施策。要根据红绿色资源禀赋差异分类推进红色主导型、绿色主导型、红绿色融入型产业发展，各发展类型下资源活化利用方式与侧重点应有所不同；要根据内生力量差异分类发展本土能人引领型、乡贤带动型、群众自主发展型主体赋能模式，依据内生力量的强弱予以精准的外源支持；要根据区位条件分类探索近郊村、远郊村的城乡融合发展模式，近郊村易于受到城市发展的辐射，从而促进城乡融合发展，远郊村则更需要挖掘特色亮点，尤其是探索发展吸引城市居民的"微生态游"。

受地理、人文、经济等多重因素制约，推进老区乡村振兴发展具有一定的难度。我们要坚持马克思主义的立场、观点、方法，坚定信心决心、凝聚磅礴力量，以促进生产力发展为根本，坚持老区乡村群众的主体地位，遵循城乡融合发展规律，加强制度建设，逐步缩小老区城乡发展差距，逐步缩小老区乡村与发达地区乡村发展差距，推动共同富裕！

附录1 访谈提纲

一 政府领导干部访谈提纲

（一）老区乡村的基本情况

1. 老区乡村有哪些？主要分布在哪里？

2. 老区乡村区别于其他乡村的主要特征是什么？老区乡村有哪些突出的资源与优势？

（二）何为乡村振兴以及老区乡村振兴的政策举措

1. 您了解什么是乡村振兴吗？乡村振兴何时开始实施的？总体的要求包括哪些方面？

2. 您了解国家有关老区乡村振兴的政策或举措吗？这些政策举措对闽西老区乡村振兴产生哪些具体的影响（主要围绕2021年以来国家颁布的老区特别是其乡村发展有关政策展开）？

3. 本地政府对推进老区乡村振兴有哪些政策或举措？这些政策举措是否已经产生了实际效果？

4. 老区乡村振兴的政策举措是如何选定扶持对象的？有什么依据？

5. 老区乡村振兴的政绩考核标准是什么？您认为还有哪些需要改进的吗？

（三）老区乡村振兴现状

1. 老区乡村振兴推进情况如何（有关乡村振兴现状、问题的访谈，主要围绕乡村振兴战略总要求，下同）？红色基因在推进老区乡村振兴中发挥的作用如何？

2. 老区乡村振兴有无典型案例？这些典型案例的主要特色亮点是什么？红色基因在这些典型案例中发挥了怎样的作用？在这些典型案例中，政府、村"两委"、村民、企业、社会力量等各主体发挥了怎样的作用？

（四）老区乡村振兴尚存在的难点与问题

1. 您认为推进老区乡村振兴目前还存在哪些难点与问题？

2. 您认为可能是什么原因导致了这些难点与问题？

（五）未来的规划与建议

1. 针对乡村振兴存在的难点与问题，有什么建议？老区乡村振兴未来发展的规划是什么？

2. 有关老区乡村振兴，您还有哪些补充的想法与建议？

二 村"两委"访谈提纲

（一）村"两委"组成基本情况

1. 您能介绍一下村"两委"的性别、年龄、文化程度构成情况吗？

2. 村主干及各委员的工作如何分工？平时主要工作内容是什么？工资待遇如何？

（二）本村乡村振兴的资源条件

1. 乡村的基本情况，包括下辖自然村、人口（户籍人口数量、常住人口数量、年龄结构、劳动力结构）、基础设施（农业基地及农田水利建设、道路、水、气、电）等具体情况如何？

2. 乡村的主要发展资源，包括红色资源、耕地资源、林地资源、自然景观、民族民俗、特色传统文化等具体情况如何？

（三）对乡村振兴的了解及本村乡村振兴的政策举措

1. 您能谈一下对乡村振兴的认识吗？

2. 政府对本村发展有哪些扶持政策或举措？本年度的村财收入有多少？村财收入的结构（政府拨款、经营性收入等占比）是什么？

3. 企业对接本村发展情况如何？

4. 社会力量帮扶本村发展情况如何？

5. 乡贤支持本村发展情况如何？返乡青年群体比例是多少？他们对老区乡村发展有帮助吗？都提供了哪些方面的帮助？县、乡（镇）、村有没有提供相应的政策支持？

6. 本村促进乡村发展的举措（重点询问村企建设、农民合作社开展、科技应用等情况，以及其他特色举措）有哪些？

（四）本村乡村振兴现状

1. "产业兴旺"方面：本村的主要产业有哪些？红色资源的经济效益怎么样？农地资源利用情况如何？产业发展以及产业融合发展的情况如何？

2. "生态宜居"方面：生态环境建设成效如何？人居环境整治效果如何？生活便利宜居性情况如何？

3. "乡风文明"方面：乡村群众精神面貌如何？红色文化在乡村文明建设中的作用如何？乡风文明建设其他方面的成效如何？

4. "治理有效"方面：党组织引领乡村振兴的作用怎么样？红色基因对乡村党建工作的影响如何？乡村自治开展的情况如何？

5. "生活富裕"方面：本村集体经济收入情况如何？本村居民就业情况、收入情况如何？近年来主要发展变化情况如何？

（五）本村乡村振兴尚存在的难点与问题

1. 您认为本村发展目前还存在哪些难点与问题？

2. 您认为可能是什么原因造成这些难点与问题？

（六）未来的规划与建议

1. 针对本村乡村振兴尚存在的重难点问题，您的建议是什么？本村未来发展的规划是什么？

2. 有关老区乡村振兴，您还有哪些补充的想法与建议？

三 老区乡村居民访谈提纲

（一）访谈对象基本情况

1. 请问您的年龄、文化程度？目前的职业（分为三类——农作、非农作、兼业，农作即以务农为生，非农作即虽居住在乡村但以非农工作为主要收入来源，兼业即既务农又从事非农工作）是什么？

（二）访谈对象家庭基本情况

1. 您的家庭成员有哪些？年龄结构、职业分别是什么？家庭成员是否常住本村？

2. 家庭年收入多少？主要收入来源是什么？家庭主要支出有哪些，占总支出比情况？

3. 您家有几亩耕地、林地？耕地、林地利用情况如何？是否有出租或者租赁农地？

（三）对乡村振兴的了解及参与情况

1. 您能谈一下对乡村振兴的认识吗？

2. 据您了解，政府有哪些支持老区乡村振兴的政策举措？

3. 村里红色资源有哪些？村里红色资源活化利用情况如何？谈谈您对红色资源经济文化价值的认识？

4. 据您了解，村集体经济运营如何？村里农民合作社开展情况如何？您及您的家庭成员有参与合作社吗？是什么原因促使您参与，又是什么原因让您没有参与？

5. 据您了解，村民使用机械务农的情况如何？机械设备是自购还是租借，具体费用如何？使用是否方便？

6. 如何看待乡村电商发展？村里电商发展情况（收寄快递费用、便捷程度，哪些村民开网店，网店经营时间、售卖内容、盈利情况）如何？

7. 乡村自治开展情况如何：近三年来您是否有参与村民理事会、村委选举大会，是否有提出什么好的建议，这些建议是否被采纳并产生效果？

8. 村里还主要实施了哪些振兴举措？您是否参与这些振兴举措的实施？您参与乡村振兴的行为还有哪些？

（四）对老区乡村振兴的建议意见

1. 您觉得本村发展还有哪些方面需要重点推进？可能是什么原因影响了进一步发展的空间？

2. 针对本村发展的重难点您有哪些建议？您对老区乡村振兴未来的展望？

四　老区乡村流出人口访谈提纲

（一）访谈对象基本情况

1. 请问您的年龄、文化程度？目前的职业是什么？
2. 您什么时候外出就业创业的？（如果未就业创业，未就业创业原因是什么？）
3. 是什么原因使您外出就业创业的？
4. 目前就业创业月收入是多少？

（二）对乡村振兴的了解

1. 您能谈一下对乡村振兴的认识吗？
2. 您了解家乡目前乡村振兴发展状况吗？近年来发展的变化情况如何？您认为您家乡的特色资源或产业是什么？据您了解，这些资源或产业对家乡的经济效益贡献情况如何？

（三）回乡就业创业或服务的意愿

1. 自外出就业创业后，您有过支持您家乡（老区乡村）发展的行动吗？

2. 据您了解，当地政府或村里有鼓励外出劳动力、人才回乡就业创业/服务吗？有什么支持性的政策举措吗？

3. 您愿意回乡就业创业/服务吗？（如果愿意的话主要出于什么因素考虑，将通过哪些方面开展就业创业/服务？如果不愿意的话又是为什么？）

（四）对老区乡村振兴的认识与建议

1. 您觉得家乡乡村振兴还有哪些方面需要进一步发展？可能是什么原因影响了进一步发展的空间？

2. 有关家乡乡村振兴，您还有哪些补充的想法与建议？

附录2 重点访谈对象基本情况

序号	访谈编号	访谈对象
1	F1-20220304	福建省农业农村厅领导
2	F2-20220224	福建省民政厅老区办领导
3	F3-20220303	福建省民政厅老区办领导
4	M1-20210714	龙岩市政协委员
5	M2-20210714	龙岩市农业农村局领导
6	M3-20210714	龙岩市农业农村局领导
7	MZ1-7（2021-2022）	共计7名老区乡镇领导干部
8	MG1-8（2021-2024）	共计8名老区村"两委"代表（乡村振兴试点示范村"两委"3人，暂未纳入乡村振兴试点示范村"两委"5人）
9	MC1-14（2021-2022）	共计14名老区村民代表（含男7名、女6名，年龄18~35周岁共2人，36~45周岁共2人，46~60周岁共2人，60周岁以上共8人，访谈对象年龄大的占比较多，与留守人口年龄结构大致吻合）
10	MY1-5（2021-2022）	共计5名老区乡村流出人口代表（含农民工代表、大学生代表、经商代表、公务员代表、暂无工作者代表）
11	MK1-20210716、MK2-20210716	2名游客
12	MK3-20210716	1名旅游公司负责人
13	ML1-20210720	1名耕地流转人

参考文献

一　马克思主义经典著作及重要文献

《马克思恩格斯文集》第 1~10 卷，人民出版社，2009。
《马克思恩格斯全集》第 28 卷，人民出版社，2018。
《马克思恩格斯全集》第 33 卷，人民出版社，2004。
《列宁选集》第 1~4 卷，人民出版社，2012。
《列宁全集》第 2~3 卷，人民出版社，2013。
《列宁全集》第 14、38、39、40、41、43 卷，人民出版社，2017。
《毛泽东选集》第 1~4 卷，人民出版社，1991。
《毛泽东文集》第 1 卷，人民出版社，1993。
《毛泽东文集》第 3 卷，人民出版社，1996。
《毛泽东文集》第 6~8 卷，人民出版社，1999。
《邓小平文选》第 1~2 卷，人民出版社，1994。
《邓小平文选》第 3 卷，人民出版社，1993。
《江泽民文选》第 1~3 卷，人民出版社，2006。
《胡锦涛文选》第 1~3 卷，人民出版社，2016。
《习近平谈治国理政》第 1 卷，外文出版社，2018。
《习近平谈治国理政》第 2 卷，外文出版社，2017。

《习近平谈治国理政》第 3 卷，外文出版社，2020。

《习近平谈治国理政》第 4 卷，外文出版社，2022。

《习近平著作选读》（第一卷），人民出版社，2023。

《习近平著作选读》（第二卷），人民出版社，2023。

《习近平关于"三农"工作论述摘编》，中央文献出版社，2019。

习近平：《论"三农"工作》，中央文献出版社，2022。

《习近平关于科技创新论述摘编》，中央文献出版社，2016。

《习近平关于社会主义经济建设论述摘编》，中央文献出版社，2017。

《习近平关于社会主义文化建设论述摘编》，中央文献出版社，2017。

《习近平关于社会主义生态文明建设论述摘编》，中央文献出版社，2017。

《习近平扶贫论述摘编》，中央文献出版社，2018。

《习近平关于中国式现代化论述摘编》，中央文献出版社，2023。

《十八大以来重要文献选编》上，中央文献出版社，2014。

《十八大以来重要文献选编》中，中央文献出版社，2016。

《十八大以来重要文献选编》下，中央文献出版社，2018。

《十九大以来重要文献选编》上，中央文献出版社，2019。

《十九大以来重要文献选编》中，中央文献出版社，2021。

《十九大以来重要文献选编》下，中央文献出版社，2023。

《二十大以来重要文献选编》，中央文献出版社，2024。

《中共中央关于进一步全面深化改革 推进中国式现代化的决定》，人民出版社，2024。

《乡村振兴战略规划（2018—2022 年）》，人民出版社，2018。

本书编写组编著《中国共产党简史》，人民出版社、中共党史出版社，2021。

《中华人民共和国乡村振兴促进法》，人民出版社，2021。

习近平：《摆脱贫困》，福建人民出版社，1992。

习近平：《关于社会主义市场经济的理论思考》，福建人民出版社，2003。

习近平：《之江新语》，浙江人民出版社，2007。

中央党校采访实录编辑室：《习近平在福建》上、下，中共中央党校出版社，2021。

本书编写组编著《闽山闽水物华新——习近平福建足迹》上、下，人民出版社、福建人民出版社，2022。

二 中外学术著作

〔印〕阿比吉特·班纳吉、〔法〕埃斯特·迪弗洛：《贫穷的本质：我们为什么摆脱不了贫穷》，景芳译，中信出版社，2018。

〔美〕阿历克斯·英格尔斯：《人的现代化——心理·思想·态度·行为》，殷陆君译，四川人民出版社，1985。

〔印〕阿马蒂亚·森：《贫困与饥荒——论权利与剥夺》，王宇、王文玉译，商务印书馆，2001。

〔印〕阿马蒂亚·森：《以自由看待发展》，任赜、于真译，中国人民大学出版社，2002。

〔英〕阿瑟·刘易斯：《经济增长理论》，周师铭、沈丙杰、沈伯根译，商务印书馆，2011。

〔美〕埃弗里特·M.罗吉斯、〔美〕拉伯尔·J.伯德格：《乡村社会变迁》，王晓毅、王地宁译，浙江人民出版社，1988。

〔美〕艾伯特·赫希曼：《经济发展战略》，曹征海、潘照东译，经济科学出版社，1991。

〔德〕安德烈·冈德·弗兰克：《依附性积累与不发达》，高铦等译，译林出版社，1999。

北京师范大学中国扶贫研究院：《决不让一个老区群众掉队——脱贫攻坚"赣州答卷"》，人民出版社，2020。

蔡昉：《中国经济实践探索与学理解说》，四川人民出版社，2021。

蔡立雄编著《福建龙岩四大特色产业发展报告》，中国农业出版社，2018。

陈前恒等：《革命老区乡村振兴研究：数字经济背景下存在"弯道超车"的理论前瞻》，团结出版社，2022。

陈锡文、赵阳、陈剑波、罗丹：《中国农村制度变迁60年庆祝新中国成立60周年百种重点图书》，人民出版社，2009。

陈锡文：《中国农村改革》，知识产权出版社，2020。

程恩富：《马克思主义政治经济学基础理论研究》，北京师范大学出版社，2017。

刁永峰：《四川革命老区发展研究》第五辑，西南交通大学出版社，2019。

董长瑞、孔艳芳：《中国城乡二元结构变迁与治理研究》，经济科学出版社，2018。

〔美〕费景汉、拉尼斯：《劳动剩余经济的发展理论与政策》，王璐等译，经济科学出版社，1992。

费孝通：《乡土中国》，人民出版社，2019。

费孝通：《中国城乡发展的道路》，上海人民出版社，2016。

〔美〕D.盖尔·约翰逊：《经济发展中的农业、农村、农民问题》，林毅夫、赵耀辉编译，商务印书馆，2004。

顾海良：《马克思主义发展史》，中国人民大学出版社，2009。

郭若平、刘大可、魏少辉：《中央苏区研究学术史略》，福建人民出版社，2021。

国家发展和改革委员会社会发展司、文化和旅游部资源开发司编《红色旅游发展典型案例汇编》，中国旅游出版社，2021。

国网福建省电力有限公司经济技术研究院：《福建"碳达峰、碳中和"报告（2021）》，社会科学文献出版社，2021。

国务院发展研究中心公共管理与人力资源研究所课题组：《湘赣边革命老区振兴与合作发展研究》，中国发展出版社，2020。

罗海平等：《中国革命老区发展报告（2020）》，经济科学出版社，2020。

〔韩〕朴振焕：《韩国新村运动：20世纪70年代韩国农村现代化之路》，潘伟光、郑靖吉、魏蔚等译，中国农业出版社，2005。

（汉）许慎撰《说文解字注》，段玉裁注，浙江古籍出版社，1999。

何苏宁、江小宝主编《龙岩农村电商应用实操》，中国地质大学出版社，2018。

贺雪峰：《大国之基：中国乡村振兴诸问题》，东方出版社，2019。

贺雪峰：《治村》，北京大学出版社，2017。

侯一蕾：《人民日报学术文库集体林权制度改革对森林生态系统影响研究——以福建省三明市为例》，人民日报出版社，2021。

胡海胜、史言信、邹勇文：《革命老区传统村落乡村振兴战略研究》，华中科技大学出版社，2023。

黄恩华、周利生主编《赣南革命老区社会建设与发展研究》，经济管理出版社，2022。

黄恩华、周利生主编《新时代赣南老区高质量创新发展研究》，经济管理出版社，2022。

黄启学等：《脱贫攻坚与乡村振兴有效衔接研究——左右江革命老区核心区百色市的探索实践》，研究出版社，2021。

黄祖辉、梁巧、吴彬、鲍陈程：《农业合作社的模式与启示：美国、荷兰和中国台湾的经验研究》，浙江大学出版社，2014。

蒋伯英：《闽西革命根据地史》，福建人民出版社，2019。

〔美〕杰克·贝尔登：《中国震撼世界》，邱应觉等译，北京出版社，1980。

〔法〕克洛德·阿莱格尔：《城市生态，乡村生态》，陆亚东译，商务印书馆，2003。

〔美〕兰德尔·阿伦特：《国外乡村设计》，叶齐茂、倪晓晖译，中国建筑工业出版社，2010。

〔英〕雷蒙·威廉斯：《乡村与城市》，韩子满、刘戈、徐珊珊译，商务印书馆，2013。

李建平：《中国特色社会主义政治经济学的逻辑主线和体系结构》，济南出版社，2019。

李建平：《〈资本论〉第一卷辩证法探索》（第三版），福建人民出版社，2017。

李晶、钟无涯：《中国革命老区振兴发展历程》，经济科学出版社，2024。

李四能主编《全面推进乡村振兴的福建实践》，福建人民出版社，2024。

李永忠：《互联网+服务背景下"数字福建"发展研究》，科学出版社，2021。

厉以宁、黄奇帆、刘世锦等：《共同富裕科学内涵与实现路径》，中信出版社，2022。

廖盖隆：《中国共产党历史大辞典（新民主主义革命时期）》，中共中央党校出版社，1991。

林毅夫、陈昕主编《制度、技术与中国农业发展》，格致出版社、上海三联书店、上海人民出版社，2014。

凌耀伦、熊甫编《卢作孚文集》，北京大学出版社，2012。

凌翼：《井冈山的答卷》，江西人民出版社，2019。

刘大可：《朝夕勿忘亲令语：闽西客家的祖训家规》，社会科学文献出版社，2018。

刘合光、潘启龙等：《中美农业比较分析》，中国经济出版社，2015。

刘善庆主编《革命老区振兴发展报告（2022）》，社会科学文献出版社，2022。

刘世庆等：《川陕革命老区振兴发展研究》，经济科学出版社，2017。

刘彦随：《中国城镇化与农业农村发展论》，科学出版社，2019。

马洪武、王德宝主编《中国革命史辞典》，档案出版社，1988。

〔美〕马克·赛尔登：《革命中的中国：延安道路》，魏晓明、冯崇义译，社会科学文献出版社，2002。

《马克思主义政治经济学概论》编写组编《马克思主义政治经济学概论》（第二版），人民出版社，2021。

马永祥、邵姝静：《革命老区乡村人才振兴探究》，光明日报出版社，2024。

〔美〕曼瑟尔·奥尔森：《集体行动的逻辑》，陈郁等译，上海三联书店、上海人民出版社，1995。

彭继增：《赣南等原中央苏区承接沿海产业转移研究》，社会科学文献出版社，2018。

（清）王念孙：《广雅疏证》，中华书局，1983。

〔瑞典〕冈纳·缪尔达尔：《世界贫困的挑战——世界反贫困大纲》，顾朝阳等译，北京经济学院出版社，1991。

宋恩荣主编《晏阳初全集》第1卷，湖南教育出版社，1989。

〔日〕速水佑次郎、〔美〕弗农·拉坦：《农业发展的国际分析》，郭熙保、张进铭等译，中国社会科学出版社，2000。

〔日〕速水佑次郎、神门善久：《农业经济论》，沈金虎等译，中国农业出版社，2003。

孙海英、陈永莲：《沂蒙精神与临沂革命老区跨越式发展研究》，山东人民出版社，2017。

孙杰：《生态文化视阈下老区振兴发展研究》，四川大学出版社，2018。

孙中才：《农业供给侧与经济增长》，知识产权出版社，2018。

G.斯坦因：《红色中国的挑战》，李凤鸣译，上海科学技术文献出版社，2015。

汤舒俊、潘华主编《革命老区乡村振兴调查报告》，江西高校出版社，2023。

田延光：《赣南等中央苏区特色产业集群研究》，经济管理出版社，2017。

田延光：《赣南苏区推动中小企业发展的经验及思考》，经济管理出版社，2019。

汪三贵、杨龙、张伟宾、王瑜等：《扶贫开发与区域发展：我国特困地区的贫困与扶贫策略研究》，经济科学出版社，2017。

王丰、蒋永穆：《马克思主义农业现代化思想演进论》，中国农业出版社，2015。

王连芳：《乡村振兴的福建解读》，海峡文艺出版社，2022。

王圣云、潘柳欣、顾筱和等：《新时代中国革命老区振兴发展与红色基因传承研究》，经济科学出版社，2024。

王文烂等：《现代农业发展顶层设计问题研究：基于福建三明的实证》，中国农业出版社，2017。

为公主编《第一书记与精准扶贫——农村扶贫工作思索与创新》，首都经济贸易大学出版社，2017。

魏后凯主编《新中国农业农村发展研究70年》，中国社会科学出版社，2019。

温铁军、唐正花、刘亚慧：《从农业1.0到农业4.0：生态转型与农业可持续》，东方出版社，2021。

〔美〕西奥多·W. 舒尔茨：《改造传统农业》，梁小民译，商务印书馆，2017。

〔美〕西奥多·W. 舒尔茨：《人力资本投资——教育和研究的作用》，蒋斌、张蘅译，商务印书馆，1990。

〔美〕亚当·罗姆：《乡村里的推土机——郊区住宅开发与美国环保主义的兴起》，高国荣、孙群郎、耿晓明译，中国环境科学出版社，2011。

杨国永、温铁军、林建鸿、唐江桥主编《福建乡村振兴报告（2020~2022）》，社会科学文献出版社，2023。

杨国永、郑逸芳、阮晓菁等：《福建乡村振兴报告（2018~2020）》，社会科学文献出版社，2021。

杨莉菲：《福建省三明市林业产业发展评价及政策绩效研究》，中国林业出版社，2014。

叶兴庆等著《走城乡融合发展之路》，中国发展出版社，2019。

余伯流、凌步机：《中央苏区史》，江西人民出版社，2001。

余伯流：《中央苏区经济建设》，中央文献出版社，2009。

〔美〕约翰·康芒斯：《制度经济学》，赵睿译，华夏出版社，2009。

张春霞：《林产品贸易学》，中国林业出版社，1999。

张培刚：《农业与工业化》，商务印书馆，2019。

张晓山主编《马克思、恩格斯、列宁、斯大林论农业、农村和农民》，中国社会科学出版社，2013。

中共福建省龙岩市委党史研究室：《闽西人民革命史》，中央文献出版社，2001。

中共上杭县委党史研究室、上杭红色文化研究会编著《上杭党史概览》，中共党史出版社，2013。

中共中央党校党史教研室：《中共党史参考资料（七）》，人民出版社，1980。

中国老区建设促进会编《中国革命老区》，中共党史出版社，1997。

中国社会科学院人口与劳动经济研究所百县调研组：《红色革命老区脱贫之路的启示：红安篇》，中国社会科学出版社，2019。

中国文化书院学术委员会编《梁漱溟全集》第1卷，山东人民出版社，1989。

左常升主编《世界各国减贫概要》第2辑，社会科学文献出版社，2018。

左停、旷宗仁主编《农业科技推广体系创新与乡村振兴》，中国农业大学出版社，2018。

三 报刊文章

白永秀、陈煦：《有效衔接时期乡村振兴对脱贫攻坚资产的赋能路径》，《陕西师范大学学报》（哲学社会科学版）2022年第3期。

蔡贤恩：《农村土地承包经营权流转的研究——以福建省三明市为例》，《福建论坛》（人文社会科学版）2004年第12期。

蔡雪雄、苏小凤、许安心：《基于AHP-熵值法的乡村生态宜居评价研究——以福建省为例》，《福建论坛》（人文社会科学版）2021年第9期。

蔡雪雄、张龙光、蔡秋玉：《福建农村改革开放的历程、形势与展望》，《亚太经济》2019年第6期。

藏志勇：《我国欠发达地区农民合作扶贫模式与发展建议研究》，《农业经济问题》2022年第2期。

曹宝明、唐丽霞、胡冰川、赵霞：《全球粮食危机与中国粮食安全》，《国际经济评论》2021年第2期。

曹前满：《我国绿色农业发展的层次与结构体系的逻辑研究》，《当代经济管理》2020年第9期。

车宇星、李红勋：《产业结构视角下福建省三明市县域林业经济差异研究》，《地域研究与开发》2020年第2期。

陈白璧、华伟平：《乡村旅游与精准扶贫耦合评价及发展策略——以南平市为例》，《福建师范大学学报》（哲学社会科学版）2021年第5期。

陈丹、张越：《乡村振兴战略下城乡融合的逻辑、关键与路径》，《宏观经济管理》2019年第1期。

陈景帅、张东玲：《城乡融合中的耦合协调：新型城镇化与乡村振兴》，《中国农业资源与区划》2022年第10期。

陈晓枫、李建平：《中国农民合作经济思想的发展与创新》，《毛泽东邓小平理论研究》2019年第1期。

陈晓宏：《乡村振兴背景下农村基层党建模式创新——以福建省三明市"跨村联建"为例》，《中共福建省委党校学报》2018年第12期。

陈亚军：《数字普惠金融促进乡村振兴发展的作用机制研究》，《现代经济探讨》2022年第6期。

陈炎伟、王强、黄和亮：《福建省县域乡村振兴发展绩效评价研究》，《福建论坛》（人文社会科学版）2019年第9期。

陈永典、于丽娜：《红色文化资源赋能乡村振兴的路径——以大别山地区为例》，《中南民族大学学报》（人文社会科学版）2023年第12期。

陈永森、林雪：《新中国植树造林的艰难探索和精神动力》，《福建师范大学学报》（哲学社会科学版）2022年第3期。

成婧:《以红色文化推进农村精准扶贫》,《人民论坛》2019年第19期。

程恩富:《论马克思主义研究的整体观——基于十二个视角的全方位分析》,《马克思主义研究》2021年第11期。

程恩富、牛涛:《守正创新,不断开拓当代中国马克思主义政治经济学新境界》,《福建论坛》(人文社会科学版)2021年第10期。

程名望、李礼连、张家平:《空间贫困分异特征、陷阱形成与致贫因素分析》,《中国人口·资源与环境》2020年第2期。

程涛、郝宇青:《习近平关于实施乡村振兴战略重要论述的三重逻辑》,《学术探索》2022年第4期。

程玥:《文化振兴与乡村公共文化自觉路径分析》,《东南学术》2019年第2期。

崔超:《发展新型集体经济:全面推进乡村振兴的路径选择》,《马克思主义研究》2021年第2期。

崔鹏:《红色旅游发展规划纲要实施6年来全国红色旅游综合收入近4000亿元接待人数和综合收入均提前实现目标》,《人民日报》2010年2月22日。

戴敏、温连光:《为何闽西红绿交相辉映?》,《福建日报》2021年7月27日。

戴双兴、李建平:《我国农地产权制度改革与发展壮大集体经济》,《毛泽东邓小平理论研究》2018年第8期。

戴一峰:《环境与发展:二十世纪上半期闽西农村的社会经济》,《中国社会经济史研究》2000年第4期。

邓国军:《马克思恩格斯关于农民思想政治教育的思想研究》,《毛泽东邓小平理论研究》2018年第7期。

邓金钱:《习近平乡村振兴发展思想研究》,《上海经济研究》2019年第10期。

丁波:《数字治理:数字乡村下村庄治理新模式》,《西北农林科技大学学报》(社会科学版)2022年第2期。

丁长发、郑瑞玲:《习近平对马克思主义小农经济理论中国化的贡献》,《福建论坛》(人文社会科学版)2017年第7期。

丁长琴:《我国有机农业发展模式及理论探讨》,《农业技术经济》2012年第 2 期。

丁志刚、王杰：《中国乡村治理 70 年：历史演进与逻辑理路》，《中国农村观察》2019 年第 4 期。

豆书龙、叶敬忠：《乡村振兴与脱贫攻坚的有机衔接及其机制构建》，《改革》2019 年第 1 期。

豆书龙、张明皓：《中国特色土地托管实践的多元理论分析》，《西北农林科技大学学报》（社会科学版）2021 年第 4 期。

杜芳：《国内外乡村振兴研究的知识图谱：热点演进、发展趋势及国际启示》，《西南民族大学学报》（人文社会科学版）2022 年第 4 期。

段艳丰：《新时代中国乡村绿色发展道路的时代价值、现实困境及路径选择》，《农林经济管理学报》2020 年第 1 期。

范根平：《马克思恩格斯城乡融合思想与中国特色城乡融合发展道路》，《江西财经大学学报》2021 年第 5 期。

方达、郭研：《农村土地流转、资本有机构成与城乡收入差距——基于马克思政治经济学的经验与实证证据》，《经济学家》2020 年第 11 期。

方正亚、张福坤、杨国万、沈振华、罗伟谟、黄德思：《赓续百年初心 助力乡村振兴——"新时代再调查"系列调研报告之二》，《调研世界》2021 年第 12 期。

方正亚、张福坤、杨国万、曾飞、肖燕春、刘昕：《传承红色基因 谱写时代新篇——"新时代再调查"系列调研报告之三》，《调研世界》2021 年第 12 期。

封北麟：《欠发达地区创新农村基础设施投融资体制机制研究——以广西壮族自治区为例》，《经济纵横》2021 年第 4 期。

冯献、李瑾：《信息化促进乡村振兴的国际经验与借鉴》，《科技管理研究》2020 年第 3 期。

福建省龙岩市委组织部：《福建龙岩：构建乡村人才振兴新体系》，《中国人才》2021 年第 9 期。

傅慧芳：《怀揣赤子之心孜孜奋斗的十七年——〈闽山闽水物华新——习近平福建足迹〉读后》，《光明日报》2022 年 6 月 24 日。

甘路有：《马克思主义小农经济理论对我国实施乡村振兴战略的启示》，《当代经济研究》2020 年第 2 期。

感恩、向文：《"第一书记"来了，老区村变了》，《中国老区建设》2015年第12期。

高建进：《福建三明：林票加碳票，青山变"金山"》，《光明日报》2022年4月19日。

高洁、辛逸：《长治老区互助组织与社会主义——山西十个农业生产合作社的重新解读》，《中共党史研究》2010年第1期。

高鸣、芦千文：《中国农村集体经济：70年发展历程与启示》，《中国农村经济》2019年第10期。

高强、刘同山、孔祥智：《家庭农场的制度解析：特征、发生机制与效应》，《经济学家》2013年第6期。

高强：《脱贫攻坚与乡村振兴有机衔接的逻辑关系及政策安排》，《南京农业大学学报》（社会科学版）2019年第5期。

高帅、程炜、唐建军：《风险冲击视角下革命老区农户生计韧性研究——以太行革命老区为例》，《中国农村经济》2024年第3期。

高营光等：《聚力建设闽西革命老区高质量发展示范区》，《闽西日报》2022年4月26日。

高云莺、张晓明：《福建省农村电商发展空间聚类及其发展路径研究》，《中共福建省委党校学报》2019年第2期。

葛宣冲、郑素兰：《新时代民营企业家精神：欠发达地区乡村生态资本化的"催化剂"》，《经济问题》2022年第3期。

耿松涛、张伸阳：《乡村振兴背景下乡村旅游与文化产业协同发展研究》，《南京农业大学学报》（社会科学版）2021年第2期。

龚斌磊、张启正、袁菱苒、刘晓光：《革命老区振兴发展的政策创新与效果评估》，《管理世界》2022年第8期。

龚云：《新时代要高度重视发展农村集体经济》，《马克思主义研究》2022年第3期。

顾丽杰、张晴：《乡村网红的崛起与乡土文化的转向》，《新闻爱好者》2020年第12期。

《关于做好2022年全面推进乡村振兴重点工作的实施意见》，《闽西日报》2022年4月25日。

郭红东、刘晔虹、龚瑶莹、曲江：《电商发展与经济欠发达地区乡村振兴——以山东曹县为例》，《广西民族大学学报》（哲学社会科学版）2019年第5期。

郭俊华、王阳：《脱贫攻坚同乡村振兴的耦合协同关系研究——以秦巴山区为例》，《西北民族大学学报》（哲学社会科学版）2022年第1期。

郭亮：《从脱贫攻坚到乡村振兴：村级治理的主体性建设研究》，《湖南社会科学》2022年第1期。

郭善耘、王江明：《弘扬苏区调查精神谱写才溪新时代新阶段新篇章——"新时代再调查"系列调研报告之一》，《调研世界》2021年第11期。

郭韦杉、李国平：《欠发达地区实现共同富裕的主抓手：生态产品价值实现机制》，《上海经济研究》2022年第2期。

郭祥：《农村集体经济组织的特征、发展趋势及监督机制建构》，《农村经济》2022年第4期。

郭玉辉：《福建省农村低收入人口常态化分类帮扶机制探索》，《中共福建省委党校（福建行政学院）学报》2021年第4期。

《国务院办公厅关于印发新时代中央国家机关及有关单位对口支援赣南等原中央苏区工作方案的通知》，《中华人民共和国国务院公报》2021年第14期。

《国务院关于"十四五"特殊类型地区振兴发展规划的批复》，《中华人民共和国国务院公报》2021年第29期。

《国务院关于"十四五"新型城镇化实施方案的批复》，《中华人民共和国国务院公报》2022年第17期。

《国务院关于同意建设赣州、闽西革命老区高质量发展示范区的批复》，《中华人民共和国国务院公报》2022年第9期。

《国务院关于新时代支持革命老区振兴发展的意见》，《中华人民共和国国务院公报》2021年第7期。

韩广富、刘心蕊：《改革开放以来革命老区扶贫脱贫的历史进程及经验启示》，《当代中国史研究》2019年第1期。

韩广富、赵佳佳：《习近平革命老区脱贫攻坚思想及其指导意义》，《理论学刊》2016年第5期。

韩谦、魏则胜：《论马克思主义反贫困理论与相对贫困治理》，《北京社会科学》2021年第8期。

韩文龙、周文：《马克思的贫困治理理论及其中国化的历程与基本经验》，《政治经济学评论》2022 年第 1 期。

韩晓佳：《红安县革命老区示范试点建设步伐加快》，《黄冈日报》2009 年 11 月 5 日。

韩旭东、杨慧莲、郑风田：《经营村庄：能人带动村庄发展的逻辑与路径分析》，《农林经济管理学报》2022 年第 3 期。

何筠、熊天任、胡海胜：《江西革命老区旅游精准脱贫的路径研究》，《江西师范大学学报》（哲学社会科学版）2018 年第 3 期。

何庆超、张生堂、朱国庆、姚荣杰：《浙江对口帮扶广元》，《中国老区建设》2001 年第 8 期。

何增科：《马克思、恩格斯关于农业和农民问题的基本观点述要》，《马克思主义与现实》2005 年第 5 期。

何宗樾、宋旭光：《数字经济促进就业的机理与启示——疫情发生之后的思考》，《经济学家》2020 年第 5 期。

贺立龙、刘丸源：《巩固拓展脱贫攻坚成果同乡村振兴有效衔接的政治经济学研究》，《政治经济学评论》2022 年第 2 期。

贺雪峰：《论中坚农民》，《南京农业大学学报》（社会科学版）2015 年第 4 期。

贺雪峰、王文杰：《乡村振兴的战略本质与实践误区》，《东南学术》2022 年第 3 期。

侯丽芳、范永慧：《山西省 2006-2009 年革命老区专项转移支付资金管理使用情况》，《山西财税》2010 年第 3 期。

胡博成、朱忆天：《培育"中坚农民"：新时代乡村振兴内生动力机制建构研究》，《现代经济探讨》2022 年第 6 期。

胡海胜、刘德财、郑艳萍等：《革命老区传统村落的集体记忆研究——以《记住乡愁》系列纪录片为例》，《地域研究与开发》2022 年第 6 期。

胡映、潘坤：《全面乡村振兴背景下森林康养产业发展的农民主体性研究》，《农村经济》2022 年第 3 期。

黄博：《乡村振兴战略与村民自治：互嵌、诉求与融合》，《求实》2020 年第 1 期。

黄建红：《"红三角"内源式发展：革命老区乡村振兴的衡山案例研究》，

《中国农村观察》2023年第3期。

黄力之：《马克思精神生产理论中的文化价值问题》，《上海师范大学学报》（哲学社会科学版）2009年第3期。

黄立丰：《马克思主义经典作家农民合作化动员观及当代启示》，《马克思主义研究》2017年第12期。

黄延信：《发展农村集体经济的几个问题》，《农业经济问题》2015年第7期。

霍军亮、吴春梅：《乡村振兴战略背景下农村基层党组织建设的困境与出路》，《华中农业大学学报》（社会科学版）2018年第3期。

纪志耿、罗倩倩：《习近平关于乡村振兴重要论述的发展脉络与创新性贡献》，《经济学家》2022年第4期。

江光辉、胡浩：《工商资本下乡会导致农户农地利用"非粮化"吗？——来自CLDS的经验证据》，《财贸研究》2021年第3期。

蒋伯英：《古田会议前后毛泽东关于中国革命三个重大理论问题的转变》，《中共党史研究》2009年第12期。

蒋国河、刘莉：《从脱贫攻坚到乡村振兴：乡村治理的经验传承与衔接转变》，《福建师范大学学报》（哲学社会科学版）2022年第4期。

蒋和平、杨东群、郭超然：《新冠肺炎疫情对我国农业发展的影响与应对举措》，《改革》2020年第3期。

蒋永穆：《建立解决相对贫困的长效机制》，《政治经济学评论》2020年第2期。

金人庆：《完善促进基本公共服务均等化的公共财政制度》，《中国财政》2006年第11期。

金书秦、牛坤玉、韩冬梅：《农业绿色发展路径及其"十四五"取向》，《改革》2020年第2期。

孔祥智、何安华、史冰清、池成春：《关于集体林权制度改革和林业合作经济组织建设——基于三明市、南平市、丽水市的调研》，《林业经济》2009年第5期。

孔祥智、卢洋啸：《建设生态宜居美丽乡村的五大模式及对策建议——来自5省20村调研的启示》，《经济纵横》2019年第1期。

兰奎、王洪辉：《驻村"第一书记"精准扶贫效能提升研究——以四川革命老区 W 市为例》，《四川理工学院学报》（社会科学版）2018 年第 2 期。

雷娜、郑传芳：《乡村振兴与新型城镇化关系的实证分析》，《统计与决策》2020 年第 11 期。

雷琼：《乡村实现共同富裕的现实内涵、困境与制度创新：基于乡村治理视角》，《广东财经大学学报》2022 年第 4 期。

李炳军：《革命老区如何实现高质量可持续脱贫》，《中国党政干部论坛》2020 年第 9 期。

李炳军：《努力在加快革命老区高质量发展上作示范》，《人民日报》2019 年 11 月 14 日。

李博、苏武峥：《欠发达地区巩固拓展脱贫攻坚成果同乡村振兴有效衔接的治理逻辑与政策优化》，《南京农业大学学报》（社会科学版）2021 年第 6 期。

李晨、赵海云：《生态文明视角下乡村休闲养老精神需求研究——以靖安县中源客家避暑小镇为例》，《城市发展研究》2020 年第 1 期。

李浩淼、方鹏骞、高红霞、金廷君、施利群、苏岱、常静肝、陈迎春：《福建省三明市城乡医保整合模式探索》，《中国卫生经济》2017 年第 11 期。

李华旭、张明林：《共同富裕背景下国家优先支持政策促进农村减贫效应评估——来自革命老区的经验证据》，《江西社会科学》2024 年第 7 期。

李济时：《乡村振兴与人的现代化：基于比较历史的考察》，《东岳论丛》2022 年第 3 期。

李佳佳：《央企帮扶贫困老区百县万村》，《老区建设》2014 年第 19 期。

李佳、朱敏：《国际与国内乡村旅游研究比较与启示》，《中国农业资源与区划》2023 年第 5 期。

李建平、黄瑾：《〈资本论〉辩证法的真情告白——建党百年重温〈资本论〉第一卷第二版跋》，《经济学动态》2021 年第 5 期。

李建平、梅晓光：《"双循环"新发展格局下乡村振兴面临的挑战与对策分析》，《理论探讨》2021 年第 3 期。

李敬锁、徐鹏民、徐健、王秀华：《中国科技特派员政策变迁的演化逻辑与动力机制》,《科技管理研究》2021年第18期。

李俊杰、王平:《衔接期六盘山片区巩固拓展脱贫攻坚成果的难点与对策》,《西北民族大学学报》(哲学社会科学版) 2022年第4期。

李琳、郭占锋:《乡村旅游转型的现实困境与路径选择》,《福建师范大学学报》(哲学社会科学版) 2021年第6期。

李宁慧、龙花楼:《实现巩固拓展脱贫攻坚成果同乡村振兴有效衔接的内涵、机理与模式》,《经济地理》2022年第4期。

李培林、崔岩:《从乡村入手分阶段推进共同富裕的目标和路径》,《学海》2022年第1期。

李萍、田世野:《论马克思产权思想与我国农村产权改革的深化》,《马克思主义研究》2020年第6期。

李俏、孙泽南:《合作社养老的实践形态与发展路向》,《华南农业大学学报》(社会科学版) 2022年第3期。

李美茹:《福建畲族特色村寨乡村振兴路径探索——以三明大田东坂畲族村为例》,《黑龙江民族丛刊》2021年第1期。

李天姿、王宏波、金栋昌:《马克思农业合作思想的三维阐析:理论内涵、历史探索与新时代实践》,《内蒙古社会科学》2021年第2期。

李文峰、姜佳将:《老区与新乡:乡村振兴战略下的文化传承与反哺——以浙江余姚梁弄镇革命老区为例》,《浙江社会科学》2018年第9期。

李晓园、徐威威、朱天义:《革命老区乡村产业振兴的资源情境与行动逻辑——以江西瑞金红色产业发展为例》,《经济管理》2022年第12期。

李燕凌、陈梦雅:《数字赋能如何促进乡村自主治理?——基于"映山红"计划的案例分析》,《南京农业大学学报》(社会科学版) 2022年第3期。

李阳、于滨铜:《"区块链+农村金融"何以赋能精准扶贫与乡村振兴:功能、机制与效应》,《社会科学》2020年第7期。

李裕瑞、卜长利、曹智、刘烜赫、刘彦随:《面向乡村振兴战略的村庄分类方法与实证研究》,《自然资源学报》2020年第2期。

李珍刚、张晴羽:《论欠发达地区资本下乡与农民市场意识的养成》,《农村经济》2020年第4期。

李志龙:《乡村振兴-乡村旅游系统耦合机制与协调发展研究——以湖南凤

凰县为例》,《地理研究》2019 年第 3 期。

李志萌、张宜红:《革命老区产业扶贫模式、存在问题及破解路径——以赣南老区为例》,《江西社会科学》2016 年第 7 期。

李重、毛丽霞:《中国共产党领导乡村发展的百年探索和基本经验》,《西安交通大学学报》·(社会科学版)2021 年第 4 期。

罗利玉:《红色旅游发展的基本遵循与现实进路——基于乡村振兴战略的解读》,《社会科学家》2021 年第 7 期。

廖菁、邹宝玲:《国外乡村产业发展经验及对中国乡村产业振兴的启示》,《世界农业》2022 年第 5 期。

林海、赵路犇、胡雅淇:《数字乡村建设是否能够推动革命老区共同富裕》,《中国农村经济》2023 年第 5 期。

林萍、曾玉荣:《"后扶贫时代"福建农村防贫减贫的对策思考——以 23 个扶贫重点县为例》,《农业经济》2021 年第 11 期。

林乔城、林焕珍、刘友洪:《发展闽西农村区域经济几个问题的调查与思考》,《发展研究》1994 年第 2 期。

林晓娜、王浩、李华忠:《乡村振兴战略视角下乡村休闲旅游研究:村民参与、影响感知及社区归属感》,《东南学术》2019 年第 2 期。

刘博、李梦莹:《乡村振兴与地域公共性重建:过疏化村落的空间治理重构》,《福建师范大学学报》(哲学社会科学版)2021 年第 6 期。

刘长江:《乡村振兴战略视域下美丽乡村建设对策研究——以四川革命老区 D 市为例》,《四川理工学院学报》(社会科学版)2019 年第 1 期。

刘春芳、张志英:《从城乡一体化到城乡融合:新型城乡关系的思考》,《地理科学》2018 年第 10 期。

刘大可:《毛泽东中央苏区调查研究的学术史回顾与展望》,《党史研究与教学》2020 年第 5 期。

刘菲菲:《深化集体林权制度改革推动龙岩林业高质量发展》,《闽西日报》2021 年 12 月 24 日。

刘合光:《激活参与主体积极性,大力实施乡村振兴战略》,《农业经济问题》2018 年第 1 期。

刘莉婷等:《红色三明红色豪情漫画卷》,《三明日报》2021 年 7 月 18 日。

刘利利、杨英姿:《美丽乡村建设中的主体角色定位探究》,《福建师范大学学报》（哲学社会科学版）2019年第6期。

刘民坤、任莉莉、邓小桂：《乡村振兴战略的旅游路径研究——准入门槛及其差异化选择》，《经济管理》2021年第10期。

刘奇：《努力走出革命老区高质量发展新路子》，《人民日报》2020年6月1日。

刘儒、刘江、王舒弘：《乡村振兴战略：历史脉络、理论逻辑、推进路径》，《西北农林科技大学学报》（社会科学版）2020年第2期。

刘若江：《马克思土地产权理论对我国农村土地流转的启示——以三权分离的视角》，《西北大学学报》（哲学社会科学版）2015年第2期。

刘伟平：《三明市集体林产权制度变迁研究》，《林业经济问题》2006年第6期。

刘彦随：《中国新时代城乡融合与乡村振兴》，《地理学报》2018年第4期。

刘耀彬、卓冲：《绿色发展对减贫的影响研究——基于中国集中连片特困区与非集中连片特困区的对比分析》，《财经研究》2021年第4期。

刘亦晴、张建玲：《比较视角下江西生态文明试验区建设研究——基于福建、江西、贵州三个首批生态文明试验区的比较》，《生态经济》2018年第10期。

刘玉邦、眭海霞：《绿色发展视域下我国城乡生态融合共生研究》，《农村经济》2020年第8期。

柳礼泉、周盼盼：《"志""智"并扶：革命老区内生性扶贫的关键举措》，《湖南社会科学》2018年第4期。

龙花楼、屠爽爽：《土地利用转型与乡村振兴》，《中国土地科学》2018年第7期。

龙茂乾、项冉、张践祚：《梯度城镇化的村庄解析：以福建上杭为例》，《地理科学》2016年第10期。

陆佩、章锦河、王昶、赵琳：《中国特色小镇的类型划分与空间分布特征》，《经济地理》2020年第3期。

吕进鹏、贾晋：《"革命老区+民族地区"叠加区域乡村振兴的多维困囿、现实契机与行动路径》，《中国农村经济》2023年第7期。

吕胜男：《乡村振兴背景下红色旅游的教育功能与辐射效应》，《社会科学家》2019年第8期。

麻学锋、刘玉林、谭佳欣：《旅游驱动的乡村振兴实践及发展路径——以张家界市武陵源区为例》，《地理科学》2020年第12期。

马丽、张国磊：《"互联网+"乡村治理的耦合、挑战与优化》，《电子政务》2020年第12期。

马跃华、高建进：《福建古田探索红色旅游发展新路径》，《光明日报》2022年4月1日。

民建中央课题调研组：《大数据为福建乡村振兴注入新动能》，《人民论坛》2018年第12期。

《闽西革命老区高质量发展示范区建设方案》，《闽西日报》2022年4月14日。

《闽西农村发展》课题组：《闽西老区农村脱贫奔小康调查》，《理论学习月刊》1997年第7期。

罗敏、陈宝玲、蒋慧琼：《迈向互惠共生：乡村振兴战略下的农村土地流转复合型模式——来自西北民族地区X县W乡的地方性经验》，《东南学术》2021年第6期。

罗鸣灶、刘岩松：《全力打造福建省乡村振兴示范区》，《三明日报》2021年10月13日。

聂春丽、邓艳香：《乡村振兴背景下运动休闲特色小镇高质量发展路径探析》，《体育文化导刊》2022年第6期。

宁新路：《专项转移支付资金推进革命老区快速发展——专访财政部副部长廖晓军》，《中国财经报》2010年11月4日。

牛胜强：《深度贫困地区巩固拓展脱贫攻坚成果的现实考量及实现路径》，《理论月刊》2022年第2期。

欧阳秀敏、潘玉腾：《革命文化人民性的三维审视》，《思想教育研究》2019年第1期。

潘刚：《土地托管应成为农业社会化服务的新模式》，《中国经济时报》2020年7月10日。

潘俊霖：《红色文化为乡村振兴打造精神家园》，《人民论坛》2018年第26期。

潘治宏：《中行帮扶龙岩取得显著成效》，《中国老区建设》2003年第

6 期。

彭华、何瑞翔、翁时秀：《乡村地区旅游城镇化的多主体共治模式——以福建泰宁水际村为例》，《地理研究》2018 年第 12 期。

邱炳皓：《推进闽西农村市场经济建设的设想》，《福建论坛》（经济社会版）1993 年第 6 期。

邱幼云：《从耕地抛荒看土地保障功能的弱化——以闽西 L 村为个案》，《理论月刊》2014 年第 12 期。

阙国豪、廖建华、邓婷：《红土文明耀闽西——2021 年龙岩市精神文明建设工作综述》，《精神文明报》2022 年 1 月 31 日。

尚子娟、任禹崑：《乡村红色文化与旅游发展模式探析》，《学术交流》2021 年第 4 期。

申慧云、余杰、张向前、缑锦：《福建省绿色经济高质量发展预警测度及时空格局分析》，《统计与决策》2021 年第 13 期。

申少铁、刘晓宇：《三明医改在前行》，《人民日报》2021 年 7 月 11 日。

施薇、刘玉荣、郑嘉雯：《走具有龙岩特色的乡村振兴道路》，《闽西日报》2022 年 4 月 25 日。

石培新：《红色旅游教育功能提升与可持续发展机制创新》，《宏观经济管理》2020 年第 5 期。

宋伟、李钧：《红色旅游品牌的发展与提升——以赣南红色旅游品牌为例》，《企业经济》2018 年第 6 期。

宋宇、张美云：《小农与合作经济理论：马克思经济学与西方经济学的比较》，《经济纵横》2020 年第 4 期。

苏振芳：《中国小农经济的历史演变与农村社会结构的变迁》，《马克思主义与现实》2004 年第 6 期。

孙伟：《红色文化与乡村振兴的契合机制与实践路径——以新县田铺大塆为分析样本》，《河南社会科学》2020 年第 7 期。

孙玥、黄涛、王艳慧、玉龙飞雪：《乡村振兴重点帮扶县农村基本公共服务的多维减贫效应》，《经济地理》2022 年第 6 期。

覃文俊、卢浩宇、吴东平、钟国祥、雷选标：《后脱贫时代农村经济可持续发展研究——以武陵山连片特困区产业人才供给为例》，《中国高校科技》2020 年第 12 期。

谭娜、万金城、程振强：《红色文化资源、旅游吸引与地区经济发展》，《中国软科学》2022年第1期。

唐红涛、李胜楠：《电子商务、脱贫攻坚与乡村振兴：作用及其路径》，《广东财经大学学报》2020年第6期。

唐礼智、罗婧、曹路萍：《农民工返乡创业的融资行为及影响因素分析——基于福建省龙岩市的调查》，《宁夏社会科学》2013年第6期。

唐任伍、唐堂、李楚翘：《中国共产党成立100年来乡村发展的演进进程、理论逻辑与实践价值》，《改革》2021年第6期。

田甜、朱宏城、李孟冉：《相对贫困视角下农村土地流转的多维减贫效应研究——基于福建省革命老区农户调查的实证分析》，《中国农业资源与区划》2024年第10期。

铁钟、夏翠娟、黄薇：《文旅融合视域下红色文化信息资源数据化创新设计与实践》，《信息资源管理学报》2021年第4期。

万庆胜、康冬明、杨金华、陈焰华、罗伟清：《赓续红色血脉 描绘老区新颜——"新时代再调查"系列调研报告之四》，《调研世界》2021年第12期。

汪恭礼、崔宝玉：《乡村振兴视角下农民合作社高质量发展路径探析》，《经济纵横》2022年第3期。

王丰：《改革开放40年乡村发展的历程与经验启示》，《贵州财经大学学报》2018年第5期。

王福昌：《明清以来闽粤赣边乡村的经济开发与生态破坏》，《华南农业大学学报》（社会科学版）2009年第4期。

王桂芹、郑颜悦：《我国城乡融合存在的问题及对策》，《江淮论坛》2020年第5期。

王海娟、夏柱智：《资本下乡与以农民为主体的乡村振兴模式》，《思想战线》2022年第2期。

王季潇、吴宏洛：《习近平关于乡村生态文明重要论述的内生逻辑、理论意蕴与实践向度》，《广西社会科学》2019年第8期。

王建军：《首届中国老区旅游扶贫论坛在京举行》，《中国旅游报》2002年8月5日。

王建魁：《福建农业保险创新实践》，《中国金融》2019年第10期。

王俊程、窦清华、胡红霞：《乡村振兴重点帮扶县乡村人才突出问题及其破解》，《西北民族大学学报》（哲学社会科学版）2022年第4期。

王凯歌、徐艳、栗滢超、郝晋珉、吴晓光：《乡村振兴背景下村庄规划分类定标法探索与应用》，《干旱区资源与环境》2022年第8期。

王娜、曹丽莹：《习近平关于"三农"工作的重要论述形成的渊源与特点》，《经济学家》2019年第2期。

王奇、牛耕、赵国昌：《电子商务发展与乡村振兴：中国经验》，《世界经济》2021年第12期。

王守坤：《政治资源禀赋的经济效应——来自长征沿线地区发展的证据》，《经济研究》2017年第12期。

王晓毅：《坚持农民主体地位是实现高质量乡村振兴的保障》，《人民论坛》2022年第5期。

王仰华、梁熙：《武平县持续深化集体林权制度改革，打造新时代林改"武平经验"升级版——山上山下生机盎然》，《闽西日报》2020年6月29日。

王泽惠：《福建龙岩发展农村集体经济的思考》，《福建论坛》（人文社会科学版）2006年第10期。

卫兴华：《应准确解读我国新时代社会主要矛盾的科学内涵》，《马克思主义研究》2018年第9期。

魏绯丽、刘旭：《实施星火计划培养支柱产业促进上党老区农村经济快速发展》，《科技进步与对策》1996年第4期。

温铁军、王茜、罗加铃：《脱贫攻坚的历史经验与生态化转型》，《开放时代》2021年第1期。

文丰安：《党组织领导乡村治理：重要意义、现实困境及突破路径》，《西南大学学报》（社会科学版）2022年第3期。

巫瑞万：《我市扎实推进山海协作对口帮扶工作》，《三明日报》2020年6月17日。

吴才唤、周兰羽：《乡村红色文化大众化：理论逻辑、实践机制与实现路径》，《图书馆杂志》2021年第12期。

吴鹤年：《福建星火计划于创新中纵深发展》，《科技日报》2000年10月24日。

吴宏洛、范佐来：《农村妇女的贫困与反贫困》，《福建论坛》（人文社会科学版）2007年第6期。

吴宏洛：《论经济转型中的农民失业问题》，《当代经济研究》2004年第5期。

吴雅雯：《"赣鄱正品"100强正式发布》，《江西日报》2021年12月9日。

吴雨星：《论中国式现代化进程中革命老区全面推进乡村振兴》，《中共福建省委党校（福建行政学院）学报》2023年第4期。

吴雨星：《"数智化"赋能革命老区全面推进乡村振兴研究》，《龙岩学院学报》2024年第4期。

吴雨星：《运用辩证思维推进革命老区乡村振兴》，《老区建设》2023年第2期。

吴珍平、卢庆垣、张胆：《欠发达地区城乡互动发展的基本特征与对策分析——以福建省龙岩市为例》，《福建论坛》（人文社会科学版）2012年第10期。

吴志才、黄诗卉、张凌媛：《数字人文：红色旅游发展的新路径》，《旅游学刊》2021年第6期。

吴重庆、张慧鹏：《以农民组织化重建乡村主体性：新时代乡村振兴的基础》，《中国农业大学学报》（社会科学版）2018年第3期。

武小龙：《数字乡村治理何以可能：一个总体性的分析框架》，《电子政务》2022年第6期。

习近平：《高举中国特色社会主义伟大旗帜 为全面建设社会主义现代化国家而团结奋斗》，《人民日报》2022年10月26日。

习近平：《贯彻新发展理念推动高质量发展奋力开创中部地区崛起新局面》，《人民日报》2019年5月23日。

习近平：《坚持把解决好"三农"问题作为全党工作重中之重，举全党全社会之力推动乡村振兴》，《求是》2022年第7期。

习近平：《努力创新农村工作机制——福建省南平市向农村选派干部的调查与思考》，《求是》2002年第16期。

习近平：《用好红色资源，传承好红色基因 把红色江山世世代代传下去》，《求是》2021年第10期。

习近平：《用好红色资源 赓续红色血脉 努力创造无愧于历史和人民的新业

绩》,《求是》2021 年第 19 期。

习近平:《在服务和融入新发展格局上展现更大作为 奋力谱写全面建设社会主义现代化国家福建篇章》,《人民日报》2021 年 3 月 26 日。

项继权、鲁帅:《中国农村改革与马克思主义"三农"理论的中国化》,《社会主义研究》2019 年第 3 期。

谢天成:《乡村振兴与新型城镇化融合发展机理及对策》,《当代经济管理》2021 年第 3 期。

徐长玉、徐生雄:《革命老区脱贫致富的现实镜鉴:延安例证》,《重庆社会科学》2017 年第 4 期。

徐田、苏志宏:《马克思主义经典作家农业生产经营方式改造变革理论与当代启示》,《毛泽东邓小平理论研究》2019 年第 4 期。

徐勇:《乡村文化振兴与文化供给侧改革》,《东南学术》2018 年第 5 期。

许驰、张春霞:《福建省农民林业专业合作社的绩效评价研究》,《福建论坛》(人文社会科学版)2016 年第 7 期。

许驰、张春霞:《福建省农民林业专业合作社发展中的理事长能力影响研究》,《学术论坛》2014 年第 5 期。

许汉泽:《产业进园:欠发达地区乡村产业振兴的新趋向——对 H 县"镇园产业联盟"模式的考察》,《南京农业大学学报》(社会科学版)2021 年第 6 期。

许汉泽、徐明强:《"任务型乡贤"与乡村振兴中的精英再造》,《华南农业大学学报》(社会科学版)2020 年第 1 期。

许玲燕、吴杨:《精准扶贫过程中的双重网络嵌入机理及其模式研究——基于镇江市茅山革命老区的案例分析》,《江苏大学学报》(社会科学版)2018 年第 2 期。

杨翠红、林康、高翔、陈锡康、汪寿阳:《"十四五"时期我国粮食生产的发展态势及风险分析》,《中国科学院院刊》2022 年第 8 期。

杨静、魏依庆、任振宇、胡文涛:《新时代共同富裕的政治经济学研究》,《政治经济学评论》2022 年第 2 期。

杨丽萍、钟明华:《马克思恩格斯农民教育思想的三维阐析及新时代意蕴》,《社会科学家》2021 年第 11 期。

杨铭、蒋军成:《欠发达地区农村治理能力提升助推乡村振兴研究——基于三省四地的典型案例》,《云南民族大学学报》(哲学社会科学版) 2021 年第 3 期。

杨清丽、李亚奇:《金融支持"三区三州"乡村产业振兴逻辑机理与实践路径》,《青海民族研究》2020 年第 4 期。

杨世伟:《绿色发展引领乡村振兴:内在意蕴、逻辑机理与实现路径》,《华东理工大学学报》(社会科学版) 2020 年第 4 期。

杨肃昌、范国华:《"十四五"时期巩固拓展脱贫攻坚成果同乡村振兴有效衔接评价指标体系构建》,《宁夏社会科学》2022 年第 2 期。

杨鑫、万玉霜:《数智赋能赣南革命老区康养产业发展探究》,《苏区研究》2023 年第 2 期。

杨友宝、邓巧:《湖南省红色村落空间分布格局及公路可达性研究》,《长江流域资源与环境》2022 年第 4 期。

杨玉华:《马克思的"农村劳动力转移"理论及其当代价值》,《经济评论》2007 年第 2 期。

姚林香、卢光熙:《革命老区振兴规划实施的乡村振兴效应——基于对省界毗邻地区县域样本的分析》,《中国农村经济》2023 年第 3 期。

姚树荣、周诗雨:《乡村振兴的共建共治共享路径研究》,《中国农村经济》2020 年第 2 期。

姚旭兵、邓晓霞、罗光强:《农村人力资本是否促进了乡村振兴?——基于双重异质性视角》,《西南民族大学学报》(人文社会科学版) 2022 年第 6 期。

叶光宇、韩广富:《全国红色旅游政策发展的阶段性特征及嬗变》,《社会科学家》2020 年第 8 期。

叶怀凡:《革命老区教育精准扶贫的价值与优化路径——基于川东革命老区的考察》,《四川理工学院学报》(社会科学版) 2019 年第 4 期。

叶继革:《林业活起来林农富起来林区强起来——三明市推进集体林权制度改革的实践与体会》,《绿色中国》2005 年第 2 期。

叶兴庆:《以提高乡村振兴的包容性促进农民农村共同富裕》,《中国农村经济》2022 年第 2 期。

易文彬:《马克思主义城乡观及其对我国农村空心化治理的启示》,《河南大学学报》(社会科学版) 2018 年第 1 期。

易振龙：《中国共产党农村土地政策的百年发展历程及其经验启示》，《湖北大学学报》（哲学社会科学版）2022年第3期。

尹成杰：《巩固拓展脱贫攻坚成果同乡村振兴有效衔接的长效机制与政策研究》，《华中师范大学学报》（人文社会科学版）2022年第1期。

游海华：《集体化时期农村人口流动剖析——以赣闽粤边区为例》，《当代中国史研究》2003年第3期。

于涛：《用马克思主义城乡观谋划乡村振兴》，《毛泽东邓小平理论研究》2021年第5期。

于法稳：《新时代农业绿色发展动因、核心及对策研究》，《中国农村经济》2018年第5期。

余伯流：《中央苏区经济建设的历史经验及其启示》，《江西财经大学学报》2008年第3期。

运迪：《新时代农村生态环境治理的多样化探索、比较与思考——以上海郊区、云南大理和福建龙岩的治理实践为例》，《同济大学学报》（社会科学版）2020年第2期。

臧雷振、刘超：《科技特派行动助力乡村振兴的嵌入式发展路径探索——多案例比较分析》，《中国行政管理》2021年第11期。

曾灿、李伯华、李翠菲、雷向一、窦银娣：《欠发达地区村庄发展类型识别与振兴对策——以湘西州凤凰县为例》，《经济地理》2021年第12期。

曾福生、蔡保忠：《农村基础设施是实现乡村振兴战略的基础》，《农业经济问题》2018年第7期。

曾广录、秦小珊：《湖南乡村产业振兴模式与农村资源的耦合》，《湖湘论坛》2022年第2期。

曾俊钦、石芳、郑嘉雯：《龙岩市出台〈关于做好2022年全面推进乡村振兴重点工作的实施意见〉——做好"三农"工作全面推进乡村振兴》，《闽西日报》2022年4月21日。

曾帅：《数字经济战略先行——习近平总书记视察贵州重要讲话精神学习贯彻在基层》，《贵州日报》2021年2月11日。

曾小溪、崔嵩、汪三贵：《彩票公益金扶贫项目实施效果——基于山东、湖北、四川省的调查与思考》，《农村经济》2015年第7期。

张超群、王立群、薛永基：《林下经济发展的驱动机制研究——来自13县448户农户调查的实证检验》，《经济问题探索》2017年第7期。

张弛：《中国特色农村新型集体经济的理论基础、新特征及发展策略》，《经济纵横》2020年第12期。

张海鹏、郜亮亮、闫坤：《乡村振兴战略思想的理论渊源、主要创新和实现路径》，《中国农村经济》2018年第11期。

张慧鹏：《现代农业分工体系与小农户的半无产化——马克思主义小农经济理论再认识》，《中国农业大学学报》（社会科学版）2019年第1期。

张杰、戴敏：《弘扬古田会议精神 建设闽西革命老区高质量发展示范区》，《福建日报》2021年12月25日。

张瑾、王婷、吴晶等：《共同富裕目标下革命老区乡村旅游发展的农户生计效应》，《自然资源学报》2023年第2期。

张明林、孔晓莹：《赣闽粤原中央苏区城市群经济网络结构演变及其影响因素研究》，《苏区研究》2022年第1期。

张明林、李亚楠、邓新：《国家优先支持政策对革命老区创新效率的影响》，《城市问题》2024年第2期。

张明林、曾令铭：《国家优先支持革命老区的政策效果及治理启示》，《中国行政管理》2020年第6期。

张英男、龙花楼、马历、屠爽爽、陈坤秋：《城乡关系研究进展及其对乡村振兴的启示》，《地理研究》2019年第3期。

张鹏、刘承：《习近平粮食安全重要论述：理论渊源、科学内涵与价值意蕴》，《财经科学》2022年第8期。

张琦、薛亚硕、杨铭宇：《脱贫户抗逆力水平测度与差异分析——以燕山-太行山片区为例》，《西北农林科技大学学报》（社会科学版）2021年第6期。

张启正、袁菱苒、胡沛楠、龚斌磊：《革命老区振兴规划对农业增长的影响及其作用机理》，《中国农村经济》2022年第7期。

张硕、乔晗、张迎晨、李卓伦：《农村电商助力扶贫与乡村振兴的研究现状及展望》，《管理学报》2022年第4期。

张小瑛、赖海榕：《新型工农城乡关系：从"以工促农"到"工农互促"

的战略转变与动力机制》,《经济社会体制比较》2022年第1期。

张杨、程恩富:《壮大集体经济、实施乡村振兴战略的原则与路径——从邓小平"第二次飞跃"论到习近平"统"的思想》,《现代哲学》2018年第1期。

张远新:《推进乡村生态振兴的必然逻辑、现实难题和实践路径》,《甘肃社会科学》2022年第2期。

张云生、张喜红:《发挥农民的主体作用助力乡村振兴战略实施》,《新疆社会科学》2021年第6期。

章文光、廖冰武、申慕蓉:《乡村振兴背景下农村小额信贷的普惠化路径探索——基于多案例比较分析》,《中共中央党校(国家行政学院)学报》2022年第2期。

赵建军、徐敬博:《绿色供应链助力乡村振兴战略实施》,《环境保护》2022年第7期。

赵路犇、林海:《数字乡村发展政策实施能否推动革命老区农业新业态创业活动》,《中国农村经济》2024年第7期。

赵意焕:《合作经济、集体经济、新型集体经济:比较与优化》,《经济纵横》2021年第8期。

赵宇、孙学涛:《高标准农田建设是否有助于推进新型职业农民培育:来自村庄的证据》,《农村经济》2022年第4期。

郑继承:《构建相对贫困治理长效机制的政治经济学研究》,《经济学家》2020年第5期。

郑琼娥、许安心、范水生:《福建农产品区域品牌发展的对策研究》,《福建论坛》(人文社会科学版)2018年第10期。

郑瑞强、瞿硕:《革命老区构建乡村振兴新格局的理论蕴涵与实践进路——基于赣州革命老区的考察》,《苏区研究》2023年第2期。

《中办国办印发〈乡村建设行动实施方案〉》,《人民日报》2022年5月24日。

中共三明市委理论学习中心组:《高举旗帜 勇毅前行 奋力推进革命老区高质量发展示范区建设》,《福建日报》2022年5月10日。

《中共中央 国务院关于加快建设全国统一大市场的意见》,《中华人民共和国国务院公报》2022年第12期。

中国社会科学院农村发展研究所课题组、张晓山:《"三位一体"综合合作与中国特色农业农村现代化——供销合作社综合改革的龙岩探索》，《农村经济》2021 年第 7 期。

钟利民：《论红色文化的经济价值及其实现问题》，《求实》2010 年第 3 期。

周柏春：《中国共产党推进城乡融合的百年历程及经验启示》，《学习与探索》2021 年第 9 期。

周晓燕：《乡村振兴战略下我国财政支农资金使用效率研究——基于 12 个革命老区的经验数据》，《江西社会科学》2022 年第 12 期。

周振：《工商资本参与乡村振兴"跑路烂尾"之谜：基于要素配置的研究视角》，《中国农村观察》2020 年第 2 期。

朱建江：《习近平新时代中国特色社会主义乡村振兴思想研究》，《上海经济研究》2018 年第 11 期。

朱罗敬、齐立斌、肖婷：《欠发达地区"体农旅"田园综合体运行机制——基于贫困县 J 村的实践考察》，《体育学刊》2020 年第 2 期。

朱鹏华、侯风云：《新中国城乡关系演进的逻辑、轨迹和规律》，《福建论坛》（人文社会科学版）2022 年第 3 期。

朱太辉、张彧通：《农村中小银行数字化转型赋能乡村振兴研究——兼论"双链联动"模式创新》，《南方金融》2022 年第 4 期。

朱烜伯、喻兴洁、张家其：《乡村振兴视域下欠发达地区传统村落旅游开发空间结构探析——以湘西州为例》，《江西财经大学学报》2021 年第 5 期。

朱媛媛、汪紫薇、顾江、余瑞林：《基于"乡土-生态"系统韧性的红色旅游资源利用空间格局优化研究——以大别山革命老区为例》，《自然资源学报》2021 年第 7 期。

朱战辉：《村庄分化视角下乡村振兴实施路径研究》，《云南民族大学学报》（哲学社会科学版）2022 年第 2 期。

四 学位论文

郭易楠：《中国共产党领导乡村振兴研究》，博士学位论文，中共中央党校（国家行政学院），2024。

韩宁:《我国乡村振兴绿色发展道路探索研究》,博士学位论文,中国地质大学,2021。

黄鑫权:《新时代乡村振兴问题研究——基于马克思主义乡村发展思想的视域》,博士学位论文,贵州师范大学,2020。

刘洪冬:《新乡贤促进乡村振兴的作用研究——基于浙赣八县区的调查》,博士学位论文,江西财经大学,2021。

刘显利:《马克思主义农业合作理论在中国的实践研究》,博士学位论文,中南大学,2013。

卢洋:《中国农村集体经济实现形式研究》,博士学位论文,四川大学,2021。

宁鑫:《乡村治理现代化中的农民主体性研究》,博士学位论文,福建师范大学,2021。

孙惠娜:《脱贫攻坚与乡村振兴有效衔接的理论与实践研究》,博士学位论文,中国石油大学(北京),2023。

闻博:《马克思主义农业发展理论及我国农业发展实践研究》,博士学位论文,东北师范大学,2016。

尹业兴:《脱贫攻坚与乡村振兴有效衔接:科学内涵、测度分析与内在机理》,博士学位论文,西南财经大学,2021。

张春波:《中国特色城乡融合发展的理论与实践研究》,博士学位论文,吉林大学,2021。

张君:《陕甘宁老区多维贫困:时空结构、形成机制与返贫风险防控》,博士学位论文,陕西师范大学,2021。

张智洋:《中国特色乡村振兴道路的形成逻辑及价值意蕴研究》,博士学位论文,吉林大学,2024。

五 外文学术期刊论文

I. Berni, A. Menouni, I. E. Ghazi et al., "Understanding Farmers' Safety Behavior Regarding Pesticide Use in Morocco", *Sustainable Production and Consumption* 25 (2021): 471-483.

B. V. Campenhout, D. J. Spielman, E. Lecoutere, "Information and Communication Technologies (ICTs) to Provide Agricultural Advice to Smallholder Farmers: Experimental Evidence From Uganda", *American Journal of Agricultural Economics* 103 (2021): 317-337.

L. Dilley, M. Gkartzios, T. Odagiri, "Developing Counterurbanisation: Making Sense of Rural Mobility And Governance in Japan", *Habitat International* 125 (2022): 102595.

R. D. Garrett, I. Koh, E. F. Lambin et al., "Intensification in Agriculture-Forest Frontiers: Land Use Responses to Development and Conservation Policies in Brazil", *Global Environmental Change* 53 (2018): 233-243.

Y. Godo, T. W. Lim, "Exportation of Manpower: A Case Study of Chinese Seasonal Laborers in an Agricultural District in Hokkaido", *China and the World* 3 (2) (2020): 2050005.

L. J. Haider, W. J. Boonstra, G. D. Peterson et al., "Traps and Sustainable Development in Rural Areas: A Review", *World Development* 101 (2018): 311-321.

J. Hansen, J. Hellin, T. Rosenstock et al., "Climate Risk Management and Rural Poverty Reduction", *Agricultural Systems* 172 (2019): 28-46.

J. Jasinski, M. Kozakiewicz, M. Sotysik, "Determinants of Energy Cooperatives' Development in Rural Areas—Evidence from Poland", *Energies* 14 (2) (2021): 319.

L. Klerkx, E. Jakku, P. Labarthe, "A Review of Social Science on Digital Agriculture, Smart Farming and Agriculture 4.0: New Contributions and a Future Research Agenda", *NJAS: Wageningen Journal of Life Sciences* 90-91 (2019): 1-16.

T. Kluvankova, M. Nijnik, M. Spacek et al., "Social Innovation for Sustainability Transformation and Its Diverging Development Paths in Marginalised Rural Areas", *Sociología Ruralis* 61 (2) (2021): 344-371.

P. Kumar, S. S. Singh, A. K. Pandey et al., "Multi-level Impacts of the Covid-19 Lockdown on Agricultural Systems in India: The Case of UttarPradesh", *Agricultural Systems* 187 (2021): 103027.

Y. Li, H. Westlund, Y. Liu, "Why Some Rural Areas Decline While Some

Others Not: An Overview of Rural Evolution in the World", *Journal of Rural Studies* 68 (2019): 135-143.

M. Mahmud, E. Riley, "Household Response to an Extreme Shock: Evidence on the Immediate Impact of the Covid-19 Lockdown on Economic Outcomes and Well-Being in Rural Uganda", *World Development* 140 (2021): 105318.

S. Šūmane, I. Kunda, K. Knickel et al., "Local and Farmers' Knowledge Matters! How Integrating Informal and Formal Knowledge Enhances Sustainable and Resilient Agriculture", *Journal of Rural Studies* 59 (2018): 232-241.

E. M. Meemken, M. Qaim, "Organic Agriculture, Food Security, and the Environment", *Annual Review of Resource Economics* 10 (1) (2018): 39-63.

C. Perez, "Technological Change and Opportunities for Development as a Moving Target", *Cepal Review* 75 (2001): 109-130.

K. D. Roest, P. Ferrari, K. Knickel, "Specialisation and Economies of Scale or Diversification and Economies of Scope? Assessing Different Agricultural Development Pathways", *Journal of Rural Studies* 59 (2018): 222-231.

D. C. Rose, R. Wheeler, M. Winter et al., "Agriculture 4.0: Making It Work for People, Production, and the Planet", *Land Use Policy* 100 (2021): 104933.

S. Rotz, E. Duncan, M. Small et al., "The Politics of Digital Agricultural Technologies: A Preliminary Review", *Sociologia Ruralis* 59 (2) (2019): 203-229.

S. Rotz, E. Gravely, I. Mosby et al., "Automated Pastures and the Digital Divide: How Agricultural Technologies Are Shaping Labour and Rural Communities", *Journal of Rural Studies* 68 (2019): 112-122.

S. Schuetz, V. Venkatesh, "Blockchain, Adoption, and Financial Inclusion in India: Research Opportunities", *International Journal of Information Management* 52 (2020): 101936.

M. W. Shin, B. H. S. Kim, "The Effect of Direct Payment on the Prevention of Farmland Abandonment: The Case of the Hokkaido Prefecture in Japan",

Sustainability 12（1）（2019）：334.

G. S. Uddin, M. Shahbaz, M. Arouri et al. , "Financial Development and Poverty Reduction Nexus: A Cointegration and Causality Analysis in Bangladesh", *Economic Modelling* 36（2014）：405-412.

G. R. Watmough, C. Marcinko, C. Sullivan et al. , "Socioecologically Informed Use of Remote Sensing Data to Predict Rural Household Poverty", *Proceedings of the National Academy of Sciences* 116（4）（2019）：1213-1218.

后 记

本书原为我的博士学位论文。读博三年多，感触最深的是，读博不仅是科学系统的学术苦行，更是做人做事的深刻修行；不仅是思想认知的跨越式升级，也对身心耐受力提出了更高要求。回望读博期间，有太多太多让我感动的场景与瞬间，今日提笔致谢，略表感恩之心。

感谢我的博导吴宏洛教授。吾师亦师亦如母。她常引李建平老师教导之语，"做人做事做学问"，做人做事之于前，而后才是做学问。初入吴门，学生才疏学浅，自当有愧，未能深刻领略吾师之教诲。吾师以身示范、言体一行，从规范社交书信等细节之处着手，严格要求吾等要懂得尊重别人、与人便利、悦己悦人，同时要遵法做事、规范做事、严谨做事。三十而立，吾如醍醐灌顶，又惭愧无比，竟潸然泪下，觉躬身而行。吾师常引诸博导德行与学问、修身与修心结合之范例，教导吾等将良好的德行、健康的体魄作为做好学问的前提。她对做人做事有着如此高的要求，对做学问亦有无比的"洁癖"，对选题、大纲进行了逾百遍的修改，对洋洋洒洒20余万字博士学位论文字字斟酌、精益求精，乃至对字体段落、标点符号、数字英文等都提出了"苛刻"的要求，倾注了无尽的心血。每周固定的线下座谈、不定时的线上会议中，每次都一针见血提出学生写作中的问题。恕学生吐露心声，每每受教倍感受挫，但蓦然回首，真心感恩吾师，历次学术指导使我逐步成长，其真知灼见将使我受益终身。吾师又常如母叨扰耳边，教导女性如何更好地兼顾家庭与学业，如何更好地兼顾健康与学业，如何成长为更好的新时代女性！

感谢福建师范大学马克思主义学院的导师组。在此,真诚地感谢李建平教授、郑传芳教授、潘玉腾教授、赖海榕教授、许耀桐教授、苏振芳教授、刘大可教授、傅慧芳教授、陈永森教授、陈桂蓉教授、杨建义教授、陈志勇教授、杨林香教授等。导师们从自己的专业领域着手,精心为我们备好每一堂课,或解读经典,或探讨百家,或回溯历史,或直面现实,或碰撞思想,或引导实践;他们用内容丰富、形式多样的课程打开了学生学习马克思主义理论的兴趣之门。我感动于导师们本应该对于上课"轻车熟路"而"有所懈怠",但实际是每次上课导师们总是重新备好课,甚至还做了密密麻麻的笔记,分享满满的纸质或电子资料给学生!我感动于导师们虽然"身居高位"、事务繁忙,却总是谦逊示下、诲人不倦,每次学生在各种场合、在各类通信工具上"莽撞"地询问导师们问题,导师们总是不厌其烦、耐心解答,有时没有办法及时解答,也会在事后百忙之中,抽空审阅与修改,有时还亲自电话、语音指导,乃至实时分享最新的学习资料给学生!我感动于口耳相传之中导师们的良师风范,对于学术问题的精益求精,在教育学生时的认真严谨与无私奉献!从导师们的点滴行为之中,学生深刻领略到了我们福建师范大学马克思主义学院博士生导师组的良师风范,进一步体会到吴老师常教导吾辈"德"为先,先做人做事然后才是做学问的道理。学生常以有这样的导师组而感到骄傲自豪,也立誓向这样的好老师看齐!

感谢我的同学、同门兄弟姐妹。感恩与王新想、叶静、陈源充、刘晓航、苏贵斌、庄学村、李竞平、张小清、庄晓燕、真煜茜、陈倩倩、陈思敏、张小瑛、林明燕、彭陈、高筱红等同学的相识与交流!感谢同学在我刚就学博士对期刊论文一知半解时给予的倾情辅导,感谢同学在我博士学位论文写作遭遇重重困难时给予的鼓励与帮助。温暖的吴门大家庭给予我不懈学习的动力,感谢吴老师建立学术交流小组,创建互校机制。截至目前,小组成员开展共计34次学术交流会议,共计4次硕博论文互校会议,每次的学术交流会议都使我学习到了新知识,在互校会议中,小组成员逐句逐字逐个标点符号对我博士学位论文的修改,使我大大降低了犯错概率。感谢我的同学兼同门王杰森、师妹张欣入、师弟何文欣、师妹雷小婷等同门兄弟姐妹们一次又一次提出宝贵的修改建议!感谢孙璇师姐、张自永师兄、王季潇师兄等师姐师兄提供一次又一次无私的帮助!

后 记

感谢我的朋友。感谢朋友动员我去锻炼身体,感谢朋友在我身心俱疲时请我喝的那杯咖啡,感谢朋友有意给我的那些学习与交流机会,感谢朋友在阳光灿烂下与我一起畅聊人生,也愿意在人生低谷时倾听我的闲言碎语。有你们的陪伴,我才更有能量走得更远更踏实!

感谢我的家人。谢谢挚爱的父母,帮助我照顾孩子,让我无后顾之忧地去学习。谢谢高情商的公公婆婆,让我在和谐的家庭环境中生活,没有生活的不便与烦恼。谢谢亲爱的兄弟姐妹,在我需要的时候总有你们的身影。谢谢我的孩子们,你们那么阳光开朗,给予我那么多开心与感动;你们又那么独立懂事,让我减少了许多照顾你们的负担。谢谢孩子的爸爸,支持与帮助我完成学业!

要感谢的人实在太多,还要感谢我的硕导邓翠华教授!感谢中共福建省委党史研究和地方志编纂办公室主任刘大可,中共福建省委党校(福建行政学院)副校长(副院长)李海星、马克思主义研究院院长李永杰的指导与帮助!感谢所调研单位和领导,尤其是福建省老区办给予的支持!感谢曾经的同事的支持和帮助,感谢其他师门的帮助!感谢社会科学文献出版社编辑对书稿的认真核对与修改!未来的路还很长,我将常怀感恩之心,谨记吾师教诲,自我鞭策,砥砺前行!

吴雨星

2024 年 12 月

图书在版编目(CIP)数据

革命老区乡村振兴研究：以闽西革命老区为例／吴雨星著．--北京：社会科学文献出版社，2024.12.
(哲学与社会发展文丛)．--ISBN 978-7-5228-4564-7

Ⅰ.F327.57

中国国家版本馆 CIP 数据核字第 2024SU8382 号

哲学与社会发展文丛
革命老区乡村振兴研究
——以闽西革命老区为例

著　　者／吴雨星

出 版 人／冀祥德
责任编辑／黄金平
文稿编辑／陈彩伊
责任印制／王京美

出　　版／社会科学文献出版社·文化传媒分社（010）59367004
　　　　　　地址：北京市北三环中路甲29号院华龙大厦　邮编：100029
　　　　　　网址：www.ssap.com.cn
发　　行／社会科学文献出版社（010）59367028
印　　装／三河市东方印刷有限公司

规　　格／开　本：787mm×1092mm　1/16
　　　　　　印　张：17.75　字　数：290千字
版　　次／2024年12月第1版　2024年12月第1次印刷
书　　号／ISBN 978-7-5228-4564-7
定　　价／118.00元

读者服务电话：4008918866

版权所有 翻印必究